«Nuri. Hier steht: *Beurteile, ob die Herrschaft Ludwigs XIV. aus der Sicht eines Bauern gerecht war!* Sag mal bitte in eigenen Worten, was du zu tun hast!»

«Weiß nisch. Was habisch zu tun?»

«Du sollst dir die Aufgabe durchlesen. Und mir dann erklären, was du machen sollst.»

«Die Aufgabe durchlesen.»

«Und, was sollst du machen?»

«Aufgabe durchlesen.»

«Und was steht drin in der Aufgabe?»

«Beurteile, ob die Herrschaft Ludwig … aus den Bauern gerecht war!»

«In eigenen Worten sollst du es sagen.»

«Sag isch doch.»

«Du liest nur vor.»

«Kann nisch anders sagen.»

«Los, versuch es!»

«Urteilen die Herrschaften. Sehen die Bauern Ludwig gerescht.»

«Nuri! Was meinst du? Ich versteh nisch.»

«Escht!? Herr Serin. Sie verstehen nisch? Krass. Ich dachte, Sie Lehrer.»

Stephan Serin wurde 1978 in Ostberlin geboren. Nach seinem Abitur studierte er Französisch und Politische Bildung auf Lehramt in Potsdam und Pau, Frankreich. Nach seinem Referendariat arbeitete er als Vertretungslehrer an unterschiedlichen Berliner Schulen, dabei erweiterte sich sein Erfahrungsschatz an Kuriosem und Absurdem aus deutschen Klassenzimmern stets. Heute ist er als Lehrer an einer Brandenburger Schule tätig. Seit 2000 gehört er der Berliner Lesebühne «Chaussee der Enthusiasten» an und tritt dort jede Woche mit seinen Texten auf. Sein erstes Buch «Föhn mich nicht zu» (rororo 62670) war ein großer Erfolg und eroberte Platz 1 der Bestsellerliste.

Stephan Serin

MUSSTU WISSEN, WEISSDU!

Neues aus den
Niederungen
deutscher
Klassenzimmer

Mit Illustrationen
von Ulrich Scheel

Rowohlt Taschenbuch Verlag

Für sehr viele

Originalausgabe
Veröffentlicht im Rowohlt Taschenbuch Verlag,
Reinbek bei Hamburg, April 2012
Copyright © 2012 by Rowohlt Verlag GmbH,
Reinbek bei Hamburg
Illustrationen im Innenteil: Ulrich Scheel
Redaktion Regina Carstensen
Umschlaggestaltung ZERO Werbeagentur, München
(Umschlagillustration: Ulrich Scheel)
Satz Minion PostScript, InDesign
Gesamtherstellung CPI – Clausen & Bosse, Leck
Printed in Germany
ISBN 978 3 499 62813 9

INHALT

Vorwort 7

1 Endlich eine Mail 9

2 Don't smile before Christmas! 14

3 Nichts als Gespenster 22

4 «Du musst besser schreiben, das ist scheiße!» 27

5 Ausweitung der Kampfzone 36

6 Die zwei Frauen in meinem Leben 41

7 «Tut mir leid, Herr Serin, aber ich hatte Durchfall.» 47

8 «Sie müssen mehr schreien!» 52

9 Porno-Rap 58

10 «Du stinkst aus'm Mund!» 64

11 «Die sind normalerweise nicht so!» 72

12 Five-O 78

13 «Was gucken Sie so!?» 83

14 «Das ist doch Gina-Lisa.» 91

15 Wurst, Bier, Kartoffeln = Deutschland 97

16 «Sie verstehn misch nisch? Krass!» 103

17 «Was soll ich denn mit ihm machen?» 110

18 Der Lehrer weiß es besser 116

19 «Mit dem Fetten verliern wa!» 122

20 Eine Bong 127

21 DSDS oder Hartz IV 136

22 Kokain vs. Alkohol 142

23 Ist hier noch frei? 149

24 Planet Terror 156

25 Marzahn rules! 161

26 «Bist du damit einverstanden?» 168

27 «Ach, is der süß!» 178

28 «Es ist aus!» 183

29 Kurz vor der Depression 188

30 Menschlich war es so weit in Ordnung 195

31 Roy, Dimitrij und Igor sind weg 204

32 «Kein Demokatie Lefolm kommen» 217

33 Morgens um halb drei 224

34 Cyborg 2: The Glass Shadow 230

35 28.06.11 238

Glossar 249

VORWORT

Als ich das erste Mal als Lehrer vor Berliner Schüler trat, blies mir sofort ein rauer Wind ins Gesicht. Viele der Jugendlichen waren notorische Schwänzer, Kriegsflüchtlinge, Opfer von häuslicher Gewalt, Mitglieder von Gangs, Drogendealer, schwanger oder alles zusammen. Aufgrund meiner Herkunft aus der ehemaligen DDR, meiner bescheidenen 168 Zentimeter sowie meiner Klumpfüße wurde ich von ihnen abgelehnt und abwechselnd als «Ossi», «Nabelküsser» oder «Behindie» verspottet. Um mir ihren Respekt zu verdienen, fing ich an, lockere Klamotten zu tragen und ihnen neben meinen regulären Stunden Unterricht in Kampfsport zu erteilen. In dem Fach Geschichte analysierte ich – dabei das Curriculum, die inhaltlichen Vorgaben, völlig ignorierend – mit ihnen Texte von Bushido, um sie für Poesie zu öffnen. Ich lud sie zum Eis ein und begleitete sie zum Jugendamt, zum Frauenarzt und zum Jobcenter. Aber vor allen Dingen nahm ich sie als Menschen ernst und liebte jeden von ihnen, auch die, die mich mobbten. So wurden wir schließlich richtige Freunde. Statt sich wie früher zu prügeln, verarbeiteten die Jugendlichen ihre Frustrationen nunmehr in wunderbaren Gedichten. Vorher in absoluter Opposition zu den gesellschaftlichen Erwartungen, beabsichtigten meine Schüler auf einmal, entgegen ihren ursprünglichen Plänen, nach der Schule eine Arbeit anzunehmen und vielleicht sogar die deutsche Staatsangehörigkeit zu beantragen. Gemeinsam mit ihnen gründete ich zudem eine Hilfsorganisation, durch deren Wirken ein afghanisches Mädchen aus der Parallelklasse in letzter Sekunde vor der Abschiebung in ihre

Heimat gerettet und die Zwangsheirat einer Vierzehnjährigen verhindert wurde. Leider musste ich mich von meiner Klasse bald wieder verabschieden, denn mein Unterrichtspraktikum an ihrer Schule endete nach sechs Wochen – und es ging für mich zurück an die Uni. Mein begonnenes Werk konnte ich nicht fortsetzen.

Wer auf den kommenden Seiten eine vergleichbare Heldensaga erwartet, den wird *Musstu wissen, weißdu!* mit Sicherheit enttäuschen. Denn in diesem Buch erzählt kein Lehrer davon, wie leicht ihm alles von der Hand geht, wie sehr er seinen Beruf und alle Schüler liebt. Stattdessen handeln die fünfunddreißig Kapitel – in den meisten schildere ich Erlebnisse, die ich innerhalb eines halben Jahres (Januar bis Juni 2011) an einer Sekundarschule[1] in Berlin hatte, in einigen wenigen berichte ich aber auch über vorher gemachte Erfahrungen an anderen pädagogischen Einrichtungen – von den täglichen, unverschuldeten oder selbstverschuldeten Missgeschicken und unkalkulierbaren Herausforderungen, die die Arbeit mit Jugendlichen mit sich bringt. Natürlich sind die Erlebnisse dabei bisweilen stark fiktionalisiert, zugespitzt und auf eine überschaubare Anzahl von Figuren reduziert. Dahinter steht jedoch keineswegs die Absicht, Schüler, Pädagogen oder die Schule an sich zu diffamieren. Es sollen auch mitnichten die vielen positiven Momente negiert werden, die man als Lehrer in seinem Beruf unbestreitbar hat. Nur rühmen sich eben heutzutage schon genug Menschen öffentlich ihrer Erfolge. Dabei ist Scheitern eigentlich viel spannender und amüsanter als jeder strahlende und mühelose Triumph.

Der Autor

---

1 Berliner Gemeinschaftsschule, an der Abschlüsse von der Berufsbildungsreife bis zum Abitur angeboten werden und an der theoretisch jeder Schülertyp vertreten ist. In der Praxis sind es aber zumeist die Schüler, die es auf kein Gymnasium geschafft haben. Siehe Glossar, S. 251.

1
ENDLICH EINE MAIL

Sehr geehrte Damen und Herren,
die Stauffenberg-Oberschule besetzt zum kommenden Halbjahr eine Stelle für Französisch und Geschichte. Hiermit laden wir Sie herzlich zu einem Bewerbungsgespräch am 28.06.11 um 8.30 Uhr ein. Bitte bestätigen Sie uns Ihr Erscheinen. Mit freundlichen Grüßen, die Schulleitung.

Erst halte ich die Einladung für einen Spam. Zwei Jahre hatte sich schließlich niemand bei mir gemeldet. Zwei Jahre, in denen ich mich mit verschiedenen Vertretungslehrerjobs und einer Beschäftigung an einer Privatschule über Wasser gehalten habe, ignorierte mich die Senatsverwaltung für Bildung, Wissenschaft und Forschung bei jeder Einstellungsrunde geflissentlich. Doch die Stauffenberg-Oberschule gibt es wirklich, das kann kein Spam sein. Es handelt sich hier um ein Gymnasium im gutbürgerlichen Zehlendorf. Vor acht Monaten habe ich sogar schon mal eine unbeantwortete Initiativbewerbung dort hingeschickt.

Ich bin sofort angespannt. Jetzt nur keinen Fehler machen! Wenn ich mir diese Möglichkeit auf eine Festanstellung durch die Lappen gehen lasse, werde ich vielleicht wieder vierundzwanzig Monate auf die nächste Chance warten müssen. Schon ein einziges falsches Wort in meiner Antwort-E-Mail kann einen schlechten Eindruck hinterlassen und alles zunichtemachen. Aber wie sieht die perfekte Bestätigung aus? Sachlich-funktional? Oder soll ich eher hervorheben, wie viel mir an dieser Stelle liegt? Oder besser doch pokern, um zu vermitteln, nicht auf die Arbeit angewiesen zu sein, noch andere Angebote zu haben?

Wenn davon auszugehen ist, dass jede persönliche Färbung, jeder Anflug von Emotionalität angreifbar macht, dann wäre vielleicht folgende Antwort ratsam:

> Sehr geehrter Direktor/sehr geehrte Direktorin,
> die Stauffenberg-Oberschule besetzt zum
> kommenden Halbjahr eine Stelle für Französisch und
> Geschichte. Zusammen mit anderen sehr geehrten
> Damen und Herren wurde ich herzlich zu einem
> Bewerbungsgespräch am 28. 06. 11 um 8.30 Uhr
> eingeladen. Ich wurde gebeten, mein Erscheinen zu
> bestätigen. Hiermit bestätige ich mein Erscheinen. Bitte
> bestätigen Sie mir, dass Sie meine Bestätigung erhalten
> haben. Mit freundlichen Grüßen, ein sehr geehrter
> Herr/eine sehr geehrte Dame.
> Dieses Schreiben ist maschinell erstellt und auch ohne
> Unterschrift gültig.

Aber möglicherweise erwartet man gerade, dass der Bewerber bereits in der Zusage deutlich macht, wie sehr er die Stelle will. Dann sollte ich besser meine ganze Leidenschaft in die Waagschale werfen und den Direktor persönlich ansprechen, dessen Namen ich auf der Homepage der Schule finde:

> Lieber Herr Doktor Menz,
> juhu, super, großartig, bombastisch, gigantisch! Das
> waren die ersten Gedanken, die mir durch den Kopf
> schossen, als ich Ihre Einladung las. Ich konnte es
> zunächst gar nicht glauben. Es war zu schön, um wahr
> zu sein. Endlich werde ich mal eingeladen, nach zwei

Jahren. Und dann auch noch von Ihnen. Ihre Schule
ist nämlich zufällig meine absolute Lieblingsschule in
Deutschland. Schon vor der Maueröffnung, als ich noch
im Osten lebte, war es ein Traum von mir, irgendwann
einmal in Zehlendorf am Stauffenberg-Gymnasium zu
unterrichten. Und nun bin ich meinem Traum einen
großen Schritt näher. Wahnsinn! Natürlich komme ich
zum Bewerbungsgespräch, egal zu welcher Zeit, egal
bei welchem Wetter. Ich werde vor Ihrer Tür stehen.
Aber bitte, bitte, bitte, nehmen Sie mich! Ich flehe Sie
an! Ich brauche diesen Job. Ich will schließlich mal
Kinder haben und eine Freundin. Ich weiß nicht, was
ich tue, wenn ich die Stelle nicht erhalte. Ich verspreche
Ihnen auch, meine in den letzten zwei Jahren aus
beruflicher Perspektivlosigkeit entstandene Spielsucht
wieder in den Griff zu bekommen. Damit Sie sehen, dass
ich es ernst meine, schicke ich Ihnen ein Foto von mir
mit für die Ahnengalerie der Schule.
Ich freue mich auf Sie,
Ihr Stephan Serin

Allerdings spricht die kühle, unpersönliche Art, in der die Einladung verfasst ist, dafür, dass so viel Herzblut in der Antwort schnell nach hinten losgehen kann. Offenbar ist sich Herr Doktor Menz sicher, einen geeigneten Kandidaten zu finden, und hält es nicht für nötig, um ihn zu werben. Da würde er mir zu großen Enthusiasmus möglicherweise als pure Verzweiflung auslegen. Ist es nicht so, dass sich auf dem Arbeitsmarkt diejenigen am besten verkaufen, die gekonnt zum Ausdruck bringen, eine Stelle gar nicht zu wollen, weil diese unter ihrem Niveau ist? Wäre unter dieser Prämisse nicht vorgespieltes Desinteresse am vielversprechendsten?

Sehr geehrte Schulleitung,
grundsätzlich habe ich kein Problem damit, bei Ihnen zu einem Vorstellungsgespräch anzutanzen. Ich sage mal: Anhören kann man es sich ja, was die andere Seite so zu bieten hat. Allerdings startet unsere Liaison unter denkbar schlechten Vorzeichen. Ich empfinde es doch als ziemlich kränkend, dass Sie es nicht für nötig erachten, mich in der E-Mail mit meinem Namen anzureden. Genauso schlimm ist es, dass Sie hinter meinem Rücken offenbar noch mit anderen Kandidaten in Verhandlung stehen. Oder wie muss ich das «Sehr geehrte Damen und Herren» verstehen? Ich deute das als Misstrauensbekundung meiner Person gegenüber. Unter diesen Voraussetzungen sehe ich mich nicht imstande, am 28. Juni zu Ihnen nach Zehlendorf zu kommen und dafür an der Rathenau-Sekundarschule in Marzahn zu fehlen, an der ich noch bis zum 29. Juni Vertretungslehrer bin. Sie sehen, ich habe noch andere berufliche Optionen. Ich brauche Ihr Angebot nicht. Dennoch bin ich bereit, Ihnen, sofern Sie mir in einer weiteren E-Mail deutlich machen, dass Sie mich wirklich wollen und sich für Ihr zweifelhaftes Vorgehen entschuldigen, eine zweite Chance zu gewähren. Allerdings müssten wir dann für das Vorstellungsgespräch einen Ersatztermin finden. Tragen Sie sich dazu bitte in meinen Kalender bei doodle ein. Den Link schicke ich Ihnen mit.
Mit freundlichen Grüßen,
Stephan Serin

Mmmmmh, das ist vielleicht doch zu dick aufgetragen. Herr Doktor Menz wird wissen, dass seine Schulleiterkollegen den

Bewerbern mit den Fächern Französisch und Geschichte nicht gerade nachlaufen. Und vermutlich ist er überdies im Bilde, dass ich seit Beendigung meines Referendariats ohne feste Anstellung bin. Verdammt! So eine Antwortmail ist auch wirklich schwierig. Alle Fassungen erscheinen mir irgendwie ungeeignet. Ich entscheide mich schließlich für eine Mischung aus Variante 1 und 2. Begeistert bin ich nicht, aber immerhin mache ich mit ihr wohl auch nichts falsch.

> Sehr geehrte Schulleitung,
> hiermit bestätige ich meine Teilnahme zum Bewerbungsgespräch am 28.06.11. Vielen Dank für die Einladung.
> Mit freundlichen Grüßen,
> Stephan Serin

Jetzt kann ich nur hoffen und warten. Vor allem im Warten bin ich mittlerweile ziemlich gut.

November 2010, Kevin-Prince-Boateng-Sekundarschule, Wedding, Hofaufsicht am Ausgang zur Straße
Zwei Siebtklässler wollen das Schulgelände verlassen.
Ich: Stehen geblieben! Ihr müsst auf dem Hof bleiben!
Siebtklässler 1: Wir ham Schluss! Wir gehn nach Hause.
Ich: Ohne Schultasche, oder wie?
Siebtklässler 2: Isch komm imma ohne Tasche in Schule.

DON'T SMILE BEFORE CHRISTMAS!

«Aufstehen! Los!» Mein Ton war gewollt militärisch-schneidig. Denn vor mir lauerten fünfundzwanzig unbekannte Schüler darauf, dass ich ihnen als neuer Lehrer eine Schwäche offenbarte. Der erste Moment war entscheidend. Davon hing ab, welchen Stand ich bei den Dreizehn- und Vierzehnjährigen zukünftig haben würde. Bei der 8a handelte es sich, so hatte mir Jonas, der Referendar gesteckt, um die Problemklasse des gesamten achten Jahrgangs. In ihr befanden sich fast ausschließlich Schüler, die mit einer Hauptschulempfehlung an die Rathenau-Sekundarschule gekommen waren. Die Schulleitung hatte sich dazu entschlossen, die schwächsten Lerner in einer Klasse zu konzentrieren und so von den Jungen und Mädchen mit Real- und Gymnasialempfehlung zu separieren. Der Grund war klar: um mit Letzteren richtigen Unterricht machen zu können.

Als nicht mehr ganz unbedarfter Vertretungslehrer wusste ich, wie viel vom ersten Eindruck abhing. Ich würde nicht den Fehler machen, den Jonas bei seinem ersten Auftritt in der 8a begangen hatte. Da hatte jemand von ihm wissen wollen: «Sind Sie sehr streng?» Jonas' Antwort hätte unglücklicher nicht sein können: «Nee. Eigentlich eher locker.» Der Junge hatte daraufhin seine Sachen gepackt und den Raum verlassen. Unter diesem Fauxpas litt die Autorität des Referendars bis heute. Er hätte dem Typen für seine Frage besser gleich eine Sechs gegeben, um deutlich zu machen, wer hier der Boss war. Oder ihm entgegnet: «Ich bin kein strenger Lehrer, sondern ein nachdenklicher Lehrer.» Das hätte die Jugendlichen wenigstens verwirrt. Aber zumindest musste

man Jonas zugutehalten, dass er durchhielt. Vier Lehrer hatte die Klasse immerhin schon in den Burnout getrieben – wovon ich Nutznießer war, da ich einen von ihnen vertrat.

Selbstverständlich gab es fatalere Auftritte als den von Jonas: «Guten Tag! Mein Name ist Sauerbaum-Korge. Ich bin die neue Geschichtsreferendarin. Das ist das erste Mal, dass ich alleine unterrichte. Deshalb kann es sein, dass ich einige Sachen nicht so gut hinbekomme. Ich bin auch ziemlich aufgeregt. Bitte habt dafür Verständnis! Ich werde meinerseits versuchen, euch gegenüber nachsichtig zu sein.» Oder zur Begrüßung die Gitarre herauszuholen, um *Morning Has Broken* von Cat Stevens anzustimmen und sich damit als softer Hippie zu outen. Oder vor die Klasse zu treten mit: «Guten Tag, mein Name ist Geil. Mir wäre es jedoch lieber, wenn ihr mich Thomas nennt.» Bei einem solchen Nachnamen sollte man vor Beginn einer Lehrertätigkeit schnell heiraten oder, sofern sich niemand dafür findet, ihn den Schülern gegenüber besser verschweigen: «Guten Tag, mein Name ist Herr G. Mehr müsst ihr nicht über mich wissen.» Ratsam ist dies schon deshalb, um die Phantasie der Jugendlichen nicht zu beflügeln: «Herr Geil, warum schauen Sie mich immer an. Wie geil sind Sie denn heute?» Und um nicht zynisch zu erscheinen, wenn man eine Klausur, für die man eine Sechs vergeben hat, mit «Geil» abzeichnet.

Denke ich an meine eigene Schulzeit zurück, fallen mir vor allem zwei Lehrer ein, bei denen wir durchweg gespurt haben: so bei meinem Biolehrer Herrn Schulz und bei meinem Mathelehrer Herrn Hardt. Betrat Herr Schulz den Raum, musterte er uns über seine Halbrandbrille hinweg und schob sie dabei etwas weiter nach vorne in Richtung seiner leicht geröteten Nasenspitze. Dann wartete er, bis sich die Unruhe gelegt hatte, um nacheinander auf Nikon, Sven, Bülent und mich zu deuten: «Du! Du! Du! Und du! Ihr werdet am Ende des Schuljahres alle eine Fünf im Zeugnis haben.» Er hatte uns nie zuvor gesehen, geschweige denn, dass er wusste, auf wen er gezeigt hatte, aber er sollte recht behalten. Wir hatten tatsächlich alle eine Fünf im Zeugnis. Bis auf Sven, der hatte eine Sechs.

Der erste Auftritt von Herrn Hardt in unserer Klasse war nicht weniger denkwürdig. Er eröffnete die Stunde, noch bevor er seinen Namen nannte, mit einem trocken erzählten Witz: *Fritzchen kommt ins Schlafzimmer und sieht, wie Mami stöhnend auf Papa reitet. «Was macht ihr denn da?» Mama antwortet: «Ich massiere Papa gerade den Bauch weg!» Meint Fritzchen: «Das bringt doch nichts! Jeden Donnerstag kommt die Nachbarin und bläst ihn wieder auf!»* Er hatte mit dieser platten Zote genau unseren Achte-Klasse-Humor getroffen. Wir bekamen uns fast nicht mehr ein. Seine schweinische Anekdote machte umso mehr Eindruck, als sie im völligen Gegensatz stand zur gravitätischen Erscheinung von Herrn Hardt. Er bewegte sich langsam, war groß gewachsen, schlank, hatte einen kahlen Kopf, einen ins Rötliche tendierenden gestutzten Schnurrbart und eine ausgesprochen tiefe Stimme. Er wirkte eher wie ein General denn wie ein Pädagoge. Als wir uns wieder beruhigt hatten, meinte er: «Mein Name ist Hardt – und ich garantiere euch, dass ihr in meinem Unterricht nie wieder etwas zu lachen habt, zu weinen dafür aber umso mehr.» Er hatte nicht zu viel versprochen. Jede Stunde bei ihm hatten meine Klassenkameraden und ich Angst, von ihm nach vorne an die Tafel geholt und dort wegen unserer Wissenslücken in nicht enden wollenden Verhören erniedrigt zu werden.

Natürlich hatte ich, meine beiden Lehrer vor Augen, im Prinzip schon zu Beginn meines Referendariats gewusst, dass man mit einer harten Hand langfristig die Schüler besser im Griff hatte, als wenn man den Kumpel gab. Auch ich kannte die Devise *Don't smile before Christmas*, die jeder Lehrer bei einer zum Schuljahresbeginn neu übernommenen Klasse beachten sollte, wollte er nicht seine Autorität verspielen. Nur scheiterte ich permanent an der Umsetzung. Weil ich spätestens im September immer im Beisein der Schüler bereits über irgendwas Blödes lachen musste. Weil ich als blutjunger Referendar wie Jonas hoffte, sie vielleicht doch als Mensch, mit Vertrauen und Nachsicht, erreichen zu können. Und weil ich mir ihre Sympathien nicht verspielen durfte. Schließlich sollten sie mich nicht im Stich lassen, wenn meine Ausbilder meinen Unterricht inspizieren kamen. Bauchschmerzen und Tabletten waren die Folge meiner empathischen Art, denn die Jugendlichen tanzten mir bald auf der Nase herum. Doch selbst als ich am Ende versuchte, auf streng zu schalten, merkte ich selten eine Verbesserung. Zwar war hin und wieder zu hören: «Oh nee! Herr Serin. Scheiße. Der schreibt so viel Test. Der ist voll fies.» Aber solche Erfolge waren rar gesät.

Stattdessen vergeigte ich noch viele erste Momente mit neuen Klassen. Zunächst im Herbst 2009 am Zehlendorfer Monet-Gymnasium, meiner ersten Wirkungsstätte als Vertretungslehrer. In einer Hommage an Herrn Schulz drohte ich dort wahllos Schülern einer zehnten Klasse, sie würden auf dem Zeugnis eine Fünf von mir erhalten. Ich blieb im Ganzen nur zwei Monate an der Schule, und den Jugendlichen war von Anfang an klar: Nie und nimmer würde ich mein Vorhaben umsetzen können. Ich schaffte es nicht einmal, vor meinem Abgang alle Namen der Klasse zu lernen, weil die Jungen und Mädchen vor jeder Stunde andere Namensschilder vor sich auf den Platz stellten. Dann, im Frühjahr 2010, gab ich an der Hellersdorfer Fried-Gesamtschule vor einer neunten Klasse den Witz von Fritzchens sich liebenden Eltern zum Besten. Leider musste ich dabei die ganze Zeit kichern. Die Pointe ging völlig in meinem Lachen unter. Da wäre es absurd gewesen, ihnen im Anschluss zu drohen, dies sei ihr letzter Spaß bei mir gewesen.

An der privaten Arthur-Schnitzler-Schule, wo ich danach beschäftigt war, ließ ich in einem Kurs gleich in der ersten Stunde einen Test schreiben. Ich blieb nicht lange an dieser Einrichtung.

Mehrere Schüler gaben mir am Ende den Rat, in einer neuen Lerngruppe zunächst etwas aus dem eigenen Leben zu erzählen, um eine Beziehung aufzubauen. Ich malte mir aus, wie das aussehen könnte: «Guten Tag, ich bin der Stephan und um die dreißig. Ich bin also nur wenig älter als Sie. Leider kam ich mit Klumpfüßen auf die Welt, sodass ich mehrmals operiert werden musste, viel Gips trug und erst mit fünf Jahren laufen lernte. Meine Eltern schickten mich anfangs auf eine Schule für Behinderte. Noch heute habe ich wegen meiner klumpfußbedingten dünnen Waden und wegen meiner Rückenverkrümmung Komplexe, weshalb ich nie kurze Hosen trage und nur ungern das T-Shirt ablege. Zum Glück hatte ich mit Melanie eine verständnisvolle Freundin, die mich trotz meiner körperlichen Unzulänglichkeiten achtete und schätzte. Sie hat mich wenige Wochen vor dem Ende meines Referendariats verlassen. Ich hänge immer noch an ihr. Hier ist ein Foto von ihr und mir von unserem letzten Urlaub auf Malle. Wir gingen oft an Nacktbadestrände.» Da konnte ich den Jugendlichen ja gleich mitteilen, in welcher Sauna man mich am Sonntagnachmittag antreffen konnte, oder ihnen verraten, welchen Beleidigungen ich früher ausgesetzt war.

Auch an der Kevin-Prince-Boateng-Sekundarschule im Wedding, an der ich bis Weihnachten 2010 unterrichtete, waren meine obligatorischen Misserfolge nicht ausgeblieben:

«Guten Tag, mein Name ist Serin. Ich werde euch so lange in Geschichte unterrichten, bis eure Lehrerin wieder da ist.»

«Sind Sie streng?»

«Ja!»

«Oh, schade!», riefen mehrere türkische Mädchen.

Augenblicklich untermauerte ich meine Behauptung: «Ich fange erst an, wenn Ruhe ist. Alles, was wir jetzt an Minuten verlieren, holen wir in der Pause nach. Ich stoppe die Zeit.»

Die Schüler quatschten trotzdem weiter, durchsetzt mit Einwürfen wie: «Ey, bei neue Lehrer muss man ruhisch sein. Musstu wissen, weißdu!»

«Selber ruhig!»

«Was bist du? Bitch?»

«Soll isch mal kommen?»

«Ey, dis is strenger Lehrer.»

«Ruhe. Der is sonst traurisch.»

«Ey, wie heißen Sie noch mal?»

«Wieiescheiße? Serin! Habiesch schon gesagt», imitierte ich ihren Jargon. «Wir machen länger. Ieschhab Zeit heute nach achter Stunde», erinnerte ich sie.

«Ischauch.»

«Ischnisch.»

Wahrscheinlich störte es sie nicht, den Unterricht in der Pause nachzuholen, da sie sowieso keinen Unterschied zwischen Unterricht und Pause machten.

Bei der 8 a an der Rathenau-Sekundarschule in Marzahn schienen die Dinge für mich anders zu liegen. Herr Warner, der stellvertretende Schulleiter, gab sich sehr zuversichtlich, dass der Kollege ernster erkrankt sei und ich bis zu den Sommerferien würde bleiben können. Ich würde mit der 8 a wohl sechs Monate zu tun haben – länger als je zuvor mit einer Klasse seit dem Referendariat. Ich hatte allen Grund, mir sofort Respekt zu verschaffen.

So brüllte ich also «Aufstehen! Los!» in besagt militärischschneidigem Ton ins Plenum. Die Schüler würden sich erst wieder setzen dürfen, wenn Ruhe war. Da ich gerade von einem Englisch unterrichtenden Kollegen den Hinweis bekommen hatte, Anweisungen in der Fremdsprache seien wirkungsvoller, hatte ich diesen Befehl auf Französisch erteilt: *«Levez-vous! Allez!»* Da die Jungen und Mädchen der 8 a aber gar kein Französisch hatten, wurde ich auch nicht verstanden. Alle blieben sitzen. Ich musste meine Aufforderung auf Deutsch wiederholen: «Alle aufstehen! Los!»

Zu meiner Erleichterung erhob sich die Klasse, ohne zu protestieren, wenn auch zögerlich. Ein Junge in einem weißen Londsdale-Sweater und mit einem schwarzen Basecap auf dem Kopf ermahnte einen seiner Mitschüler: «Ey, Enrico! Herr Serin hat gesagt: ‹Aufstehen!›»

Der Angesprochene, ein etwas schmächtiger dunkelhaariger Junge mit Brille, saß im Rollstuhl. Ich hatte ihn bisher übersehen. Die Klasse brach sofort in Gelächter aus. Und zu meiner Schande konnte ich mir ebenfalls ein Grinsen nicht verkneifen. Zwar drehte ich mich schnell weg, aber einigen Jugendlichen war der Fehltritt nicht entgangen. Scheiße, scheiße, scheiße! Ich hatte mit dieser Entgleisung als Vorbild versagt. Vermutlich hatte ich zudem Enrico verletzt. Aber was hätte ich stattdessen äußern sollen? «Alle bis auf einen aufstehen! Los!» Oder: «Alle aufstehen, außer du da im Rollstuhl! Du kannst sitzen bleiben. Aber bitte gerade sitzen.» Oder: «Versuch einfach so weit aufzustehen, wie du kannst.» Ich musste meinen Ausrutscher ausbügeln: «'tschuldigung. War nicht so gemeint. Ich bin auch behindert. Hier!» Ich deutete auf meine Füße. Mist! Ich hatte meinen Einstieg schon wieder vergeigt.

Mai 2011, Rathenau-Sekundarschule, Marzahn, Gesamtkonferenz in der Mensa
Frau Stöcher (Schulleiterin): Von der Senatsverwaltung ist ein Schreiben gekommen, in dem sie darauf hinweist, dass sie jetzt bei Facebook ist.
Herr Specht: Und, wie viele Freunde hat sie?
Lang anhaltendes Gelächter unter den Kollegen.

3
NICHTS ALS GESPENSTER

Melanie rief an. Am 27. Mai 2009, das Datum sollte ich nicht so schnell vergessen, hatte sie mich verlassen. Nun war Ende September. Seit den drei Monaten unserer Trennung hatten wir uns zweimal gesprochen. Einmal war ich unangekündigt vorbeigefahren, um ihr vorzuwerfen, wie ungerecht es von ihr sei, mir den Laufpass gegeben zu haben: «Das ist wirklich unterstes Teenagerniveau. Bloß weil ich im Referendariat schwach und oft krank war und wir kaum Sex hatten. Hättest du mich auch verlassen, wenn ich Krebs bekommen hätte? Das ist herzlos. Das ist sozialdarwinistisch. Die Schwachen, Armen und Kranken werden aussortiert.» Sie hatte diese Vorwürfe als lächerlich abgetan. Später hatte ich trotz dieses Streits telefonisch vorgefühlt, ob vielleicht noch was zu machen wäre – sie fehlte mir einfach zu sehr. Abends konnte ich nicht einschlafen, und wenn es mir doch gelang, träumte ich von ihr. Aber auch bei diesem zweiten Anlauf holte ich mir eine Abfuhr.

Warum also jetzt dieses Telefonat? Hatte sie ihre Meinung geändert? Wollte sie mir doch eine zweite Chance geben? Oder wollte sie mir ihr Beileid aussprechen, weil Guido Westerwelle Außenminister einer schwarz-gelben Koalition wurde? Auf keinen Fall durfte ich den Eindruck vermitteln, als hätte ich nur auf einen Anruf von ihr gewartet. Es war nie gut, wenn man verzweifelt wirkte. Das schwächte die Verhandlungsposition. Ich musste derjenige sein, der die Bedingungen diktierte. Sie musste um mich werben. Schließlich hatte ich als Verlassener meine Würde zu verteidigen. Ich heuchelte Gleichgültigkeit, war kurz angebunden:

«Tut mir leid, aber ich bin gerade auf dem Sprung. Könntest du es vielleicht in den nächsten Tagen noch mal versuchen?»

«Ich rufe nur an», sagte Melanie, «weil du noch mein Buch *Nichts als Gespenster* von Judith Herrmann hast.»

«Ich?»

«Du hattest es dir geborgt.»

Falsch. Ich hatte es mir borgen müssen. Oft genug hatte sie mir vorgehalten, mich nicht für die Musik, die sie höre, die Filme, die sie gern schaue, und die Bücher, die sie lese, zu interessieren. Schließlich hatte ich so ein schlechtes Gewissen, dass ich sie darum bat, mir *Nichts als Gespenster* auszuleihen. Den Erzählband hatte ich neben ihrem Bett bemerkt.

«Ich bin aber bislang nicht ganz durch», log ich, denn ich hatte ihn verlegt, ohne einen Blick hineingeworfen zu haben.

«Red keinen Quatsch! Du hast nicht mal den Klappentext gelesen.»

«Das stimmt doch gar nicht! Woher willst du das wissen?»

«Ich kenn dich doch. Als wir noch zusammen waren, lag es die ganze Zeit in irgendeiner Ecke.» In irgendeiner Ecke. Aha! Aber in welcher? Vielleicht sollte ich meine Ex danach fragen. In dieser Ecke musste es weiterhin sein.

«Damals hatte ich keine Zeit, Bücher zu lesen. Jetzt tue ich das wieder. Und mit *Nichts als Gespenster* bin ich schon ziemlich weit. Frag mich doch, worum es geht.» So kleinlich würde sie nicht sein und meine Kenntnisse überprüfen wollen.

«Okay. Wie heißt der Liebhaber der Erzählerin in der Geschichte *Ruth*?»

«In der Geschichte *Ruth*? Willst du jetzt wirklich ein Quiz mit mir veranstalten?» Ich hatte keinen blassen Schimmer, wie der Name von diesem Typen war. Aber einen laufenden Computer und Google. Mit leisen Fingerspitzen tippte ich:

J … U … D … I … T … H …

Gleichzeitig versuchte ich, Melanie hinzuhalten: «Findest du es nicht ein bisschen albern, mich abzufragen?»

H … E … R … R …

«Wieso? Hast du doch selbst vorgeschlagen», erwiderte Melanie schnippisch.

M … A … N … N …

«Dennoch – nie hätte ich dir … hätte, äh …»

R … U … T … H

«Sag mal, schreibst du gerade was am Computer?», stutzte Melanie.

«Nein.» Vehement wies ich den Verdacht von mir.

«Natürlich schreibst du! Das höre ich doch ganz genau. Das hast du früher auch immer gemacht, wenn wir miteinander telefonierten. Toll! Danke! So wichtig ist dir also ein Gespräch mit mir.»

«Das ist mir sehr wichtig, Mensch! Ich wollte nur nachgucken, wie der blöde Typ aus der Judith-Herrmann-Geschichte heißt.»

«Von wegen gelesen. Wusste ich's doch. Typisch!» Sie klang nicht gerade verwundert, aber trotzdem enttäuscht.

«Bis zur Erzählung *Ruth* bin ich noch nicht gekommen», verteidigte ich mich.

«Das ist die erste im Buch.»

«Du hast die Sachen, die ich dir geliehen habe, auch nicht immer gelesen», ging ich zum Gegenangriff über.

«Meinst du den Erotik-Comic?», spottete sie. «Tut mir leid, dass ich mich für deine sexuellen Phantasien nicht genauso erwärmt habe wie du.» Sie spielte auf *Le Déclic* von Milo Manara an, einem Südtiroler Comicautor. Dabei hatte ich ihr ausführlich erklärt, dass seine Arbeit selbst von seriösen Kritikern gelobt wurde. Aber sie vertrat die Ansicht, in den Feuilletonredaktionen säßen sowieso nur notgeile alte Männer.

«Immerhin ist es auf Französisch!» Ich variierte meine Fürsprache für *Le Déclic*.

Am anderen Ende der Leitung hörte ich Melanie lachen.

Dann sagte ich: «Außerdem hast du nicht einmal *Wir können ja Freunde bleiben* von Mawil gelesen.»

«Interessiert mich eben nicht, zu erfahren, warum ein Typ es nicht schafft, Mädchen ins Bett zu bekommen. Den Comic hast du mir sowieso nur geschenkt, weil du ihn selbst lesen wolltest.»

«Gar nicht.»

«Egal. Ich will nicht streiten. Könntest du mir das Buch schicken?»

«Schicken?», blaffte ich, tief in meinem Inneren verletzt. «Habe ich eine Krankheit, wegen der man mich nicht persönlich treffen darf?»

«Jetzt sei doch nicht albern. Du weißt, wie es beim letzten Mal gelaufen ist. Ein Treffen macht alles nur komplizierter.» Sie klang dabei fast fürsorglich.

In diesem Moment erinnerte ich mich an mein Vorhaben, dass ich derjenige sein wollte, der die Bedingungen diktierte. Diesen Anspruch wollte ich nicht aufgeben, wenngleich es augenblicklich nicht darum ging, ob wir wieder zusammenkamen, sondern nur um die Modalitäten einer Buchübergabe. Aber auch in scheinbar kleinen Dingen musste die Würde behauptet werden.

«Ich kann mir das Porto nicht leisten, da ich nur Vertretungslehrer bin und von heute auf morgen wieder arbeitslos sein kann.» Eine blödere Ausrede konnte mir kaum einfallen.

«Ist das wirklich dein Ernst? Du verarschst mich», stöhnte Melanie genervt.

«Nein.»

«Und was heißt das konkret?»

«Dass ich dir in absehbarer Zeit Judith Herrmann nicht schicken kann. Ich hab zudem andere Prioritäten, als zur Post zu rennen und Bücher zu versenden.» Und ich ließ weiter meine Muskeln spielen, damit sie begriff, dass ich nicht schwach und gefügig war. «Du kannst gern vorbeikommen und dir *Nichts als Gespenster* abholen. Ansonsten musst du dich gedulden, bis ich eine unbefristete Stelle gefunden habe.»

«Dann behalt es eben!» Ohne sich zu verabschieden, legte sie auf. Scheiße! Was hatte ich denn jetzt wieder falsch gemacht? Es war doch richtig, sich nicht alles bieten zu lassen. Selbstachtung galt auch für mich. Wahrscheinlich hätte ich das mit der unbefristeten Stelle nicht sagen dürfen. Dadurch wusste sie sofort, dass sie ewig auf das Buch warten konnte. Ebenso hätte ich besser einen neutraleren Ort als meine Wohnung vorschlagen sollen. Pokern war nicht meine Stärke. Jetzt würde ich mich doch wieder bei ihr melden müssen.

September 2010, Oktober 2010, Arthur-Schnitzler-Privatschule, Geschichte, 11. Klasse
Ich: Legen Sie die *BZ* weg! Wir haben jetzt Unterricht.
Leon: Ich les ja den Politikteil.
Ich: Toll! Und steht was drin?
Leon: Gibt fünf Euro mehr Hartz IV.
Ich: Na, ein Glück, sag ich mal. Da brauchen Sie sich in der Schule ja gar nicht mehr anzustrengen.

«DU MUSST BESSER SCHREIBEN, DAS IST SCHEISSE!»

«Ey, lassen Sie mich los! Ich bin nicht schwul», blökte mich Burt an, den ich an seinem grauen Kapuzensweater hielt, damit er mir Enricos Arbeitsblatt gab. Wütend versuchte er, sich zu befreien. Dabei hatte ihn die bald zu Ende gehende Ethikunterrichtsstunde dafür sensibilisieren sollen, dass sich Differenzen auch friedlich beilegen ließen. Doch das Austragen von Konflikten in zivilisierter Form gehörte nicht zu seinen Stärken. Seine Mitschüler waren, davon hatte ich mich oft genug überzeugen können, darin nicht besser. In der 8 a setzte man eher auf Beleidigungen:

«Ey, bist du schwul, oder was? Gib mir ein' Stift!»

«Ey, fass mich nicht an, du Homofürst!»

«Ey, du Knecht, weg da!»

«Ey, warum sitzt du hier? Du Hurensohn! Soll ich deine Mutter ficken?»

«Ey, was laberst du da?! Spuck mal nicht so, du Jude!»

Das waren nur einige O-Töne, mit denen sich die Jungen und Mädchen seit Januar 2011 beschimpften, seit ich an der Rathenau-Sekundarschule war. Jetzt war Anfang Februar. Und auch ich wurde regelmäßig Adressat ihrer Verbalinjurien. Wenn es um Beleidigungen ging, war ich für sie einer von ihnen.

Das war auch der Grund, warum ich in Ethik, jenem Fach, in dem ich die Schüler neben Geschichte unterrichtete, an diesem Morgen eine Einheit zum Thema Kommunikationsregeln begonnen hatte. Sie sollten lernen, wie man Misserfolge und Enttäuschungen besser artikulierte. Niemand schien den Jugendlichen beigebracht zu haben, dass man bei seinem Gegenüber mehr erreichte, wenn man sich an bestimmte Konventionen hielt, statt den anderen einfach nur anzupöbeln.

Eine Schmähung wie «Du bist voll eklig, du Schwein!» ruft beim Empfänger der Botschaft nur Abwehrreflexe und Aggressionen hervor, weil dieser sich angegriffen fühlt. Sinnvoller ist es daher, die Nachricht in vier Elemente zu zerlegen. Erstes Element ist die Beschreibung des Verhaltens/Auftretens, das einen stört. Zweites Element: das Gefühl, das dieses Verhalten/Auftreten bei einem selbst auslöst. Drittes Element: die Folgen, die dieses Verhalten/Auftreten für einen hat, und letztes: Welche Verhaltensänderung man sich wünscht. Unter Beachtung dieser Vorgaben ist eine Formulierung wie «Du bist voll eklig, du Schwein!» gleich viel weniger beleidigend, denn man würde nun stattdessen sagen: «Du riechst für mich sehr unangenehm. Mich macht das wütend, weil ich so die ganze Zeit nicht durch die Nase atmen kann. Ich möchte gern, dass du dich öfter wäschst und deine Kleidung regelmäßig wechselst.» Eine solche Umschreibung ist nicht verletzend, und der Gesprächspartner erhält zugleich eine konstruktive Anleitung, wie er zukünftig zwischenmenschliche Spannungen vermeiden kann.

Konnte ich ein solches Vorgehen meinen Schülern verständlich machen, so meine Hoffnung, würden sie vielleicht friedlich agieren, sich gegenseitig respektieren, Fremdes als gleichwertig achten und über die Notwendigkeit gemeinsamer Werte für den Zusammenhalt der Gesellschaft nachdenken. Das jedenfalls wurde im Fach Ethik angestrebt. Doch bis dahin war es noch ein weiter Weg.

Allein die Erläuterung der vier Aspekte einer beleidigungsfreien Nachricht hatte mich immense Kraft gekostet. Statt der ursprünglich geplanten fünf brauchte ich dafür zwanzig Minuten. Permanent musste ich gegen einen Geräuschpegel ankämpfen, der in etwa dem eines Motörhead-Konzerts vergleichbar war. Burt, der sonst einer der Lautesten war, tat sich dabei noch nicht einmal besonders hervor. Mein Beispiel, das ich an die Tafel geschrieben hatte – *Du schreist mich gerade an. Das macht mir Angst. Ich habe darum gar keine Lust mehr, mich mit dir zu treffen. Ich wünsche mir, dass du ruhig mit mir sprichst!* –, erwies sich als völlig unbrauchbar, um die Schüler die vier Elemente ermitteln zu lassen.

«Bitte, schaut jetzt noch mal auf den ersten Satz!», forderte ich die Schüler auf. «Was wird denn da ausgesagt? ... Setz dich bitte hin! ... Hinsetzen! ... Los! ... Doch, das hab ich gerade gesagt. ... Doch! Ich hab gesagt, was ihr machen sollt. Mehrmals! ... Jason, also, was sagt der erste Satz aus? ... Jason!!»

«Ich hab mich nicht gemeldet!»

Das stimmte, aber er war einer der wenigen Schüler, dessen Namen ich schon kannte.

«Na und! Du bist trotzdem dran.»

«Was soll ich machen?»

«Erklären, was der erste Satz aussagt.»

«Welcher erste Satz?»

«Der hier an der Tafel! ... Jason! Setz dich hin! Ich rede mit dir.»

«Aber Kenneth hat mein Radiergummi ...»

Weil ich einfach nicht weiterkam, wischte ich das Beispiel an der Tafel schließlich ab und notierte stattdessen die vier Elemente. Die Schüler sollten sie abschreiben, und damit sie das auch taten, behauptete ich, im nächsten Test würde ich die vier Punkte abfragen. Das motivierte immerhin die Hälfte der Klasse. Der Rest schien von dieser Ankündigung nichts mitbekommen zu haben. Danach erhielten alle einen Arbeitsbogen, auf dem verschiedene Vorwürfe und Beleidigungen standen, die die Schüler in nichtherabwürdigende Botschaften umwandeln sollten:

A) «Mit deinem Geschmiere gebe ich mich bestimmt nicht ab!»
B) «Du bist echt stinkfaul!»
C) «Dass du jetzt mit Chantal zusammen bist, ist echt das Letzte. Du bist als Freund für mich gestorben!»
D) «Warum hast du mich nicht angerufen, ey?»

Diese Beispiele zu finden, war nicht schwer gewesen. C) und D) hatte ich vorher in der 8a gehört. Natürlich hatte ich sie sprachlich etwas aufpolieren müssen. A) und B) hatten Kollegen von mir zu Schülern gesagt. Meinem Erwartungshorizont zufolge sollten die Achtklässler auf folgende Lösungen kommen:

A) «Deine Schrift kann ich überhaupt nicht lesen. Ich bin verärgert, weil sie mir zusätzliche Arbeit bereitet. Ich wünsche mir, dass du beim nächsten Mal ordentlicher schreibst.»
B) «Du hast deine Hausaufgaben wieder nicht gemacht. Mich macht das wütend, weil ich dir das schon so oft gesagt habe und ich dir nun eine Sechs geben muss. Ich wünsche mir, dass du deine Aufgaben in Zukunft gewissenhaft erledigst.»
C) «Du bist jetzt mit Chantal zusammen. Ich bin deswegen traurig, denn ich hatte dir gesagt, dass ich in Chantal verliebt bin. Von dir als Freund hatte ich erwartet, dass du auf meine Gefühle Rücksicht nimmst. Ich wünsche mir, dass du meine Gefühle mehr respektierst.»
D) «Gestern habe ich den ganzen Tag umsonst auf deinen Anruf gewartet, den wir vereinbart hatten. Ich war sehr enttäuscht, denn stattdessen hätte ich mich mit anderen verabreden können. So aber blieb ich allein. Ich wünsche mir, dass du deine Zusagen zukünftig einhältst oder mir rechtzeitig Bescheid gibst, wenn sich deine Pläne ändern.»

Es hatte mich selbst überrascht, wie leicht mir bei der Vorbereitung diese Lösungen eingefallen waren. Stritt ich mich früher mit Melanie, hatte ich diese aggressionsfreie Kommunikation nie hinbekommen. Fühlte ich mich zu Unrecht von ihr kritisiert und mit unangebrachten Vorwürfen konfrontiert, hatte ich meistens sofort aus vollen Rohren geschossen: *Ich hasse dich! Du bist die schlimmste Frau, mit der ich je etwas hatte. Ich kann mich ja aus dem Fenster stürzen, wenn du das möchtest.* Ich war eher ein impulsiver Mensch.

Mein Erwartungshorizont an die Jugendlichen entsprach sicherlich einem fernen Ideal, das in der Realität kaum sofort von ihnen erfüllt werden konnte. Aber ich hoffte, meine Schüler wenigstens auf den richtigen Weg zu bringen. Aber als ich, Wurfgeschossen ausweichend, durch die Reihen beschmierter Tische und kippelnder Teenager ging und die Ergebnisse, sofern denn welche vorlagen, musterte, begriff ich, dass außer bei Vivien, Enrico und wenigen anderen noch sehr viel Arbeit zu verrichten und Zeit zu investieren sein würde. Hätte man von einem Rechner einen Mittelwert der vorhandenen Antworten erstellen lassen, wäre man zu folgenden Resultaten gelangt:

A) «Du schreibst echt voll schlecht! Das finde ich scheiße! Du musst besser schreiben!»
B) «Du machst nichts. Mach mehr!»
C) «Hör auf, Chantal zu ficken! Sonst mach ich dich fertig, du Knecht!»
D) «Warum hast du mich nicht angerufen, du Opfersohn?! Soll ich mal nicht anrufen?! Dann heulst du aber. Geh zu deiner Mutter!»

Natürlich konnte ich nicht überall intervenieren. Ich tat es eher punktuell. In den Fällen, wo ich den Eindruck hatte, dass ein Schüler zumindest bemüht war – also schrieb oder auf sein Arbeitsblatt schaute –, beugte ich mich zu ihm.

«Guck mal, Kenneth.» Der Junge mit dem runden Gesicht, den kurzen, lockigen Haaren und den großen Ohrringen nickte leicht, ohne aufzublicken. Offenbar war es ihm peinlich, von mir angesprochen zu werden: «Du schreibst hier, dein Freund soll nicht Chantal ficken. Wie wirkt das denn auf ihn?»

«Weiß nicht.» Kenneth zuckte mit den Schultern.

«Kann man das nicht anders sagen? Nicht so als Vorwurf.»

«Aber er hat Chantal gefickt.»

«Weißt du doch gar nicht. Du erfährst lediglich, dass er mit ihr zusammen ist.»

«Wenn er zusammen ist, dann hat er gefickt.»

«Okay. Aber du willst ja, dass das Gespräch nicht im Streit endet. Dass ihr Freunde bleibt.»

«Will ich nicht. Er hat mit Chantal gefickt.» Er verstand nicht, worauf ich hinauswollte.

«Aber es bringt dir nichts, wenn ihr in Feindschaft auseinandergeht.»

«Wenn er sie gefickt hat, soll er sich verpissen», antwortete er gereizt. Auf seiner schmalen, hellen Nase waren viele kleine Pickel zu erkennen.

Oder ein anderer Schüler:

«Roy, du schreibst hier, dein Kumpel ist ein Hurensohn, weil er dich nicht angerufen hat. Richtig ist ja, er hat dich nicht angerufen ... Ey, Julius, geh zurück auf deinen Platz! ... Meinetwegen Burt. Ist mir egal, wie du heißt ... Also, Roy, dein Kumpel hat dich nicht angerufen. Das hast du ja auf deinem Blatt stehen. Aber im zweiten Schritt sollst du deine Empfindungen zum Ausdruck bringen. Stell dir vor, ein Kumpel sagt dir, er würde sich melden. Du wartest den ganzen Abend auf diesen Anruf, und nichts passiert. Was hast du da für Gefühle?»

«Weiß nicht. Hab gar keine Gefühle.»

«Na, überleg doch mal! Welche Gefühle kennst du denn?»

«Weiß nicht ... Spaß.»

«Okay. Und welche negativen Gefühle kennst du?»

«Weiß nicht. Nicht Spaß haben.»

«Genauer! Dein Kumpel hat dich einfach vergessen – was fühlst du in einem solchen Moment?»

«Dass er schwul ist.» Roy blickte Zustimmung heischend zu seinem Nachbarn Jason, um sich zu vergewissern, dass seine Antwort lustig war.

«Dass er schwul ist – das ist doch kein Gefühl, Roy!»

«Mann!» Roy zog genervt die Schultern hoch. «Dass er sich ficken kann. Weiß ich das?! Is mir egal.»

«Ich mach dir mal ein paar Vorschläge ... Ey, heb das wieder auf! Sofort! ... Also: Bist du dann traurig?»

«Traurig? Ich? Nee!» Er schüttelte empört seinen Kopf. Seine kurzen, blondierten Haare glänzten, ebenso seine Gesichtshaut: «Bin doch nicht schwul. Ich hasse ihn. Ich will ihn killen.» Er erhielt ein zustimmendes Lachen von Jason.

«Okay. Also wenn dein Kumpel nicht anruft, obwohl er es versprochen hat, hasst du ihn und spürst das Bedürfnis, ihn umzubringen.» Roy spendete mir inzwischen keine Aufmerksamkeit mehr, weil er immer noch damit beschäftigt war, sich mit Jason über seinen Gag zu beömmeln.

Ähnliche Dialoge führte ich noch an einigen weiteren Tischen. Viele zuckten nur verständnislos mit den Schultern oder verdrehten genervt die Augen, wenn ich von ihnen verlangte, zu überlegen, ob es außer Hass und jemanden schwul finden noch andere menschliche Regungen gab. Bereits ziemlich angefressen, wollte ich mich gerade Enricos Ergebnissen zuwenden, als mir Burt dessen Blatt vor der Nase wegschnappte: «Gib's mir! Sofort!», motzte ich den großen Kerl mit den abstehenden Ohren und der blassen Narbe auf der rechten, von leichtem Flaum überzogenen Wange an. Er wollte es aber zunächst selbst lesen. Also griff ich nach dem Arbeitsbogen. Burt hielt ihn jedoch über seinen ovalen, von einem Basecap bedeckten Kopf. Ich sprang hoch, kam aber trotzdem nicht heran, weil der schlaksige Kerl mindestens 180 Zentimeter groß war, überdies sehr lange Arme hatte und ich wegen meiner Klumpfüße keine große Sprungkraft besaß. Und dann lief er auch noch davon. Ich durch den halben Raum hinterher, im Slalom, weil ständig Schüler im Weg standen. Die ganze Klasse war nun mittlerweile auf uns aufmerksam geworden. Selbst Roy hörte auf, seine Mitschüler mit Papierschnipseln zu bewerfen. Ich bekam Burt schließlich an seinem grauen Denim-Sweatshirt zu fassen und begriff noch in derselben Sekunde, dass dies ein großer Fehler war.

«Ey, lassen Sie mich los! Ich bin nicht schwul!»

«So siehst du aber aus», platzte es in meiner Misslaunigkeit aus mir heraus. Die halbe Klasse lachte.

«Und Sie sehen aus wie 'ne Schwuchtel.»

Burt hatte deutlich schwächere Lacher auf seiner Seite. Im Prinzip hatte ich gewonnen. Trotzdem konnte ich seine Replik natürlich nicht unkommentiert stehenlassen: «Dann können wir ja miteinander gehen» – diese Bemerkung verkniff ich mir lieber, denn ich musste schnellstmöglich zu meiner Vorbildrolle zurückfinden. Schließlich hatte auch ich mich im Ton vergriffen. Als Pädagoge musste ich mich anderer Mittel bedienen, zumal ich den Schülern beibringen wollte, wie man Konflikte angemessen beilegt: «Okay, Burt! Du bleibst nach der Stunde noch da und machst den Raum sauber. Sonst gibt's einen Tadel.» Ich war aufgebracht, nicht nur wegen Burts Respektlosigkeit, sondern auch deshalb, weil sie mich dazu gebracht hatte, unprofessionell zu agieren und die Beherrschung zu verlieren.

Februar 2011, Rathenau-Sekundarschule, Marzahn, nach der Ethikstunde in der 8a

Ich: Sag mal Burt, wie fandest du denn eben unsere Konfrontation?
Burt: Weiß nicht. Was mein' Sie?
Ich: Fandest du den Verlauf in Ordnung?
Burt: Was?
Ich: Dass du mir das Blatt von Enrico nicht gegeben und mich als Schwuchtel bezeichnet hast.
Burt: Ich wollte das zuerst haben.
Ich: Aha! Zuerst! Du hast es mir aber trotzdem zu geben, wenn ich das von dir verlange. Ich bin dein Lehrer.
Burt: ...
Ich: Und dazu hast du nichts zu sagen?
Burt: Nee.
Ich: Sag mir, was ist der Unterschied zwischen Lehrer und Schüler?
Burt: Weiß nich. Lehrer is älter.
Ich: Und sonst? Gibt es sonst noch Unterschiede?
Burt: Nee.
Ich: Ach so, und mit einem Lehrer kann man genauso umgehen wie mit einem Kumpel?
Burt: Klar.
Ich: Und du findest das auch normal, wenn ich zu dir sage: «Du siehst schwul aus?»
Burt: Ja.
Ich: Würde ich an deiner Stelle eigentlich nicht in Ordnung finden.
Burt: Is okay. Hätt ich auch gesagt, wenn ich Lehrer wäre.
Ich: Aha. Is ja toll.
Burt: Kannisch gehen?
Ich: Nee. Du machst noch sauber.

AUSWEITUNG DER KAMPFZONE

Es waren nur sechzig Meter. Nur sechzig Meter musste ich zurücklegen, um den Hof drei zu erreichen. Der Hof drei war nicht mein Problem. Er lag ruhig neben einem kleinen Biotop mit Teich, er war eingezäunt und von jungen Bäumen umrahmt. Nur selten verirrte sich ein Schüler hierher, vermutlich, weil der Platz zum Toben fehlte. Das Problem war der Weg. Der führte über Hof eins. Dort waren sehr wohl Schüler. Und hinzu kam: Über Nacht hatte es wieder geschneit. Bis ich Lehrer wurde, hatte ich den Winter geliebt und jedes Jahr den Schnee regelrecht herbeigesehnt. Doch nun, wo ich Hofaufsichten führen musste, beurteilte ich die Jahreszeiten anders. Jede Schneeflocke war mein Feind. Während in Nordafrika der arabische Frühling im Gange war, brach auf den Berliner Schulhöfen mit den Flocken der Krieg aus.

«Sie müssen darauf achten, dass die Schüler keine Schneebälle werfen. Das ist verboten.» Herr Warner, der stellvertretende Direktor, hatte mir diesen Hinweis vor Beginn meiner Hofaufsichten mitgegeben. Nur wie ich das zu bewerkstelligen hatte, verriet er mir nicht. Überarbeitet, wie er war, hatte er sich danach sofort einer anderen Angelegenheit gewidmet.

Das Verbot von Schneeballschlachten wurde von mir grundsätzlich unterstützt. Denn schließlich waren diese wegen der Steinchen in den geformten Eisbällen gefährlich. Aber was nützte mir das Verbot, wenn ich es nicht umsetzen konnte? Im besten Fall ließ ich mich bei dessen Durchsetzung auf ein demütigendes Katz-und-Maus-Spiel ein. Immer, wenn ich erfolgreich eine

Schlacht mit den weißen Geschossen unterbunden hatte, begannen woanders neue Gefechte.

Wahrscheinlich würde ich es bis zum Ende der Pause gar nicht bis zu meinem Ziel schaffen, weil ich auf dem Weg dorthin viel zu oft intervenieren musste. Hätte ich mich mit Burt nicht noch auf eine Diskussion über seine Note im Ethiktest zu den Kommunikationsregeln eingelassen, wäre ich noch vor dem Klingeln und vor Ankunft der Schülerhorden auf den Hof drei gesprintet. Doch dafür war es mittlerweile zu spät. Von hinten schoben mich gerade fünfzig Jungen und Mädchen in Richtung der roten, verglasten, mit vertikalem Stoßgriff versehenen Schwingtüren, aber von draußen schleppten andere Schüler bereits wieder Schnee an den Sohlen auf die dunkelgrauen Mosaiksteine im Foyer.

Es gab für mich eigentlich nur zwei Möglichkeiten, den Hof eins ungeschoren zu durchqueren. Entweder, ich tat dies in einem Moment, in dem gerade niemand einen Schneeball warf. Oder ich bekam von den Würfen einfach nichts mit. Bevor ich mich jedoch ins Freie wagte, musste ich mir vorher unbedingt ein Bild davon verschaffen, welche der beiden Optionen die erfolgversprechendere war. Darum bat ich zwei mir entgegenkommende Schülerinnen aus der Siebten, mir die Lage vor Ort möglichst genau zu schildern:

«Schmeißt auf dem Hof jemand mit Schneebällen?»

«Denkste, die Gina blutet aus Spaß, du Vogel?», rotzte mich eine der beiden Schülerinnen an, die ihre braunen Haare brav zu einem Pferdeschwanz gebunden hatte und im Grunde viel zu zierlich war, um sich einen solchen Ton mir gegenüber zu erlauben. Erst jetzt bemerkte ich die Wunde über dem Auge ihrer Freundin.

Sie schoben sich an mir vorbei durchs Gedränge in Richtung Sekretariat. Bei aller Freude darüber, offenbar für so jung gehalten zu werden, dass Duzen angebracht erschien, führte mir die pampige Antwort des Mädchens unmissverständlich vor Augen, dass in ihrem Ethikunterricht bisher nichts zu aggressionsfreien Kommunikationsstrategien gemacht worden war oder der dort unterrichtende Kollege mit seiner Themeneinheit genauso wenig Erfolg hatte wie ich in meiner 8 a. Und wie sollte ich im Schneetreiben meine Autorität geltend machen, wenn ich nicht einmal für einen Lehrer gehalten wurde?

Da Ginas blutende Augenbraue die Hoffnung darauf, den Hof eins in einem schneeballschlachtfreien Moment überqueren zu können, nichtig machte, schien es besser, wenn ich mich mit aller Kraft auf die zweite Option konzentrierte: nichts von dem Krieg zwischen den Schülern mitzubekommen. Dazu musste ich es aber vermeiden, selbst von einem Schneeball getroffen zu werden. Immerhin hatte ich mir in den letzten Jahren den typischen und unverkennbaren Lehrergang antrainiert: Kopf nach unten, Schultern hochgezogen und krummer Rücken, dabei den Blick auf den Boden geheftet, schneller Schritt, am besten im Schutze von Mauern und Wänden, sodass eine Front abgesichert ist. Das verringerte die Chance, erkannt und zum Ziel von Angriffen zu werden.

Als ich dann durch die Schwingtür geschoben wurde, sprintete ich los, als ginge es um mein Leben. Im Zickzackkurs am weißen Innenbogen des Südtrakts entlang. Meine Hände schleiften fast auf dem Boden. Zweimal fiel ich in den Schnee, aber weil ich mich elegant abrollte, erschwerte dies potenziellen Schützen, mich ins Visier zu nehmen. Nur nicht stillstehen. Nur nicht davon ablenken lassen, was um einen herum passierte. Immer wieder machte ich mir auch meine vorteilhafte Körpergröße zunutze, indem ich flink zwischen größere Schüler sprang, sodass sie mich abschirmen konnten. Allerdings nahm ich davon Abstand, bei sehr großen Jugendlichen zwischen ihren Beinen hindurchzuflitzen und kleinere mit einem Bocksprung zu überwinden.

Tatsächlich erreichte ich unbeschadet Hof drei, sah man davon ab, dass ich einen Schneeball im Mund hatte. In der unmittelbaren Umgebung meines Standorts ging es ausgesprochen ruhig zu. Friedlich lag der Hof da, ganz in reines Weiß gekleidet. Um mich belastende Spuren zu beseitigen, musste ich lediglich die Schneebälle, die versehentlich bei mir landeten, wieder in den Hof drei zurückwerfen. Keiner meiner Kollegen sollte später behaupten können, ich hätte von den Schneeballschlachten auf Hof eins etwas mitbekommen.

Einmal jedoch musste ich einen Schüler davon abhalten, meinen Hof zu betreten. Das ging nur, indem ich einen richtig fetten Schneeball nach ihm schleuderte, einen mit Steinchen drin. Deutlich hatte ich ihm so zu verstehen gegeben, dass ich ihn nicht in meinem Aufsichtsbereich duldete. Keineswegs durfte ich ein Überschwappen des Berliner Schulhofkriegs auf mein Territorium, eine Ausweitung der Kampfzone, zulassen. Die Schüler hatten schließlich nicht wie die Menschen in der arabischen Welt ein Anliegen, das zu den guten zählte.

> **März 2011, Rathenau-Sekundarschule, Marzahn, Geschichte Grundkurs, 12. Klasse**
> **Ich:** Galina, sind Sie schon fertig mit Lesen?
> **Galina:** Nein.
> **Ich:** Warum lesen Sie dann nicht weiter?
> **Galina:** Dis streng mich immer so an, lesen. Wenn ich anfange, was zu lesen, da kriege ich nach einem Abschnitt Kopfschmerzen.

DIE ZWEI FRAUEN IN MEINEM LEBEN

Ich wollte sie gerade fragen: «Und, was machen wir jetzt?», da klingelte mein Telefon. Wer rief um diese Zeit noch an? Ich kroch aus dem Bett. Vielleicht war es besser, den Anruf entgegenzunehmen, als über unsere Zukunft zu sprechen. Hatte sie vorhin in der Kneipe nicht vehement gegen eine zweite Chance argumentiert?

«Mensch, Stephan, schieb nicht immer alles aufs Referendariat! Es war doch auch vorher vieles nicht so toll gewesen. Dir ging es doch mehr um deine Freiheiten als um uns. Oft war ich nicht glücklich, und ich hätte dich genauso gut viel früher verlassen können.» Melanie hatte sich heftig beklagt, und schließlich hatte sie mir mein Jahr als Fremdsprachenassistent in Frankreich entgegengehalten: «Nicht ein einziges Mal hast du gefragt, ob ich mitkommen möchte. Das war sehr enttäuschend.» Und unvermeidlich folgte der nächste Vorwurf, den ich ebenfalls kannte: «Außerdem hast du dich vier Jahre lang immer wieder geweigert, mit mir zusammenzuziehen. Denkst du, das kann ich einfach so vergessen?»

Andererseits – warum war sie dann hier? Damit hatte ich nie gerechnet. Mich hatte es schon verwundert, dass sie meine Entschuldigung für mein Verhalten, als es um das Buch von Judith Herrmann ging, angenommen und sich schließlich mit mir in der «Tagung» getroffen hatte, einer Bar in Friedrichshain. Und danach war sie sogar mit zu mir gekommen. Die zwei Gin Tonics, die sie getrunken hatte, konnten nicht allein die Erklärung dafür sein. Hatte sie nicht auch gesagt, es falle ihr schwer, Single zu sein? Vielleicht fiel es ihr in Wirklichkeit vor allem schwer, ohne mich zu sein. Konnte ich so viel Glück haben? Eben, beim Sex, hatte sie jedenfalls den Eindruck starker Erregung vermittelt. Stärker auf jeden Fall als einige Male zuvor, als wir noch ein Paar waren. Aber gut, für Frauen sollte Sex nebensächlich sein. Damit hatte mich Melanie schließlich oft genug getröstet, wenn es im Bett zwischen uns nicht so gut lief.

Auf dem Display stand «Unbekannt».
«Ja?», meldete ich mich.
«Ich bin's, Mama.»
Ich hätte es wissen müssen. Mir fiel augenblicklich ein, dass meine Eltern die Sichtbarkeit ihrer Nummer versehentlich gesperrt hatten und nicht wussten, wie sie das wieder rückgängig machen konnten. Außerdem: Wer sonst rief an einem Freitag nach 22 Uhr bei mir an? Richtig! Nun musste ich mich auch noch mit meiner Mutter auseinandersetzen. Die wichtigste Frau der letzten Jahre meines Lebens in meinem Bett und die wichtigste Frau der ersten Jahre meines Lebens in der Leitung. Würde dieser Dreier gutgehen?

«Das überrascht mich, Stephan, dass ich dich um diese Zeit erwische. Du Stubenhocker! In deinem Alter sollte man abends etwas unternehmen, gerade am Wochenende.» Ich parierte ihren Überfall mit Schweigen, aber das hielt sie nicht davon ab, prompt die nächste Äußerung folgen zu lassen, die in gewisser Weise im Widerspruch zur ersten stand: «Na ja. Trotzdem schön, dass ich dich erwische. Du bist ja nie zu erreichen. Du Rumtreiber!»

Das stimmte nur bedingt. Meistens ging ich nicht ans Telefon. Häufig genug hatte ich für die Schule zu tun und wollte nicht gestört werden. Meine erste Vertretungslehrerstelle am Zehlendorfer Monet-Gymnasium stellte doch eine ziemliche Umstellung zum Referendariat am Heisenberg-Gymnasium dar. Dort hatte es oft gereicht, wenn ich mich erst in der Stunde selbst, parallel zu den Schülern, in das Thema eingearbeitet hatte.

«Ja, ich bin viel unterwegs», schwindelte ich und machte in Richtung Melanie Mundbewegungen, die ihr erklären sollten, mit wem ich gerade sprach.

«Dennoch könntest du mal anrufen. Ich meine, du hast schon im Referendariat nie angerufen.» Das war nur die halbe Wahrheit. Ich hatte auch davor kaum angerufen.

Melanie setzte sich jetzt auf und schloss ihren BH um ihre runden Brüste, von denen man, weil es draußen dämmerte, nur die Silhouetten sah.

«Mensch, Mama! Ich hab einfach viel zu tun.»

«Aber du bist doch nur Aushilfslehrer.»

«Vertretungslehrer.»

«Dann eben nur Vertretungslehrer. Ist doch egal, wie das heißt. Jedenfalls bist du nichts Richtiges.» Sie war heute in Bestform. «Da musst du dich doch nicht übermäßig engagieren.»

«Das tue ich auch nicht. Ich mache das, was gefordert ist.» Prüfend warf ich einen Blick zu Melanie, denn solcherart Kritik hatte ich mir in den letzten zwei Jahren oft von ihr anhören müssen. Aber sie schien dem Telefonat keinerlei Beachtung zu schenken, war bereits in ihr schwarzes Baumwolltop geschlüpft und stand auf, um sich ihre Jeans anzuziehen. Warum kleidete sie sich an? Ich gab ihr zu verstehen, dass ich gedachte, das Gespräch schnell zu beenden. Aber offenbar konnte sie nicht von den Lippen ablesen.

«Mama, ich verspreche dir, sobald ich eine Festanstellung habe, lege ich die Beine hoch und mache nichts mehr. Dann telefonieren wir jeden Tag miteinander.» Meine Mutter ignorierte meinen Sarkasmus.

«Aber mit deinem Abschluss nehmen sie dich an der Schule doch sowieso nicht.» Sie war oft verletzend ehrlich. So wie Melanie, die sich nun ihren grünen Feinstrick-Cardigan zuknöpfte. Nur dass Melanie bewusst ehrlich war, während ich das von meiner Mutter nicht behaupten konnte. Ich hielt die Hand über das Telefonmikrophon und flüsterte: «Meine Mutter. Dauert nicht lange.» Doch deren Ohren waren besser, als sie über Jahre behauptet hatte.

«Hast du Besuch?» Auch das noch.

«Ja», stöhnte ich.

Ihre Neugier war geweckt: «Eine Frau?»

«Ja.»

«Toll!», jubelte sie. «Endlich triffst du dich wieder mit Frauen. Und?»

«Was und?»

«Na ja. Du weißt schon!?»

«Was soll ich denn schon wissen?»

«Wie ist sie so?»

«Im Bett, oder was? Ist es das, was du wissen willst?» So hätte ich meine Mutter angeherrscht, wäre ich allein gewesen. Glaubte sie ernsthaft, ich würde mit ihr die Vorzüge anderer Frauen erörtern, zumal in deren Beisein: «Voll scharf, die Braut hier! Richtig geiler Body. Eins a. Und im Bett eine Kanone. Darauf kannst du einen lassen, Mama! Allerdings muss sie aufpassen. Am Hintern. Das sieht dort ein bisschen nach Cellulite aus. Und der rechte Schneidezahn könnte besser geputzt werden. Da hat sie so eine braune Stelle. Vorhin, beim Knutschen, habe ich darauf geachtet, nicht mit der Zunge dagegen zu kommen.»

Das Objekt unserer Konversation war bereits im Flur und dabei, in ihre schwarzen Stiefel zu steigen.

«Ist gleich zu Ende», raunte ich Melanie zu, langsam war ich stark beunruhigt. Gequält antwortete ich meiner Mutter: «Du glaubst jetzt nicht ernsthaft, dass ich dir das sage.»

«Verstehe. Na ja, bring sie einfach mal zum Essen mit, damit Papa und ich sie kennenlernen.»

Ich murmelte ein «Vielleicht», was sie als Zustimmung missinterpretierte: «Frag sie doch, wo sie schon bei dir ist, wann sie kann.» Das war eine Idee, die nur dem Hirn einer Mutter entspringen konnte. Würde ich beim ersten Date gleich ein Essen mit meinen Eltern vorschlagen, würde ich für immer Single bleiben. Meinen eigenen Kindern würde ich derartige Gespräche ersparen. Sie würden einfach keine Mutter haben. Allerdings würden sie auch keinen Vater haben. Denn wie sollte ich ohne Frau zu Kindern kommen?

«Das werde ich jetzt bestimmt nicht tun», sagte ich und bremste ihren Elan.

«Na gut. Das hat auch noch Zeit. Freut mich jedenfalls, dass du wieder nach vorne schaust. Dass du dich wieder mit Frauen triffst. Das war ja wirklich gemein von der Melanie, dass die dich einfach so abserviert hat.» Woher wollte meine Mutter das wissen? Nie hatte ich mit ihr über meine Beziehung gesprochen.

Melanie hatte meine Gesten, die ihr bedeuten sollten, unbedingt zu bleiben, ignoriert. Sie war dabei, ihren schwarzen Mantel anzuziehen. Sie sah ziemlich traurig aus. «Geh noch nicht! Das ist gleich zu Ende», erklärte ich verzweifelt, ohne die Sprechmuschel abzudecken. Doch meine Mutter überhörte meine Bemerkung: «Stephan, um ehrlich zu sein, mit Melanie bin ich nie so richtig warm geworden. Ich fand immer, dass du was Besseres verdient hast. Die war doch so schwierig. Immer so schlecht drauf. Also, ich finde, du hast eine fröhliche Freundin verdient. Die dich zum Lachen bringt.»

Melanie hatte mich sehr oft zum Lachen gebracht. Sie verließ gerade meine Wohnung. Verzweifelt rief ich ihr nach, ich würde mich melden. Die Tür war aber schon ins Schloss gefallen.

Meine Mutter stutzte: «Ist die Frau jetzt gegangen?»

«Ja.»

Für einen Moment rang sie nach Worten. So still hatte ich sie selten erlebt. Doch sie wäre nicht meine Mutter, wenn sie nicht schnell ihre Sprache wiedergefunden hätte. «Na ja, Stephan. Das muss nichts heißen, und man muss nichts überstürzen. Ich hab damals auch nicht gleich am ersten Abend bei Papa übernachtet. Vielleicht heißt das einfach, dass sie nicht nur an Sex interessiert ist.» Da war ich aber beruhigt.

Februar 2011, Rathenau-Sekundarschule, Hofpause
Ich: Heb das Papier wieder auf!
Schüler: Ey, lass mich! Ich hab nichts gemacht.
Ich: Wie bitte? Hörst du auf, mich zu duzen! Ich bin ein Lehrer. Siezt du mich mal bitte!
Schüler: Hab ich doch gemacht.
Ich: Du hast gesagt: «Ey, lass mich!»
Schüler: Mann, ey! Ey … äh … äh … lasst mich!
Ich: Das heißt: «Ey, lassen Sie mich.»

«TUT MIR LEID, HERR SERIN, ABER ICH HATTE DURCHFALL.»

Scheiß Ampel. Nicht nur ich würde mich wohl verspäten. Ich erkannte ihn sofort an seinem schwarzen Bench-Basecap und seinem wippenden Gang. Keine Frage. Das war Jason aus meiner 8 a. Er würde es wieder nicht pünktlich zum Unterricht schaffen. Und er ließ sich Zeit, obwohl ich seiner Klasse vorgestern gedroht hatte, dass ich von nun an mit dem Klingeln die Tür abschließen werde. Diejenigen, die sich dann nicht im Raum befänden, würden eine unentschuldigte Fehlstunde ins Klassenbuch eingetragen bekommen. Diese Maßnahme war angenehm zeitschonend. Ich musste mir keine Strafaufgaben überlegen und diese dann korrigieren, wie es manche Kollegen zu tun pflegten. Glücklicherweise wussten Schüler aus der Mittelstufe auch noch nicht, dass man den Raum aus Gründen des Brandschutzes gar nicht abschließen durfte. Wiesen sie ausnahmsweise doch auf dieses Verbot hin, konnte man sie argumentativ relativ leicht in die Schranken weisen: «Ich nehme euren Einwand sehr ernst. Ich schließ trotzdem ab, denn ich bin der Lehrer und weiß das schließlich besser.» Jason lief wirklich betont langsam. Er war einer der Hauptverantwortlichen dafür, dass ich mich genötigt sah, die Zügel anzuziehen. Er erschien so gut wie nie pünktlich zum Unterricht. Von seiner Sorte gab es in jeder Klasse ein bis drei Kandidaten. Sie waren anders als die Gelegenheitsdelinquenten, denen ihre Verspätung unangenehm war und die sich wenigstens an einen bestimmten Ausredenkatalog hielten, auf den man als Lehrer halbwegs souverän reagieren konnte:

- «Ich hab verschlafen.» – «Dann mach das nächste Mal die Nacht durch.»
- «Die S-Bahn kam nicht.» – «Dann nimm eine andere.»
- «Ich stand im Stau.» – «Dann lauf zur Schule.»
- «Ich hab's nicht geschafft.» – «Aber Schminken ging noch, oder?»

Spätestens nach der zehnten erfolgreichen Verspätung lässt jedoch das persönliche Unrechtsbewusstsein rapide nach.

Einigen der mir bekannten Intensivstraftäter reichte es nicht, einfach nur wortlos in den Unterricht zu schlurfen. Manche legten es geradezu darauf an, den Lehrer vor versammelter Schülerschaft mit absurdesten Erklärungen aus der Fassung zu bringen. Da ich als Schüler immer pünktlich war und überdies ein Gymnasium besuchte, wo Verspätungen praktisch nicht vorkamen, fehlte mir die nötige Vorstellungskraft, um mich mental auf provokante Ausreden einzustellen und schlagfertig auf diese zu reagieren. Trotzdem wollte ich mich anfangs diesem Problem lieber mit lustigen Sprüchen stellen als mit autoritären Sanktionen, allein deshalb, weil mir ein solches Vorgehen souveräner erschien. So hatte ich begonnen, im Internet nach den populärsten Ausreden für Verspätungen zu suchen, um mir für diese gewitzte Antworten zurechtzulegen:

- «Tut mir leid, dass ich zu spät gekommen bin, aber mein Fahrrad ist zu langsam gefahren.» – «Dann mach die Stützräder ab.»
- «Tut mir leid, aber ich hatte Durchfall.» – «Das kann ich mir bei dir gut vorstellen.»
- «Tut mir leid, aber ich hab vorm Losgehen noch onaniert.» – «Das habe ich auch, aber ich hab's trotzdem pünktlich geschafft.»

Leider kam ich fast nie dazu, meine Schlagfertigkeit unter Beweis zu stellen, da sich meine Schüler meistens nicht an die ergoogelten Ausflüchte hielten. Und so wurde ich oftmals mit Sprüchen konfrontiert, auf die ich im Eifer des Gefechts keine Entgegnung parat hatte, darunter auch solche, über die ich selbst lachen musste: «Entschuldigung, ich bin zu spät. Aber ich musste mir erst noch eine Ausrede einfallen lassen.» Einmal erschien ein Junge aus der Zwölften sieben Minuten nach Beginn der Stunde, murmelte: «Entschuldigung», um anschließend einen Blick auf seine Uhr zu werfen und sich zu revidieren: «Ach nee. Geht ja noch.» Überdies hatte ich lernen müssen, dass Nachsicht und Humor im Umgang mit Verspätungen die Beliebtheit als Lehrer nicht steigerten. Allenfalls kratzten sie an seiner Autorität. Aus diesem Grund schreckte ich mittlerweile nicht mehr vor drastischeren Maßnahmen zurück.

Bei Jason hatte ich zum Beispiel mehr als genug Geduld gezeigt. Er schob für seine Unpünktlichkeiten immer irgendeinen Trauerfall in der Familie vor. Zunächst hatte ich noch bestürzt reagiert, bis mir Frau Stumpf, die immer ansprechbare Klassenlehrerin der 8 a, gesteckt hatte, dass seine ganze Familie «angeblich» schon in der siebten Klasse gestorben war. Daraufhin führte ich mehrere pädagogische Gespräche mit ihm, die aber ohne Wirkung blieben. Meine Bemühungen, in der Folge mit den Eltern Kontakt aufzunehmen, waren unbeantwortet geblieben, was Jason unter schelmischem Grinsen damit erklärte, dass seine Mutter und sein Vater schließlich tot seien.

Auch jetzt grinste er. Er hatte mich erkannt. Wahrscheinlich erinnerte er sich an meine Kriegserklärung. Ich muss sie unbedingt in die Tat umsetzen, sonst mache ich mich völlig unglaubwürdig. Nur, wie sollte ich das anstellen, wenn ich aufgrund dieser roten Ampel nicht vor ihm im Klassenraum war? Eigentlich war mein Wecker schuld. Der hatte mich im Stich gelassen, zum ersten Mal überhaupt. Wegen ihm stand ich hier bei Regen und Wind an der Kreuzung Havemannstraße/Ecke Borkheider Straße und betete inständig darum, dass endlich Grün wurde. Es blieben noch drei Minuten bei einer Wegstrecke von zweihundert Metern. Wenn ich jetzt losrannte, würde ich es gerade noch rechtzeitig in den südlichen Trakt des Gebäudes schaffen, der sich in einem Bogen parallel zur Havemannstraße zog. Und ich würde mir den Gesichtsverlust ersparen, zusammen mit meinem Dauerschwänzer anzukommen.

Leider warteten neben mir noch vier weitere Schüler der Rathenau-Sekundarschule auf Grün. Sie schienen unter der drohenden Verspätung deutlich weniger zu leiden als ich. Aber ihnen saß auch nicht Jason im Nacken. Was sollte ich tun? Loslaufen oder nicht? Ignorierte ich die Verkehrsregeln, stiftete ich gleichzeitig vier Jugendliche zu einer Straftat an, weil sie mir mit Sicherheit folgen würden. Das hieß aber auch: Ich setzte sie einer unnötigen Gefahr aus. Blieb ich jedoch stehen, schadete das nicht nur meiner Metamorphose vom nachsichtigen zum strengen Lehrer. Ich machte mich mitschuldig daran, dass vier Schüler zu spät zum Unterricht erschienen. Das war eins dieser Dilemmata, mit denen man sich als Politiklehrer so gern ausgiebig beschäftigte, mit denen man aber in der Realität lieber nicht konfrontiert sein wollte.

Offenbar konnte Jason Gedanken lesen, denn plötzlich beschleunigte er seinen Schritt, was ich nur deswegen mitbekam, weil ich einen prüfenden Blick nach hinten warf. Panik ergriff mich. Ich ließ die rote Ampel rote Ampel sein, warf alle Bedenken bezüglich Verkehrsdelikten über Bord und preschte los. Nach zwanzig Metern waren die vier Jungs an mir vorbeigezogen, nach vierzig Jason, obwohl er kleiner war als ich. Das war kein gutes Omen für zukünftige Hofaufsichten, sollte ich einmal einen Schüler einfangen oder vor einem wegrennen müssen. Selbst wenn es vermutlich im Augenblick nur daran lag, dass mein Rucksack schwerer war als der meiner Sprintgegner.

Nach weiteren dreißig Metern stoppte mich die Polizei. Ich musste hilflos zusehen, wie Jasons schmale Figur in der etwas zu großen Picaldi-Baseballjacke und den hellblauen Röhrenjeans im dreigeschossigen Schulgebäude mit den langen Fensterzeilen und dem Flachdach verschwand. Zumindest stand nun fest, dass ich nicht gemeinsam mit Jason die Klasse betreten würde. 125 Euro, eine Belehrung und fünf Minuten kosteten mich diese Aktion. Schließlich erreichte auch ich die Schule. Allerdings war es mir nicht möglich, meine Klasse zu betreten. Jason hatte die Tür verriegelt. Weil ich zu spät sei, wie er von drinnen krächzte.

März 2010, Fried-Gesamtschule, Hellersdorf, erste Stunde Französisch in der 7 d
Ich: Was steht denn da auf deinem Namensschild?
Schüler: Dustin.
Ich: Und mit Nachnamen heißt du Hoffman, oder wie?
Schüler: Ja.
Ich: Veräppeln kann ich mich selber. Und dein Nachbar heißt Burt Reynolds. Und der daneben Johnny Cash.
Schüler: Doch, wirklich.
Ich: Ja, ja genau. Mal sehen, was das Klassenbuch sagt ... Oh, tut mir leid. War nicht so gemeint.

8
«SIE MÜSSEN MEHR SCHREIEN!»

Meine Schüler nehmen kein Blatt vor den Mund, wenn ihnen meine Erziehungsmaßnahmen, mit denen ich für Ruhe und Ordnung zu sorgen versuche, missfallen:

«Herr Serin, Sie müssen mehr schreien.»

«Wie bitte?»

«Sie müssen mehr schreien.»

Gerade von Jason hätte ich diesen Ratschlag nicht erwartet. Es rührte mich fast, zu welcher Empathie mir gegenüber gerade mein bisheriger Problemschüler in der Lage war. Immerhin hatte er innerhalb eines Monats drei Tadel und einen schriftlichen Verweis von mir kassiert. Ich hatte ihn eigentlich gar nicht rannehmen wollen, als er sich plötzlich meldete. Zum einen war ich gerade mit Dimitrij beschäftigt, der auch nach der dritten Ermahnung immer noch nicht zurück zu seinem Platz gegangen war und weiterhin bei Angelina stand, der Kaugummi kauenden, blondierten Klassenqueen, von der er sich einen Stift borgen wollte. Er hätte ebenso einen Schüler in seiner näheren Umgebung fragen können, hatte es aber vorgezogen, einen Spaziergang durch den ganzen Raum zu machen. Ferner rechnete ich sowieso mit einer provokativen Bemerkung Jasons, denn der hatte schon wieder dieses Grinsen im Gesicht. Außerdem kippelte er mit seinem Stuhl. Aber da seine Meldungen Seltenheitswert besaßen und sich niemand sonst in der Klasse für mich zu interessieren schien, hatte ich ihm schließlich doch das Wort erteilt.

Das Absurde an seiner Empfehlung war: Sie widersprach jedem pädagogischen Ratgeber, sämtlichen Dogmen der Lehrerausbildung und auch dem weithin verbreiteten Glauben, Lehrer, die brüllen, gestehen damit nur ihr Scheitern ein. Auch wenn an der Rathenau dieses Scheitern nur allzu verständlich und an der Tagesordnung war. Hier gab es nicht wie an einem Gymnasium die zumindest theoretische Möglichkeit, Schüler, mit denen man nicht fertigwurde, einfach auf eine andere Einrichtung abzuschieben, denn Hauptschulen als Auffangbecken existierten in Berlin nicht mehr. Und Sitzenbleiben war an Sekundarschulen auch nicht mehr vorgesehen. Schreien war im Grunde die einzige Waffe, die einem als Sekundarschullehrer noch blieb. Außerdem – war dieses Verhalten denn wirklich per se nur etwas Schlechtes? In der Ehe meiner Eltern hatte Schreien zum guten Ton gehört. Hätten sie darauf verzichtet und ihren Frust stattdessen jedes Mal unterdrückt, wären sie wahrscheinlich gar nicht mehr zusammen.

Trotzdem hatte ich vor dieser Maßnahme nicht nur wegen des gemeinhin damit verbundenen schlechten Rufs stets zurückgeschreckt. Ehrlich gesagt: Ich konnte einfach nicht laut schreien. Ich würde also ohnehin immer warten müssen, bis Ruhe eingekehrt war, bevor ich meine Schüler anblaffte. Sonst riskierte ich, dass mich die Jugendlichen glatt überhörten. Das war schon absurd genug. Und eigentlich wusste ich auch nicht, was ich brüllen sollte.

Klar, es gab eine breite Palette an Möglichkeiten. Angefangen von einem vorwurfsvollen «Jetzt reicht's! Ich hab die Faxen dicke. Ich hab die Schnauze voll. Ihr Arschlöcher! Dann schreib ich eben einen Test» über ein neutrales «Ruhe! Sofort!» bis hin zu einem kauzigen: «Huhu! Hallo! Hört ihr mich? Ich würde jetzt gerne Unterricht machen.» Aber nichts davon überzeugte mich. Weil keine Variante ein cooles und souveränes Schreien bedeutete, sondern jede für Kontrollverlust stand. Meine wenigen Versuche waren darum auch nur halbherzig gewesen und hatten wohl deshalb nicht gefruchtet.

Einmal hatte ich mich in der Klasse 8 a auf einen freien Stuhl gesetzt, weil mich beim Reinkommen niemand wahrnahm. Einige Minuten nach dem Unterrichtsklingeln war meine Anwesenheit immer noch nicht bemerkt worden, obwohl ich angefangen hatte, nach einzelnen Schülern mit Kreide zu werfen. Ohne sich von mir stören zu lassen, hatten sie weiter gelärmt und gerauft. Schließlich warnte ich mit lauter, sich fast schon überschlagender Stimme: «Herr Serin kommt! Herr Serin kommt!» Die Jungen und Mädchen waren augenblicklich auf ihre Plätze gestürmt. Von nachhaltiger Wirkung war diese Maßnahme jedoch nicht gewesen. Wahrscheinlich konnten sie mit meiner Ironie nichts anfangen. In einer anderen Situation hatte ich, weil die Schüler einfach nicht still wurden, «Feuer! Feuer! Hilfe, es brennt!» gerufen. Dieses Vorgehen hatte sich geradezu als kontraproduktiv erwiesen, denn alle hatten darauf, obwohl ich mich ihnen in den Weg stellte, panikartig den Klassenraum verlassen.

Ansonsten hatte ich auf Schreien verzichtet. Zu groß war meine Angst, mit diesem Vorgehen restlos zu scheitern. Mir war noch folgende Szene vor Augen, derer ich Zeuge geworden war, als ich mir im Referendariat den Unterricht von Frau Flach anschaute:

«Mohammed, du gehst jetzt raus!», hatte sie einen Schüler angeherrscht.

«Nein!»

«Raus, hab ich gesagt!»

«Ischab nein gesagt!»

«Raus!!»

«Ischbleib!»

«Raus, aber sofort!!!»

Als Frau Flach am stimmlichen Limit angekommen war und der Junge immer noch keine Anstalten machte, sich vom Platz zu erheben, war klar, wer in dieser Auseinandersetzung das Gesicht verloren hatte. Was aber hätte sie tun können, um aus dieser Eskalation dennoch als Siegerin hervorzutreten?

Kürzlich hatte ich über eine Musiklehrerin gelesen, die ihre Grundschüler disziplinierte, indem sie ihnen mit ihrer Blockflöte auf den Kopf schlug. Früher, vor der Wende, war es an meiner Schule in Ost-Berlin ganz normal gewesen, dass Schüler für Vergehen eine gelangt bekamen. Wenn man sich danach bei seinen Eltern darüber beschwerte, erhielt man von ihnen gleich noch einen Satz hinter die Ohren. Mutter und Vater wussten, die Lehrer würden nicht ohne Grund schlagen. Für Frau Flach wäre das auch keine Alternative gewesen, sie unterrichtete nicht in der DDR. Und auch nicht an einer Grundschule. Mohammed hatte bereits eine körperliche Statur, die physische Repressalien befürchten ließ.

Bei mir lagen die Dinge ähnlich. Meine Statur ließ ebenfalls physische Repressalien erwarten. Dennoch hatte ich mehrere Wochen später bei einem erneuten Versuch, die Klasse zur Ruhe zu bewegen, meine Blockflöte aus dem Rucksack geholt. Ich schlug mit ihr aber nicht zu, sondern stimmte stattdessen «Alle meine Entchen» an, in einer sehr eigenwillig interpretierten, free-jazzigen Version, da meine vier Stunden Flötenunterricht an der Leo-Spies-Musikschule in Berlin Prenzlauer Berg schon einige Jahrzehnte zurücklagen. Aber mir ging es auch nicht darum, mit meiner Musikalität zu beeindrucken, sondern durch eine überraschende Handlung die Aufmerksamkeit der Jugendlichen wieder auf mich zu fokussieren. Doch jede unkonventionelle Aktion funktionierte bestenfalls einmal. Ich musste mir immer wieder Neues ausdenken, mit einem Glöckchen Ruhe einfordern, in eine Trillerpfeife blasen, spontan Liegestütze machen, einen Ohnmachtsanfall simulieren. Vor allen Dingen bemühte ich mich darum, nicht die Beherrschung zu verlieren, nicht so laut zu werden. Trotzdem legte Jason mir ebendiese Maßnahme, die nach Verzweiflung aussah, nahe:

«Jason. Schreien ist keine Lösung.»

«Wieso? Ich bin ruhig, wenn Sie schreien.»

Selten hatte ich ihn so nachdenklich erlebt. Er hatte den Kopf leicht nach vorne in meine Richtung geschoben. Seine Augen waren zusammengekniffen, sodass sich der Ansatz einer senkrechten Furche über der Nase abzeichnete. Offenbar stand er auf den autoritären Typ Lehrer. Wahrscheinlich fehlte ihm eine Vaterfigur, die ihn regelmäßig zusammenstauchte.

«Und wenn das bei den anderen Schülern nicht klappt?», gab ich zu bedenken.

«Dann müssen Sie die einfach schlagen.» Ein Glück für die Klasse, dass nicht Jason ihr Lehrer war, sondern nur ein Softie wie ich. Sonst würden hier einige vermutlich regelmäßig mit blauen Flecken nach Hause gehen, wenn nicht noch mit Schlimmerem.

«Hört sich vernünftig an. Und hat der Herr vielleicht auch einen Vorschlag, was ich schreien soll? Etwa: ‹ihr Opfer, ihr Toys› – oder gar ‹ihr Knechte›?»

Er schüttelte den Kopf. «Nee. Ich mach mal vor.» Und brüllte: «Schnauze!» Er schrie mit einer Kraft in der Stimme, die ich ihm gar nicht zugetraut hatte. Seine Mitschüler verstummten augenblicklich. Bei mir hätten sie das sicherlich nicht getan.

«Bin sehr beeindruckt», meinte ich anerkennend. «Kann ich dich engagieren, als meinen persönlichen Schreier?»

«Klar», versprach er und strahlte.

«Das heißt aber, dass du ab jetzt immer pünktlich und regelmäßig zum Unterricht erscheinen musst. Ich brauche dich gerade am Anfang der Stunde.»

«Is korrekt.» Er schien es ernst zu meinen. Ich eigentlich nicht.

«Gut! Und ich bring dafür im Gegenzug immer meine Flöte mit.»

«Wieso eine Flöte?»

«Falls Schreien doch nicht reicht und wir zu härteren Methoden greifen müssen. Damit wir was zum Zuhauen haben.»

März 2011, Rathenau-Sekundarschule, Marzahn, Grundkurs
Geschichte, 12. Klasse
Ich: Schauen Sie sich noch mal das Tafelbild an und sagen Sie mir bitte, was die Unterschiede zwischen dem Modell von Locke und dem von Hobbes sind.
Galina: Herr Serin, haben Sie etwa auch in den siebten und achten Klassen Unterricht?
Ich: Ja. Wieso? Mögen Sie die nicht?
Felix: Ich hasse die Schüler aus der Mittelstufe.

9
PORNO-RAP

«Guten Morgän, meinö Liebän», begrüßte Frau Speck mit vom vielen Rauchen rauer Stimme ihre Klasse: «Eute wierd Err Serin bei uuns assistieren. Ab nächstär Woche wierd er einiege von eusch unterrischten.» Ein Jahr vor meinem Referendariat verbrachte ich zum Leidwesen von Melanie ein Schuljahr als Fremdsprachenassistent in Toulouse am Lycée Barthou, um den dem Deutschen abgeneigten französischen Schülern unsere Kultur und Sprache nahezubringen. Bevor ich meine eigenen Gruppen bekam, hatte ich eine Woche lang Zeit, um mir den Unterricht verschiedener Deutschlehrer anzuschauen. Madame Speck war die erste auf meiner Liste. Die elegante, großgewachsene Frau Anfang fünfzig mit den grauen Strähnen in ihren dunkelblonden, schulterlangen Haaren hatte mich sehr freundlich aufgenommen und durch das Lycée geführt. Und sie überraschte mich, indem sie die Stunde auf Deutsch eröffnete. In Frankreich hätte ich so viel Courage nicht erwartet: Ich hatte zwar nicht den Eindruck, dass jemand der Schüler sie verstand, aber das war in meiner Schulzeit, wenn unsere Lehrer begonnen hatten, Französisch zu sprechen, genauso gewesen.

«Wir wärdän eute ein Lied durschnähmän», fuhr sie fort. «Eine Gruuppe, die iist sähr beliebt in Deutschlaand. Besondärs bei jugendlischen Leutän. Es siend die Prienzen aus Leipziesch.»

Es schien schon einige Jahrzehnte her zu sein, dass Madame Speck das letzte Mal mit jungen Menschen aus Deutschland Kontakt gehabt hatte – oder zumindest die Leute, die in Frankreich die Unterrichtsvorschläge für Deutschlehrer entwarfen. Schon zu meiner Jugend waren die Prinzen bei meinen Altersgenossen nicht beliebt gewesen, sondern bei Leuten zwischen sechs und zehn sowie zwischen fünfundvierzig und fünfundsechzig. Madame Speck projizierte nun ein Foto an die Wand, um ihre Klasse auf die Band einzustellen. Man sah auf der Aufnahme die fünf im Kreis stehenden Leipziger aus der Vogelperspektive. Sie schauten in die Kamera. Sänger Sebastian Krumbiegel hatte orangefarbene Haare und eine Sonnenbrille mit passend dazu abgestimmten Gläsern, ein anderes Bandmitglied eine gelb getönte Mähne. Zwei trugen eine Vokuhila, einer davon zusätzlich ein knallbuntes Hemd. Der Letzte von den fünfen hatte ein Basecap verkehrt herum aufgesetzt. Die Gruppe wirkte mehr wie eine Ansammlung von Kinderzirkusclowns. Fehlten nur noch die Schnurrbärte – und sämtliche Modesünden zwischen Kap Arkona und Bodensee wären auf einem Bild vereint. Die französischen Schüler mussten den Eindruck haben, jenseits des Rheins legten Männer überhaupt keinen Wert auf ihre äußere Erscheinung. Oder besser: legten Wert darauf, möglichst unattraktiv zu wirken. Ich hatte das Bedürfnis, laut zu rufen: «Das sind keine Deutschen. Das sind Sachsen», aber ich beherrschte mich.

Madame Speck beurteilte das Outfit der Prinzen deutlich positiver: «Ihr säht, die Müüsieker sind lockär flieppiesch. Und aben auch lockäre Bootschaaftän. Ihr wärdät örän. Das Lieed eißt ‹Schwein sein›, auf Französiesch ‹être un salaud›. Isch schreibe eusch noch einiege andäre vulgärsprachliesche Expressionen an die Tafel, die vorkommen im Lied.» Sie notierte: *Macho, ins Bett kriegen, Arschtritt, sich besaufen.* «Aber diese Expressionen darf man niesch verwänden, wenn man spriescht mit jemandem in Deutschlaand.» Da hatte sie recht. Das waren ziemlich unpassende Ausdrücke, wollte man auf einen Gesprächspartner hip, cool und jung wirken. Statt *Macho* wäre ein Ausdruck wie *Playboy* sinnvoller, für *ins Bett kriegen* das Wort *tackern* empfehlenswerter, für *sich besaufen* entweder *eimern* oder *sich einen in die Birne zwiebeln*. *Arschtritt* war wohl als einziger Begriff noch jugendsprachkompatibel.

Madame Speck verteilte jetzt an die sechzehn- und siebzehnjährigen, weitgehend an den Prinzen desinteressierten Jugendlichen, von denen manche ziemlich stylisch mit Seidentuch und Literatentolle daherkamen, ein Arbeitsblatt mit dem Songtext und legte anschließend eine CD ein. «Iihr ört euch jetzt das Lied aufmerksaam an, lest den Text aufmerksaam leise miet. Und dann fragt iihr nacher Fragen zur Aussprache.»

Die Prinzen fingen an zu jodeln:

Du musst ein Schwein sein in dieser Welt
Schwein sein
Du musst gemein sein in dieser Welt
Gemein sein
Denn willst du ehrlich durchs Leben geh'n
Ehrlich
Kriegst 'nen Arschtritt als Dankeschön
Gefährlich

Ein paar Mädchen nahmen den Auftrag von Madame Speck ernst, andere kicherten. Einige Schüler quatschten, und der Typ neben mir beschrieb seinen Tisch mit dem Wort «Rammstein». Von manchen im Raum erntete ich ungläubige, prüfende bis spöttische Blicke. Warum hatte die Bundesprüfstelle für jugendgefährdende Schriften 1987 «Debil» von den Ärzten indiziert, aber 1995 nicht interveniert, als «Schwein sein» herauskam? Text und Gesang der Prinzen waren doch viel schlimmer. Vermutlich schadete der Song den deutsch-französischen Beziehungen mehr als beide Weltkriege zusammen. Möglicherweise sogar noch mehr als die fünf Jahre zuvor, in denen die Schüler nie mit Musik, sondern immer nur mit trockenen und konstruierten Lehrbuchtexten gearbeitet hatten.

Da niemand Fragen zur Aussprache stellte, ging es umgehend zum nächsten Anforderungsbereich: Nach dem passiven Hören folgte jetzt der aktive Umgang mit dem Text. Den Jugendlichen wurde der Song ein zweites Mal vorgespielt – und sie sollten ihn mitsingen. Ich versank vor Scham im Boden. Als das Lied vorbei war, drückte Madame Speck auf die Stopp-Taste.

«Err Serin?»

«Ja?», fuhr ich erschrocken auf.

«Sie aben gar niescht mietgesungen.»

Das hatte ich in der Tat nicht, denn ich war viel zu sehr damit beschäftigt gewesen, den diversen Schülern, die mich während der Musik kritisch gemustert hatten, durch verächtliche Mimik und entsprechende Gesten zu signalisieren, dass ich nicht zu den sogenannten «jungen Leuten» gehörte, die auf die Musik der flippigen Leipziger Chorknaben abfuhren. Ich wollte mir nicht gleich meinen Ruf versauen, dazu gab es im Raum zu viele attraktive Schülerinnen. Besonders die Dunkelhaarige rechts am Fenster, die die ganze Zeit gelangweilt mit ihren Locken spielte und ihre Lippen so schürzte wie das französische Model Laetitia Casta, hatte es mir angetan. Ein Glück, dass Melanie nicht mit im Klassenzimmer saß. Sie würde sich in ihrem Verdacht bestätigt fühlen, ich sei nur nach Frankreich gegangen, um anderen Frauen nachzustellen.

«Warum niescht? Mögen Sie die Prienzen niescht?», fragte Madame Speck. «Sie siend doch auch aus dem Ostän.»

«Die Jungs sind mir ehrlich gesagt ein bisschen zu tough.»

«Aber das iist doch eine Bänd, die von jungen Leuten gemocht wierd, oder?»

«Sicherlich – von wenigen ausgewählten jungen Leuten. Von Außenseitern.»

Madame Speck schien enttäuscht. Sie erkundigte sich bei mir, welche deutsche Musik denn Jugendliche in meinem Land hörten. Was das anging, war ich da kaum der richtige Experte, denn ich hatte kaum Kontakt mit Jugendlichen. Die letzten, mit denen ich zu tun gehabt hatte, waren die in meiner Schulpraktikumsklasse im Wedding gewesen. Noch zu Zeiten meines Studiums. Bei denen hatten Acts von Gruppen wie Frauenarzt oder King Orgasmus One hoch im Kurs gestanden. Aber ich hätte meiner französischen Kollegin garantiert keinen Gefallen gemacht, wenn ich ihren Schülern deutschen Porno-Rap empfahl. Ich erklärte ihr also, dass ich nicht für die deutschen Jugendlichen sprechen könne.

«Dann sagen Siie doch einfach, was Sie ören. Siie sind doch auch noch jünglisch. Welsche CD aben Siie zuletzt gekauft?»

«*Au Printemps* von Jacques Brel.»

«Welsche deutsche CD, meine iiesch.»

Die letzte deutschsprachige Musik-CD, die ich erworben hatte, war das neue Album von Frauenarzt gewesen. Es hatte mich interessiert zu erfahren, was man eigentlich unter Porno-Rap verstand.

«Eine von Frauenarzt.»

«Oh! Ain Arzt, der Müsiik macht. Das iiest ja interessant. Was iiest das denn so für Müsiik?»

«Hip-Hop.»

«Und worüüber siengt dieser Arzt?»

Ob sie das wirklich wissen wollte? Die Titel sagten eigentlich schon alles: «1, 2, 3 Oberkörper frei!», «Arsch und Titten», «Feuchte Träume», «Ein Fick ist ein Fick».

«Ich will es mal so sagen», begann ich mit einer Erklärung. «Es geht in den Songs um zwischenmenschliche Beziehungen. Wer mehr wissen möchte, der muss zu mir in den Unterricht.» Befriedigt über diesen gelungenen Dreh, blickte ich in die Runde, besonders in Richtung des Lippendoubles von Laetitia Casta.

Doch wie auch immer die Schüler sich entscheiden würden – natürlich würde ich Frauenarzt nicht behandeln, denn dessen Porno-Rap war mir doch zu primitiv. Stattdessen würde ich Songs der kürzlich von mir im Internet entdeckten Berliner Hip-Hop-Formation K.I.Z. nehmen. Ihr Album *Das RapDeutschlandKettensägenMassaker* hatte sich in den Charts zwar nicht platzieren können, aber deren nihilistische, ironisch-überzogene Scheißegal-Lyrik hatte mich oft zum Lachen gebracht. Sicher, sie enthielt allerlei Vulgärjargon, Ausdrücke wie «Fotze» oder «Hure». Doch so etwas war nach den Prinzen genau das Richtige für diese Schüler, damit ihr Deutschlandbild differenzierter wurde. So würden sie jedenfalls einmal unsere krasse Seite kennenlernen.

Februar 2011, Rathenau-Sekundarschule, Marzahn, Geschichte, 9 c
Ich: Hallo, du bist zu spät.
Jessica: Gar nicht.
Ich: Doch!
Jessica: Wann fängt der Unterricht noch mal an?

«DU STINKST AUS'M MUND!»

Der Platz links vorne an der Fensterseite war wieder leer:

«Weiß jemand von euch, was mit Aileen los ist?», fragte ich in die Runde. «Warum fehlt die denn schon wieder?»

«Weil die stinkt», brüllte Jason. Er erhielt ein zustimmendes Grölen von Burt und Dimitrij. Sie ließen ihre Handflächen gegeneinanderklatschen.

«Da müssten hier aus der Klasse aber noch einige andere zu Hause bleiben», konterte ich.

«Ja, Enrico!» Jason lehnte sich zurück und warf einen triumphierenden Blick zu dem schmächtigen Jungen mit dem Lockenkopf, der stoisch in seinem Rollstuhl saß. Scheinbar abwesend, starrte Enrico an die Wand. Nur der Umstand, dass er nervös mit seinen Fingern spielte, deutete darauf hin, dass ihn die Beleidigung getroffen hatte.

«Ich hatte eher an dich gedacht, Jason.»

Mehrere Jungen freuten sich über meine Replik. Angelina rollte mit den Augen hinter ihren Ponysträhnen.

«Ey, was wollen Sie? Was beleidigen Sie mich? Ich stink gar nicht!», empörte sich Jason.

«Wieso? Wenn du sagst, dass Aileen stinkt, kann ich dasselbe doch auch von dir behaupten. Und nimm außerdem erst einmal dein Basecap ab!» Mit Aileen hatte ich schon oft zu tun gehabt und einen unangenehmeren Geruch als bei ihren Mitschülern noch nie bemerkt. Sie war allerdings eine Außenseiterin in der Klasse. Warum, konnte ich nicht eindeutig sagen. Vielleicht, weil sie eine Brille trug und leicht übergewichtig war. Allerdings präsentierten sich in der Pubertät bekanntlich die wenigsten in ihrer körperlichen Blüte.

«Wieso denn? Das stand doch bei iShareGossip, dass Aileen stinkt», erfuhr ich von Burt. Und von Vivien, dass es sich bei iShareGossip.com um ein Messageboard im Internet handelte, in dem völlig anonym der neueste Klatsch an Deutschlands Schulen diskutiert beziehungsweise in die Welt gesetzt werden konnte. Ich fand das gruselig. Am liebsten wäre es mir in dem Moment gewesen, ich hätte eine Unterrichtseinheit zum Thema Cyber-Mobbing aus dem Hut zaubern können, mit allen wichtigen Aspekten: Was ist Cyber-Mobbing? Wie stellt es sich im schulischen Kontext dar? Welche Auswirkungen hat es auf die Betroffenen? Mit welchen Strafen müssen die Täter rechnen? Was soll man als Betroffener tun? Als Ethiklehrer wäre ich dazu geradezu prädestiniert gewesen. Leider wusste ich nichts Genaueres über Mobbing im Netz. Ich erinnerte mich lediglich daran, dass sich in England eine Schülerin, weil sie übers Internet gemobbt worden war, das Leben genommen hatte.

Unabhängig von meinem Wissensstand musste ich natürlich umgehend auf diese Beleidigungen reagieren. So hielt ich eine kurze, eher unbefriedigende, weil improvisierte Ansprache: «Ich möchte euch darauf hinweisen, wie gefährlich es ist, wenn man das Internet dazu benutzt, anonym Dinge über andere Menschen zu verbreiten. Gegen solche Sachen kann sich der Betroffene nämlich nicht wehren. Und steht eine Behauptung erst einmal im Netz, kann man sie auch nicht wieder aus der Welt schaffen. Stellt euch nur vor, jemand würde über euch im Internet schreiben, ihr stinkt. Schüler aus eurer Schule würden das lesen und weitertratschen. Die Folge: Ihr wäret einem Spießrutenlauf ausgesetzt. Würdet ihr dann noch zur Schule gehen wollen? Wegen so etwas haben sich schon Jugendliche umgebracht. Ich bitte euch deswegen: Beteiligt euch nicht an solchen Foren! Macht es wie ich: ignoriert sie. Ich schaue mir so etwas erst gar nicht an. Da steht doch sowieso nur Müll drin. So schützt man sich am besten.»

Als ich einige Stunden später nach Hause kam, fuhr ich als Erstes meinen Computer hoch, ging auf die Website von iShareGossip, anschließend auf die Seite für die Rathenau-Sekundarschule. Ich wollte nur schnell nachschauen, ob auch etwas über mich drinstand. Doch ich blieb gleich beim ersten Forumseintrag hängen. *Nadine Lenzen, hot or not?* Die Kommentare zu dieser Frage waren fast im Minutentakt verfasst worden:

→ *nayaaa*
→ *Noooooot*
→ *Not*
→ *Wen intressierts?*
→ *Ich find den Charakter ja wichtiger*
→ *Der ist genauso scheiße*
→ *Ganz ehrlich, lasst sie in Ruhe! Sie ist ein nettes Mädchen*
→ *Noooot Not Not Not notter gehts nicht!*
→ *Eigentlich Aussehen nicht so schlimm, nur sie ist 'ne übelst gestörte Lügnerin HAHA*
→ *Aussehen nicht schlimm? auf welchem planeten lebst du denn? dieses mädchen ist der lebende beweis für hässlichkeit! Ich krieg augenkrebs.*
→ *hahahhaa – einfach ein lachkick ihre fresse*
→ *nadine is so 'ne hässliche fette schlampe ... goot sie is so ranzig BÄH ich kotz gleich und ich muss das wissen ... kenn sie seit 1. klasse*
→ *lasst euch eier wachsen, sagt es ihr doch ins gesicht, wenn ihr sie hässlich findet*

Ich hatte erhebliche Zweifel, dass Nadine Lenzen es begrüßen würde, wenn alle, die sie auf iShareGossip als unattraktiv gebrandmarkt hatten, ihr am nächsten Tag in der Schule ins Gesicht sagten, wie hässlich sei.

In dem Tenor ging es dann weiter auf der Seite der Rathenau-Sekundarschule. Schließlich stieß ich auch auf den Thread[1] zu Aileens angeblich unangenehmem Körpergeruch und auf einen zu Davids (8e) fetten Lippen. Ich arbeitete mich durch den, in dem verhandelt wurde, ob Nadja Klaus aus der 9e eine *sexy bitch* sei oder einfach nur eine dreckige Schlampe. Ein anderer Thread hatte das Thema: *ciara = hure   ciara = nutte   ciara = schlampe   ciara = miststück   ciara = missgeburt   ciara = ich hoffe, sie stirbt*, bei dem es folgenden Kommentar gab:

→ *reichelt ich schaör ich fick sie im rechten winkel sie lzutscht richtig hart cock aber isst gerne auch taco weil sie ist schopn tam das geile miststück*

Ein Glück, dass die Macher von iShareGossip die wirklich schlimmen Beleidigungen vor der Veröffentlichung rausfilterten, sonst hätte die Gefahr bestanden, dass es doch hin und wieder unter die Gürtellinie gegangen wäre.

Auch interkulturelle Streitfragen wurden nicht ausgespart:

→ *von welchen russischen mädchen wisst ihr, dass sie schon gefickt wurden?*
→ *die meisten russischen mädchen auf der schule sind die größten schlampen und lästern am meisten!*
→ *ich finds dumm. hier herkommen ... dazu knallenge sachen*

---

1 Folge von Diskussionsbeiträgen in Webforen

> *und 'ne tonne make-up, und dann keine schlampen sein wollen.*
> ➜ *oman, wie die was haben gegen AUSLÄNDER maaan, wie ich euch deutsche hasse.*
> ➜ *ey, du undercoverhure, muck mal hier nicht so auf. wenn du soo grosse eier hast, kommst du morgen in der ersten pause vor ihnen und dan hab eine*
> ➜ *WER REDET HIER ÜBER RUSSEN; WENN DU EIN MANN BIST, DU SCHREIBST MIR HIER DEIN NAMEN, UND GLAUB MIR, ICH WERDE VOR DEINE SCHULE KOMMEN UND DICH AN DEINER HÄSS-LICHEN FRESSE AUS DEM UNTERRICHT ZIEHEN UND DICH KAPUTT SCHLAGEN!!*

Wiederholt meldete sich der Schulsprecher mahnend zu Wort, und anonyme Forumsteilnehmer drohten den Hetzern mit der Polizei. Die wurden dann allerdings ebenfalls beschimpft. Auch gewann ich den Eindruck, dass sich an manchen Diskussionen sogar Lehrer beteiligten. Sie verrieten sich durch ihr sprachliches Ausdrucksvermögen und ihre moralische Haltung:

> ➜ *die oberstufe besteht fast nur aus missgeburten wie david kappes oder collin schmidt, zwei dreckige kartoffeln mit down-syndrom, die jeder auslacht, weil sie auf hart machen und aussehen wie zwei stricher.*
> ➜ *genau, David = hässlichster junge des jahrgangs, so ein opfer mit seiner barbiefresse und seinen schwuchtelhaaren*
> ➜ *ich guck mir jeden tag collins fotos bei facebook an, um zu lachen, weil er so eine missgeburt is und es nich checkt: DDD*
> ➜ *Collin ist wirklich der Absturz des Jahrgangs … seine Frisur und sein Gesicht … da kann man nichts mehr zu sagen.*
> ➜ *Ey, Leute! Man soll Menschen nicht nach ihrem Aussehen*

beurteilen, sondern ausschließlich danach, welche Leistungen sie in der Schule zeigen. Außerdem sind in euren Beiträgen total viele Rechtschreibfehler
→ *ey, was bist'n du für ein opfersohn?*
→ *voll der homofürst. Bisdu Lehra oda was?*

Die Primitivität der Beiträge war schockierend. Am harmlosesten waren noch jene, die bestimmte Schüler als Verräter überführten oder öffentlich machten, welcher Schüler seine Freundin mit wem betrog. Allerdings sagte mir keine der erwähnten Personen etwas. Dazu war ich wohl noch nicht lange genug an der Schule. Vermutlich würde ich es aber mit dem einen oder anderen Mobbing-Opfer noch zu tun bekommen. Selbst wenn ich die Postings fast durchweg widerlich fand und mir klar war, dass das in der Regel gegenstandslose Verleumdungen darstellten, waren sie dennoch interessant. Das war dann der Fall, wenn ich von mir bekannten Schülern und Kollegen las. Ich notierte mir ein paar Behauptungen, um sie bei Gelegenheit überprüfen zu können.

Darüber verlor ich fast aus den Augen, weshalb ich die Seite eigentlich besucht hatte. So hatte ich in Erfahrung bringen wollen, ob sich auf ihr bereits Kommentare über mich befanden. Ein bisschen bereitete mir meine Suche in Anbetracht der bisher gelesenen Beiträge Bauchschmerzen. Trotzdem studierte ich eingehend die Kommentare, die unter der Frage *Welchem Lehrer würdet ihr gerne mal eins in die Fresse schlagen?* standen. Nichts! Auch kein Eintrag bei: *Wer ist der bekloppteste Lehrer der Schule?* Ich war ungemein erleichtert, dass ich nicht auftauchte, aber zugleich auch verwundert, wie viele Kollegen angeblich ein Problem mit Alkohol hatten. Und nicht im Traum hätte ich daran gedacht, dass gerade Herr Schwoch ein Nazi war, Herr Voigt pädophil und Frau Stumpf an einer hochansteckenden Geschlechtskrankheit litt. Um die würde ich wohl zukünftig einen großen Bogen machen müssen. Doch als ich selbst im Thread zu den beliebtesten Lehrern der Schule nicht auftauchte, konnte ich meine Enttäuschung nicht unterdrücken. Also schlug ich mich anonym selbst vor:

→ *Ich find Herrn Serin voll spitze.*

Die erste Antwort ließ nicht lange auf sich warten:

→ *Wer ist das?*

Ich postete erneut:

→ *Ist Vertretungslehrer. So ein Süßer. Und echt locker. Ist erst seit anderthalb Monaten bei uns.*
→ *Der Zwerg?*
→ *Ich bin kein Zwerg*

Noch im selben Moment bereute ich meine reflexhafte Verteidigung. Scheiße. Jetzt hatte ich mich verraten. Und die Reaktionen ließen auch nicht lange auf sich warten:

→ *Du opfa, du hast sprachfehla, du lehra*
→ *voll der hurensohn, du stinnkt ausm Mund ...*

Durch meinen leichtsinnigen Kommentar hatte ich die Büchse der Pandora geöffnet. Schnell fuhr ich den Computer herunter, um nicht weitere Beleidigungen lesen zu müssen. Wieso war ich nur so blöd gewesen? Und stank ich wirklich aus dem Mund? Wäre ich noch mit Melanie zusammen, hätte ich sie jetzt fragen können. Früher hatte sie sich nie beschwert, obwohl sie ausgesprochen kritisch war. Hatte sich mein Atem so schnell geändert? Das konnte doch nicht sein. Alkohol trank ich nur kontrolliert, und meine Zähne putzte ich mir regelmäßig. Und welcher meiner Schüler hatte das eigentlich geschrieben? Bestimmt Jason. Oder Burt. Warum war ich nur so eitel, mir über ein derartiges Forum Bestätigung holen zu müssen? Das sollte ich mittlerweile besser wissen. Ich war doch kein Schüler und auch kein Referendar mehr. Meine Gefallsucht hatte mir schon im Referendariat wiederholt geschadet, ließ sie mich doch in bestimmten Momenten unprofessionell agieren. Zum Beispiel hatte ich damals Schüler der Oberstufe zu einer Party eingeladen. Morgen würde sich die ganze Schule über mich das Maul zerreißen. Mir blieb gar nichts anderes übrig: Ich musste mich krankschreiben lassen. Vorübergehend fehlen, so lange untertauchen, bis das Gerücht vergessen war, verdrängt durch neue Themen. Ich konnte Aileen nur zu gut verstehen.

Oktober 2010, Arthur-Schnitzler-Privatschule, Geschichte, 11. Klasse
Hannes: Ich find das nicht richtig, dass ich schon Noten kriege. Ich bin ja erst seit diesem Jahr auf der Schule.
Ich: Na und! Ich auch. Sie meinen, ich sollte warten, bis Sie in der Dreizehnten sind?

11 «DIE SIND NORMALERWEISE NICHT SO!»

Herr Kilic hatte seine Ausführungen beendet – und nun waren die Schüler an der Reihe. Nun sollten sie unserem fünfzigjährigen Gast Fragen stellen zur Bedeutung der Türkischen Gemeinde für die Integration ihrer Mitglieder in die deutsche Mehrheitsgesellschaft, zu bereits vollzogenen Integrationsleistungen der Türken in Deutschland, zur Rolle der Mehrheitsgesellschaft, zum Versagen der Politik im Umgang mit Migranten, zur Rolle des Islam in Deutschland oder Ähnlichem. Herr Voigt, den ich heute ausnahmsweise vertrat, weil er erkrankt war, hatte mir am Telefon versichert, er habe den Unterrichtsbesuch von Herrn Kilic, der Mitglied der Berliner Türkischen Gemeinde sei, mit seinem PW[1]-Profilkurs gründlich vorbereitet.

Davon war aber nichts zu spüren. Die Anordnung der Sitze in U-Form machte es den Jugendlichen zwar unmöglich, sich hinter einem ihrer Mitschüler zu verstecken. Trotzdem hatte sich während des Vortrags allenfalls das Mädchen rechts vorne darum bemüht, wenigstens äußerlich interessiert zu wirken. Die große Mehrheit der Gruppe von sechzehn Schülern hatte ausdruckslos am agilen Referenten vorbeigestarrt, der in einem grauen Rollkragenpullover zwischen mit einem Beamer verbundenem Laptop und der Tafel auf und ab schritt, viel gestikulierte und vehement die Position von Innenminister Hans-Peter Friedrich zur Rolle des Islam in Deutschland kritisierte: «Wenn der Minister Friedrich sagt, der Islam gehört nicht zu Europa und Deutsch-

---

1 Politikwissenschaft

land, dann hat er nicht recht. Mehr als drei Millionen Muslime leben in Deutschland. Die darf man nicht ausgrenzen. Außerdem hat der Islam die deutsche Kultur beeinflusst. Moslems haben die Schriften der Antike übersetzt. Diese Schriften waren die Grundlagen der europäischen Aufklärung. Und viele deutsche Wörter stammen aus dem Arabischen ...»

Herr Kilic machte es seinen Zuhörern wirklich leicht. Er vertrat sein Anliegen mit Leidenschaft und hatte sehr klare Positionen, die jeden Moderator einer politischen Talkshow hätten jubeln lassen, weil sie eine interessante Diskussion versprachen. Die Schüler hier im Kurs juckte das aber nicht. Ein haargegelter Typ mit Nasenpiercing und einem braunen Carhartt-Sweater hatte sogar seinen Rucksack auf den Tisch gelegt, um weicher zu ruhen. Ich hatte ihn nur deswegen nicht geweckt, weil ich Herrn Kilic nicht darauf aufmerksam machen wollte, wie abwesend das Gros des Kurses war. Ich wollte ihm nicht das Gefühl vermitteln, sein Besuch an der Rathenau-Sekundarschule sei Zeitverschwendung. Zudem wusste ich nicht, wie der Junge hieß.

Das Desinteresse der Jungen und Mädchen ließ mich an meine eigene Schulzeit denken, als in unseren Deutsch-Profilkurs Peter Wawerzinek eingeladen worden war. Niemand von uns Schülern hatte zuvor von dem Autor etwas gehört. Und niemand wollte auch etwas über ihn erfahren. So wurde der Oberstreber von Frau Glogau, der Leiterin des Kurses, in die Pflicht genommen: «Na los, Stephan! Heute so still? Letzte Stunde konnten Sie es doch kaum erwarten, Herrn Wawerzinek endlich Ihre Fragen zu stellen.» Doch da selbst mir nichts einfiel, entwickelte sich die Stunde zu einem Dialog zwischen ihr und dem Schriftsteller. Bis zum Klingeln löcherte sie ihn mit absurden Fragen, deren Antworten sie, weil sie mit Peter Wawerzinek befreundet war, mit Sicherheit längst kannte. In der Pause entschuldigte sie sich bei ihm für unser Verhalten und erklärte, wir seien normalerweise nicht so.

Dabei hatte er mit unserer Gleichgültigkeit noch Glück gehabt, verglichen mit der Tochter eines Holocaust-Überlebenden, die an der Kevin-Prince-Boateng-Sekundarschule von einigen Anwesenden wegen der Situation der Palästinenser im Gaza-Streifen und im Westjordanland verbal in die Mangel genommen und beleidigt worden war. Die Schulleitung hatte den Fehler gemacht, die Podiumsdiskussion zum Thema «Fremdenfeindlichkeit und Rassismus – Deutschlands Lehren aus der Geschichte» in der Aula durchzuführen und dazu alle Schüler einzuladen. Natürlich waren darunter auch einige arabische und türkische Jugendliche mit einem diffusen muslimischen Antisemitismus. Manchmal war es besser, die Schüler, die man auf Gäste losließ, sorgfältig auszuwählen.

Immerhin war Herr Kilic bisher nicht beleidigt worden. Man merkte eben, dass es sich bei den Zuhörenden nicht mehr um Jungen und Mädchen der Mittelstufe handelte. Die meisten verhaltensauffälligen Schüler und solche mit rechtsextremen Einstellungen verließen die Rathenau spätestens mit Abschluss der Zehnten. Das Ende der Schulpflicht wurde sowohl von ihnen als auch von der Schule als Segen empfunden, eine klassische Win-win-Situation. Die Jungen und Mädchen meiner 8a hätten sich gewiss nicht so zurückgehalten. Schwer vorzustellen, dass sie während des Vortrags überhaupt sitzen geblieben wären. Vermutlich hätten sie nach wenigen Minuten angefangen, mit zunehmender Lautstärke Gespräche zu führen, sodass man Herrn Kilic gar nicht mehr verstanden hätte. Von Burt wusste ich, dass er Türken nicht leiden konnte. Er hatte mehrmals Mitschüler als *Türken* beschimpft, auch wenn er mit Sicherheit persönlich noch keine negativen Erfahrungen mit Türken gemacht haben konnte. Er wohnte kurz hinter der Stadtgrenze, in Brandenburg, wo man einmal in tausend Jahren auf einen Ausländer traf. Und an der Rathenau-Schule ließen sich die Schüler türkischer und arabischer Herkunft an einer Hand abzählen. Dennoch, die Situation hier im PW-Profilkurs war für mich auch nicht gerade angenehm. Im elften Jahrgang erreichte die Schulmotivation immer ihren absoluten Tiefpunkt. Die zahlreichen Zeitungsartikel an den Wänden hinter den Jugendlichen zu den arabischen Revolutionen und zur Griechenlandkrise waren mit Sicherheit nicht von ihnen aufgehängt worden, sondern vermutlich von Herrn Voigt.

«Na los! Sie brauchen vor Herrn Kilic keine Angst zu haben. Das ist ein ganz netter Mensch. Fragen Sie ihn ruhig, was Ihnen unter den Nägeln brennt.» Ich ließ meinen strengen Blick von Schüler zu Schüler wandern, in der Hoffnung, diese dadurch unter Druck zu setzen und zu einem Wortbeitrag zu zwingen. Doch sie wichen mir aus, schauten nach unten, taten so, als würden sie in ihren Heftern Notizen machen. Dabei zeichneten sie nur Strichmännchen. Der Nasengepierzte hatte seine Augen sogar geschlossen, und sein blonder Nachbar, ein mittelgroßer Typ mit hohen Wangenknochen, gähnte ungeschützt.

Herr Kilic, der nun neben mir Platz genommen hatte, ließ sich, zumindest äußerlich, davon nicht die Laune verderben. Ermutigend lächelte er ins Plenum, knuffte meinen linken Oberarm und scherzte mit leicht türkischem Akzent: «Sind noch müde. Hab zu lange geredet.»

«Das glaube ich eigentlich nicht», erwiderte ich und wanderte mit meinen Augen die Liste der Schülernamen im Kursheft ab, auf der Suche nach dem Streber oder der Streberin der Gruppe. Die beste Schülerin stand auf einer Zwei minus und hieß Nicole.

«Nicole, was ist Ihre Frage? Sagen Sie uns mal, was Sie interessiert.» Ich sandte meine Aufforderung diffus in alle Richtungen, denn da ich Nicole nicht kannte, wusste ich auch nicht, wo sie saß.

«Nicole ist heute nicht da», erklärte mir das Mädchen vorne rechts, das während Herrn Kilic' Vortrag zumindest so getan hatte, als interessiere sie der Inhalt. Ihr Tuch im Haar, ihre weiße

Rüschenbluse und ihre Kette mit dem kleinen goldenen Herzamulett sprachen dafür, dass sie vielleicht noch zu denjenigen aus der Gruppe gehörte, die einem in einer solchen Lage aus der Klemme helfen konnten. «Na los!», sagte ich und nickte ihr zu. «Sie haben doch letztes Mal so viele interessante Gedanken formuliert», behauptete ich ungeachtet der Tatsache, dass ich heute zum ersten Mal vor der Klasse stand. «Sie müssen diese doch einfach nur wiederholen. Was wollen Sie denn Herrn Kilic fragen?»

Sie guckte irritiert. «Wer ist Herr Kilic?»

Ich verdrehte meine Augen und machte eine Handbewegung zu meinem Nachbarn, der glücklicherweise lachen musste.

«Ach so», stammelte sie und fing an, in ihrem Hefter zu blättern.

«Meine liebe Schülerin!», rügte ich. «Ich muss schon sagen, ich bin sehr enttäuscht. Sonst kenne ich Sie gar nicht so. Was ist mit Ihnen los? Soll ich mal die Eltern anrufen? Und das gilt jetzt für den ganzen Kurs.»

Nun meldete sich doch jemand, ein vietnamesischer Schüler mit Basecap, Baggy Pants und grünem Kapuzensweatshirt. Offenbar hatte meine Drohung mit den Eltern ihre Wirkung nicht verfehlt, wobei dem Jugendlichen eigentlich hätte klar sein müssen, dass ich wohl kaum zu Hause anrufen würde, um mich über fehlende Mitarbeit zu beschweren, wenn doch ab kommender Woche wieder Herr Voigt bei ihnen unterrichten würde.

«Ja!», erteilte ich dem Hip-Hopper das Wort:

«Kannich mal auf Toilette?»

Genervt ließ ich ihn gehen. Wäre unser Gast nicht im Raum gewesen, ich hätte ihn in die Hosen machen lassen.

Nun hob der gegelte Dauerschläfer den Arm.

«Ja?»

«Können wir heute früher Schluss machen?»

«Wie bitte?»

«Bei Herrn Voigt durften wir das auch immer. Weil es sonst in der Kantine so voll ist. Da müssen wir dann so schnell essen.»

Verärgert lehnte ich den Vorschlag ab, obwohl es mir zupassgekommen wäre, die ganze Veranstaltung vorzeitig zu beenden. Ich hätte die Runde besser mit ein paar Schülern aus meinem Geschichtsgrundkurs 12 auffüllen sollen. Da waren immerhin einige dabei, die sich wirklich für gesellschaftswissenschaftliche Fragen interessierten. Mehrere von ihnen besuchten obendrein den Leistungskurs Politik. Mir fiel da beispielsweise der kleine Samy ein, der wohl einzige syrischstämmige Schüler an der Schule. Der hätte aus dem Stegreif eine bessere Figur abgegeben und Herrn Kilic vermutlich sehr informiert auf dessen Haltung zum türkischen Ministerpräsidenten Erdogan geprüft. So musste ich nun die nächsten zwanzig Minuten alleine mit Fragen überbrücken. Nach der Stunde, als ich ihn aus der Schule geleitete, entschuldigte ich mich bei Herrn Kilic: «Tut mir leid. Die sind normalerweise nicht so. Ich weiß auch nicht, was heute mit denen los war.»

Er nahm es mit Humor: «Immerhin haben sie mich nicht beleidigt.»

Mai 2011, Rathenau-Sekundarschule, Marzahn, Geschichte, 8 a
Ich: Burt, du hast im Geschichtstest eine Drei minus.
Burt: Verarschen Sie mich?
Ich: Nein.
Burt: Geil! Geil! Jah! Jah! Ich liebe Sie, Herr Serin!
Beginnt einen mehrminütigen Tanz durch die Klasse, um seinen Mitschülern das Blatt mit der Note unter die Nase zu halten.

FIVE-O

«Mensch, Herr Serin! Ich würde Sie wirklich gern behalten. Aber mit Ihren Fächern ... Was soll ich da machen?», klagte Herr Wünsche, der Schulleiter. «Können Sie denn noch was anderes? Mathe? Physik? Da brauchen wir immer welche. Englisch auch.»

Wenn ich nicht noch etwas anderes anbieten konnte, war mein Engagement an der Kevin-Prince-Boateng-Sekundarschule im Wedding, an der ich vor der Rathenau-Sekundarschule unterrichtete, nach nur wenigen Wochen wieder beendet. Der Kollege, den ich vertrat, gesundete einfach zu schnell. Also behauptete ich: «Englisch kann ich.»

«Na, das ist doch immerhin etwas.» Der Schnauzer meines Direktors verbreitete sich zu einem Lächeln. Seine braunen Augen blickten mich zuversichtlich an. «Ich schau mal, was ich machen kann.»

Zwei Tage später stand ich dann tatsächlich vor einem Jahrgang der zehnten Klasse und sollte das erste Mal eine Sprache unterrichten, die ich seit zehn Jahren nicht mehr aktiv praktiziert hatte, ein Umstand, den ich dem Direktor verschwiegen hatte. Ich hatte auch keine Zeit gehabt, schnell einen Blick in meine alten Lehrbücher zu werfen oder ausreichend BBC zu hören, um mein Wissen aufzufrischen. Dennoch war ich aus mehreren Gründen zuversichtlich, dass meine unzureichenden Kenntnisse den Jungen und Mädchen nicht auffallen würden. Erstens beklagten sowieso alle erfahrenen Lehrer, dass Schüler immer weniger konnten. Zweitens befand ich mich auf einer Sekundarschule. Drittens war diese Sekundarschule im Wedding. Und viertens hatten die Zehntklässler erst fünfeinhalb Jahre Englisch. Das waren im Grunde noch Anfänger.

Zudem wurde mir ein vergleichsweise sanfter Einstieg beschert. In Eigenverantwortung Gruppen in Englisch unterrichten würde ich, so Herr Wünsche, erst in der Woche darauf, da der Stundenplan noch nicht fertig geplant sei. Erst einmal ging es nur darum, in einer Klasse Aufsicht zu führen.

Frau Müller, jene erkrankte Englischlehrerin, die ich vertreten sollte, hatte den Schülern übers Sekretariat bereits eine Aufgabe zukommen lassen. Sie mussten in Partnerarbeit einen Dialog verfassen. In diesem sollte ein deutscher Austauschschüler mit seinem New Yorker Gastgeber Pläne fürs Wochenende schmieden. Meine Rolle würde sich vermutlich auf die Begrüßung und die Verabschiedung beschränken: *Good morning. My name is Serin. Miss Müller told me that you have to write a dialogue. Please begin now! ... Finish your work! The lesson is over. Give me your sheet! Goodbye. See you next time.*[1] Für diesen Text hatte ich mir sicherheitshalber Stichpunkte gemacht. Möglicherweise würde ich in den vierundvierzig Minuten dazwischen auch mal hin und wieder ein *quiet please!*[2] zischen müssen. Aber das wäre es dann wahrscheinlich auch schon. Herr Wünsche hatte mir erklärt, dass es sich um eine sehr brave Lerngruppe handele.

Das war sie tatsächlich, dennoch wurde ich früher gefordert, als mir lieb war. Keine zwei Minuten nach Beginn der Stunde kam die erste Frage:

«Herr Serin, was heißt eigentlich Handy auf Englisch?», wollte ein türkischer Schüler mit kurzen lockigen Haaren und einem flaumigen Kinnbart wissen.

---

1 Guten Morgen. Mein Name ist Serin. Frau Müller sagte mir, dass ihr einen Dialog schreiben sollt. Beginnt bitte jetzt! ... Beendet eure Arbeit! Die Stunde ist vorbei. Gebt mir euer Blatt! Auf Wiedersehen. Wir sehen uns das nächste Mal.
2 Ruhe bitte!

Spontan hätte ich geantwortet: «*Handy in English is handy.*»[3] Aber absolut sicher war ich mir nicht. Es erschien mir zu naheliegend. Mein Wörterbuch hatte ich eigentlich nur für Notfälle eingesteckt. Also für Begriffe wie «entkernen» oder «Dreschflegel». Wenn ich nun schon bei dem Wort «Handy» Hilfe in Anspruch nehmen müsste, wäre meine sprachliche Autorität umgehend diskreditiert und zukünftiger Unterricht in diesem Kurs, sollte ich ihn noch einmal in dem Fach Englisch haben, erheblich erschwert. Es war auch albern, von dem Schüler zu verlangen, den Ausdruck «Handy» mit anderen Worten zu umschreiben, wenn ihm die passende Vokabel dafür nicht einfiel. Das würde ihn nur misstrauisch machen. Ich ärgerte mich umso mehr, da ich überzeugt war, die Lösung zu kennen. Wenn mir der Schüler zehn englische Begriffe aufgezählt hätte, hätte ich daraus mit Sicherheit den richtigen für Handy ausgewählt.

Das einzige Wort, an das ich mich erinnerte, war ein Slangwort für Handy: *burner*. *Burner* waren Wegwerfhandys, die gern von Drogendealern benutzt wurden, um es der Polizei zu erschweren, die Gespräche abzuhören. Das wusste ich, weil ich kurz zuvor die amerikanische Serie *The Wire* in der Originalfassung angeschaut hatte. Eine deutsche Fassung dieses TV-Meilensteins über Drogenhandel, Polizeiarbeit, Hafenarbeitergewerkschaften, das politische System, das Schulsystem und das Zeitungswesen in Baltimore gab es nicht. So hatte ich gerade einige Milieuausdrücke für Dinge parat, für die mir die standardsprachlichen Ausdrücke längst entfallen waren.

«*Handy in English is burner*», erklärte ich darum dem Jungen. Er reagierte ein bisschen verhalten, akzeptierte aber schließlich meinen Vorschlag. Bis zum Ende der Stunde half mir *The Wire* noch ein ums andere Mal aus der Patsche. Mehrere Schüler über-

---

3   Handy auf Englisch bedeutet Handy.

nahmen meine Vorschläge aus dem Drogenjargon der westamerikanischen Metropole dankbar, nachdem ich ihnen versichert hatte, dass sich auch Jay-Z, Eminem und Kanye West so ausdrücken.

Zwei Jungen brachte ich sogar dazu, den Schauplatz ihrer Handlung von New York nach West-Baltimore zu verlegen und den Dialog sozialkritischer verlaufen zu lassen. Dank meiner Interventionen hat er bei diesem Schülerpaar folgenden Inhalt: *Der deutsche Gastschüler ist bei einem fünfzehnjährigen Drogendealer untergebracht, der seinen Wunsch, am Sonnabend nach Philadelphia zu fahren, ablehnt, weil an seiner Ecke eine neue Lieferung mit Kokain eintrifft, die er entgegennehmen muss. Dann taucht plötzlich die Polizei auf. Anders als der jugendliche Drogendealer kann der deutsche Austauschschüler nicht flüchten. Zwar spricht er schon so gut wie die Leute vor Ort, aber das im Drogenmilieu von Baltimore kursierende Codewort für Polizei, Five-O, kennt er nicht. Aus diesem Grund weiß er auch die Warnung nicht zu deuten. Er ist aber durch seinen amerikanischen Gastgeber insofern instruiert, dass er nur mit seinem Anwalt redet.*

Am Ende der Stunde sammelte ich alle Dialoge ein und legte sie in Frau Müllers Fach. Nach ihrer Rückkehr in die Schule habe ich sie im Lehrerzimmer dabei beobachten können, wie sie die Schülerarbeiten korrigierte. Für eine brauchte sie besonders lange. Ständig schlug sie kopfschüttelnd im Wörterbuch nach, ohne fündig zu werden. Ich ahnte schon, um welchen Dialog es hier ging. Natürlich hätte ich ihr die Bedeutungen für Formulierungen wie *re-up*[4], *stash house*[5], *g-pack*[6], *to tool up*[7], *one-and-one*[8]

---

4 Drogenlieferung
5 Haus, in dem Drogen gelagert und portioniert werden
6 Drogenpaket mit einem Verkaufswert von 1000 Dollar
7 sich bewaffnen
8 Kokain

oder *to pop a nigger*[9] verraten können. Aber wahrscheinlich hätte sie danach das Jugendamt oder sogar die Polizei verständigt, in der Annahme, die beiden Schüler, die den Dialog geschrieben hatten, wären Drogendealer.

September 2010, Arthur-Schnitzler-Privatschule, Politikunterricht, 12. Klasse, Schülergespräch
Clara: Kennst du den Scharmützelsee?
Laura: Ja.
Clara: Der gehört meinen Eltern.

---

9 jemanden erschießen

«WAS GUCKEN SIE SO!?»

Heute erwartet mich in der 8a eine verhältnismäßig entspannte Stunde, denn die vierundzwanzig anwesenden Schüler schreiben einen Geschichtstest zum «Aufbruch aus dem Mittelalter». Meine Aufgabe wird es sein, zu verhindern, dass ihre Leistungen auf unehrliche Art zustande kommen. Natürlich weiß ich, dass man nicht jedes Spicken über einen Kamm scheren darf. Diese Aktivität kann wichtige Schlüsselqualifikationen für die heutige Wettbewerbsgesellschaft vermitteln: *Antizipation* über die Auswahl der benötigten Informationen, *Kreativität* im Entwurf eines praktikablen und für den Lehrer unsichtbaren Hilfsmittels sowie *Nervenstärke* beim Gebrauch in Prüfungssituationen. Außerdem waren viele Erfolge aus Politik, Wissenschaft und Wirtschaft einzig das Ergebnis von Betrug: George W. Bushs erster Wahlsieg, der Doktortitel von Herrn zu Guttenberg, der Reichtum der Begründer illegaler Schneeballsysteme – ein Geschäftsmodell, das nur bei einer ständig wachsenden Zahl an Teilnehmern funktioniert. Zudem würden sich viele Schüler überhaupt nicht mit dem Stoff beschäftigen, müssten sie keine Spickzettel konzipieren. Nur kann ich mir als Lehrer aus Autoritätsgründen und wegen meiner Kollegen eine so differenzierte Betrachtung dieses Phänomens nicht erlauben. Würde ich Spicken zulassen, wäre das wie die Freigabe von Doping im Spitzensport.

Durch die Fenster fallen die Strahlen der schon warmen Märzsonne auf meine Achtklässler, die ungewöhnlich ruhig an ihren noch recht neuen Stahlkufentischen sitzen. Sie ziehen sich wie ein U durch den Klassenraum, und im Innern des Us befinden

sich einzig Jennifer, Charleen und Angelina. Vor Beginn des Tests habe ich meiner Klasse eine Ansprache gehalten. Sie wissen nun, dass sie sich beim Spicken nur selbst betrügen und sich der Möglichkeit berauben, zu erfahren, was sie wirklich können. Um zu zeigen, dass ich ihnen vertraue, habe ich nach dem Austeilen der Tests auf meinem Lehrerstuhl Platz genommen und angefangen, in der *taz* zu lesen. Durch ein vorher präpariertes kleines Loch im Papier ist es mir aber möglich, die Jugendlichen unbemerkt zu beobachten. Ich muss dazu nur meinen Oberkörper mitsamt der Zeitung vorm Gesicht durch möglichst natürliche Drehbewegungen auf das jeweilige Beobachtungsobjekt ausrichten. Nicht alle Paukermethoden, die bereits in den Fünfzigern praktiziert wurden, sind heutzutage unwirksam.

Obwohl erst fünf Minuten vergangen sind, habe ich bereits die Gewissheit, dass meine Rede eine beträchtliche Anzahl der Schüler nicht erreicht hat. Verdächtig oft senkt Dennis, der sich ein wenig von seinem Tisch weggeschoben hat, den Blick und betrachtet seinen Schoß. Verdächtig oft schaut auch der blondierte Roy vorbei an seinem Stuhl zu Boden. Und verdächtig oft kramt die äußerst gestylte Angelina, wenn sie eine Blockade hat, mit ihrer rechten Hand in ihrer Federtasche, während sie mit ihrer linken nervös in ihren welligen Strähnen spielt. Der kleine Igor mit seinem kastanienbraunen Haar hat wiederum seinen Test in die Mitte des buchenfarbenen Tisches geschoben, und sein ebenso kleiner Nachbar Dimitrij, der das gleiche weiße Picaldi-Sweatshirt trägt, hat sein Kinn darauf abgelegt. Das muss ein Ende haben! Ich reiße meine Zeitung nach unten, und ein Dutzend Schüler zuckt wie ertappt zusammen. Danach erhebe ich mich, um einen Kontrollgang durch die Klasse zu machen.

Langsam bewege ich mich an der Fensterfront entlang, wo ich die Schüler des rechten U-Armes nun im Rücken habe. Vorbei an Aileen, die nach einer Klassenleiterstunde, einem Elternabend zu iShareGossip sowie einer schriftlichen Entschuldigung von Jason, Burt, Angelina und Roy für die Beleidigungen im Internet wieder regelmäßig den Unterricht besucht, und der selbstbewussten Klassensprecherin Vivien mit den langen hellbraunen Haaren und den wachen Augen erreiche ich Igor und Dimitrij. Die beiden kuscheln nicht mehr tischmittig miteinander, sondern halten jetzt den Sicherheitsabstand ein, der geboten ist zwischen Männern aus ihrem Herkunftsland Russland, das mit Homosexualität noch auf Kriegsfuß steht. Leider quietschen meine orthopädischen Schuhe auf dem hellgrauen Kautschukboden, sodass sich meine Ankunft den Schülern schon von weitem ankündigt.

Die Tür öffnet sich. Zehn Minuten nach dem Beginn der Stunde erscheint auch Jason zum Unterricht, Kaugummi kauend und mit Basecap. Als er begreift, dass gerade eine Lernerfolgskontrolle geschrieben wird, dreht er augenblicklich um. Aber ich pfeife ihn zurück: «Dein Test liegt auf dem Platz.»

Er kneift die kleinen Augen zusammen und verzieht das Gesicht: «Ein Test? Haben Sie nicht angesagt.»

Ich ignoriere seinen Protest und bedeute ihm, sich hinzusetzen. Er gehorcht fluchend.

Diesen Zwischenfall haben einige Schüler genutzt, um schnell ihre Spicker zu konsultieren, und ich, um meinen Rundweg unbemerkt fortzusetzen. Ich bin nun bei Virginia, die, weil sie nicht weiß, was Luther an der katholischen Kirche kritisierte, ihre kleine Hilfe aus dem Ärmel ihrer rot-schwarz karierten Trainingsjacke gezogen hat. Ruhig beuge ich mich von hinten über ihre linke, nach vorne fallende Schulter und lese heimlich mit. Mal sehen, wer die richtige Lösung auf dem Spickzettel zuerst findet. Ich bin es und fange an zu murmeln: «Ablasshandel, Unfehlbarkeit des Papstes ...» Sie schreit auf, und ich kassiere das Beweismittel ein. «Das war die letzte Verwarnung! Für den Nächsten, den ich beim Spicken erwische, gibt es eine Sechs.»

Jessica, die neben Virginia sitzt, lässt ihren Spickzettel schnell wieder in ihrem weißen, gutgepolsterten Sport-BH unter ihrem pinkfarbenen Neckholder verschwinden. Ich weiß, dass mir hier die Hände gebunden sind. Zu schnell macht man sich als Lehrer sexueller Nachstellungen verdächtig. Noch zu präsent ist mir die Erzählung eines Kollegen aus dem Referendariat, der von einer Schülerin verlangte, den Rock zu heben, weil er unter diesem ein unerlaubtes Hilfsmittel vermutete, und, als sie sich widersetzte, das Kleidungsstück eigenhändig lüftete. Er durfte seine Ausbildung nicht fortsetzen.

Dennis und Roy sind ebenfalls gewarnt. Unmöglich, ihnen etwas nachzuweisen. Ich habe nun die Rückseite des Klassenraums erreicht. An dieser Wand befindet sich die kaum genutzte blaue Hakenleiste, an der heute nur Aileens Sportstoffbeutel hängt. Darüber ein Anti-Mobbing-Plakat von der Senatsverwaltung und ein selbsterstelltes Poster zu Unterrichtsregeln, um deren Existenz vermutlich die wenigsten in der Klasse wissen. Sonst würden sie sich nicht mehr hier an der Wand befinden. Vor diesen Aushängen sitzen André, Kevin, Ferdinand, Julius, Jacqueline und Kenneth. Jason flucht: «Das ham wir nicht gehabt, Herr Serin!» Kevin kaut an einem Apfel. Jetzt schwant mir, warum. Der Brillenträger hat seine Notizen in die Haut des Obstes geritzt und vernichtet das Corpus Delicti. Ich ärgere mich, dass ich nicht früher darauf gekommen bin, schließlich ernährt sich mein übergewichtiger Schüler sonst nur von Chips. Hoffentlich erliegt er keinem Vitaminschock.

Ich registriere, dass Dimitrij sein Blatt hilfesuchend zur konzentriert schreibenden Vivien schiebt und leise etwas fragt. Auf Zehenspitzen nähere ich mich ihm, als Burts Stimme durch die Stille schneidet: «Herr Serin, der Enrico guckt ab!» Reflexartig drehe ich mich zum Inkriminierten, bin mir aber im selben Moment bereits sicher, dass dieser unschuldig ist und es sich nur um ein Ablenkungsmanöver von Burt handelt, um seinem Freund aus der Patsche zu helfen. Er ist erfolgreich. Als ich mich erneut Dimitrij zuwende, liegt dessen Test wieder vorschriftsmäßig vor ihm. Ich kann mir trotzdem einen Kommentar nicht verkneifen: «Dimitrij! Wenn du von Vivien abschreibst, dann vergiss nicht, die Quelle anzugeben: *Vivien Kamp. 23. März 2011, 10.49 Uhr.*» Er beginnt in seinem Test zu vermerken: «Vivien Kamp ...» Dann begreift er, dass ich ihn auf den Arm nehme, und er weist meinen Betrugsvorwurf vehement von sich: «Ich guck nich ab! Warum gucken Sie immer mich an?» Empört und Zustimmung heischend schaut er in der Klasse umher. Jason stöhnt: «Renaissance? Wat is'n ditte? Dis hatten wir doch nich.»

Ich halte mich nun wieder an der Rückseite des Raums auf, hinter André, Kevin, Ferdinand, Julius, Jacqueline und Kenneth. Vorne, an der anderen Spitze des Us, wirft der kleine Stevie, der die Vokuhila-Frisur von seinem Vater übernommen haben muss, einen Blick auf Enricos Blatt. Ich habe für solche Betrugsversuche vorgesorgt, denn ich arbeite mit A- und B-Tests. Zwar bedeutet das in der Praxis einzig, dass ich die Reihenfolge der Aufgaben vertausche. Aber schon das stellt viele Schüler vor unlösbare Probleme. Und bei Stevie, der oft ein bisschen zerstreut und verschlafen ist, muss ich eigentlich nicht davon ausgehen, dass er die richtige Antwort bei Enrico findet.

Um die Schüler vor mir in Sicherheit zu wiegen, vertiefe ich mich in die auf braunem Packpapier verfassten Unterrichtsregeln und stelle fest, dass sich dort klein, mit Kugelschreiber geschrieben, Fakten zum *Aufbruch aus dem Mittelalter* befinden. Jetzt begreife ich, warum Kenneth und Jacqueline sich seit Beginn der Stunde permanent dehnen und dabei im Wechsel über ihre rechte und linke Schulter nach hinten schauen. Zum Glück sind die Informationen zum *Aufbruch aus dem Mittelalter* gespickt mit Fehlern. Als Merkmal der Renaissance wird dort beispielsweise

«Portretbrüste» aufgeführt. Ich kann das Poster also guten Gewissens hängen lassen.

Die 185 Zentimeter Burt rutschen auf ihrem Stuhl hin und her. Er schüttelt verärgert den Kopf: «Das ist doch voll ungerecht!»

«Was denn, Burt?», erkundige ich mich.

«Der Test von Nadine ist viel einfacher als meiner.»

Er realisiert nicht, dass er sich damit selbst des Abguckens überführt hat.

Jason meldet sich: «Kommt bei Aufgabe 3 a Kopernikus?»

Ich bin überrascht, denn die Antwort stimmt. Offenbar hat Stevie richtig von Enrico abgeschaut, und *Kopernikus* ist – von mir unbeobachtet – über Stevie, Michelle, Huan und Hai bis zu Jason gelangt. Ich darf Jason natürlich in einer solchen Situation nicht helfen. Darum antworte ich neutral: «Nein! Kopernikus ist die falsche Antwort.» Enrico, Stevie, Michelle, Huan und Hai streichen in ihren Tests gleichzeitig ein Wort durch.

Ich gehe wieder zu meinem Platz. Mir ist klargeworden, dass es aussichtslos ist, alle Übeltäter im Raum gleichzeitig überführen zu wollen. Damit werde ich gar nichts erreichen. Besser, ich konzentriere mich auf einzelne Schüler. Ich entscheide mich für Burt. Der hat mich schon die ganze Stunde immer wieder angestarrt. Schüler, die den Lehrer während der Klassenarbeit anstarren, warten auf den Moment, in dem man nicht zu ihnen hinschaut. Er starrt nun erneut zu mir. Diesmal starre ich zurück. Und ich höre bis zum Ende der Stunde keine Sekunde mit dem Starren auf. Für ihn werden es sehr unangenehme zwanzig Minuten. Immer unruhiger wackelt er auf seinem Stuhl hin und her, kratzt sich am Kopf und spricht beim Lösen der Aufgaben leise mit, weshalb mir, weil ich von den Lippen ablesen kann, nicht entgeht, dass er inhaltlich meistens danebenliegt. Aber dafür erbringt er seine Leistung zumindest ehrlich. Die wenigsten, die mit einer Fünf oder Sechs hier herausgehen, können das von sich behaupten.

November 2010, Kevin-Prince-Boateng-Sekundarschule, Wedding, Sozialkunde, 8. Klasse

Ich: Kayra! Kayra! Bist du jetzt bitte ruhig? Sonst schreib ich dich an die Tafel. Letzte Verwarnung!

Kayra: Ey, was soll das? Was gucken Sie immer mich an? *Sie wendet sich wieder ihrer Nachbarin zu und quatscht weiter.*

Ich: Jetzt reicht's, Kayra! Jetzt schreibe ich dich ran.

Kayra: Tschüüüsch! Lan! Ey! Alle quatschen doch! Wieso schreiben Sie miesch ran?

Ich schreibe ihren Namen an die Tafel.

Kayra: Ey, guckt ma! Wie der das anschreibt! So genüsslisch. Wie der aussieht, der Glatzkopf!

«DAS IST DOCH GINA-LISA.»

Manchmal komme ich nicht umhin, in der U- oder S-Bahn Gespräche von Lehrern zu belauschen. Es ist immer wieder interessant zu erfahren, wie es Kollegen so ergeht. Meistens reden sie natürlich über Schüler. Manchmal auch über ehemalige, so wie letzte Woche zwischen Zoo und Charlottenburg zwei ältere Damen, die gerade auf einem Jahrgangstreffen gewesen sein mussten.

«Wusstest du, dass Sophie Krenz am MIT [1] studiert hat?»

«Nee. Mit der hab ich gar nicht gesprochen. Damals hatte sie jedenfalls nichts davon erzählt. Moment, wollte die nicht auf die Schauspielschule?»

«Hat sie auch gemacht. Nach dem Studium am MIT hat sie noch eines in Music and Theater Arts hinterhergeschoben, um leichter an Engagements in den USA zu kommen.»

«Schon erstaunlich, was aus der kleinen Sophie geworden ist. Die war bei mir eher so introvertiert. Und dann zieht die aus in die weite Welt. Bewundernswert!»

Dem Inhalt des Gesprächs zufolge unterrichteten die beiden Frauen an einem gutbürgerlichen Gymnasium in einem der begehrteren Innenstadtkieze.

Ich stellte mir die Frage, wie eine Unterhaltung verlaufen würde, sollte ich irgendwann einmal mit einem Kollegen von der Rathenau ein Jahrgangstreffen auswerten:

«Wusstest du, dass Burt noch lebt?»

---

1 Massachusetts Institute of Technology in Boston

«Echt?! War der da? Ich hab den gar nicht gesehen.»
«Nein, da war er nicht. Aber Vivien hat mir erzählt, dass der jetzt im Gefängnis sitzt.»
«Hat noch mal richtig Glück gehabt. Hab immer gedacht, das würde bös für ihn enden.»
«Am meisten freue ich mich jedoch für Jason.»
«Wieso, hat der einen Job?»
«Nee. Aber der hat jetzt, nach fünf Jahren, endlich seinen Antrag auf Arbeitslosengeld bewilligt bekommen.»

Viele Schüler, die auf meiner Schule landeten, hatten nur minimale Aussicht darauf, später einmal einen Beruf auszuüben, der ein hohes Prestige, gesellschaftlichen Einfluss oder eine angemessene Bezahlung versprach. Das Heinrich-Hertz-Gymnasium in Berlin brachte Gregor Gysi hervor, das Französische Gymnasium Alexandra Maria Lara, das Beethoven-Gymnasium den Fernsehjournalisten und Dopingexperten Hajo Seppelt, das Gymnasium Steglitz Günther Jauch und das John-Lennon-Gymnasium Nora Tschirner und Sarah Kuttner. Sollte ich meine Schüler irgendwann einmal im Fernsehen zu sehen bekommen, dann wohl eher bei *Die Super Nanny, Raus aus den Schulden* oder *Teenager außer Kontrolle.*

Es ist kein Geheimnis, dass sich die Arbeit an einem durchschnittlichen Berliner Gymnasium grundlegend von meiner sozialpädagogischen unterscheidet, vor allen Dingen in der Mittelstufe. Während meines Referendariats hospitierte ich wiederholt im Geschichtsunterricht von Frau Stahl, die an einem Zehlendorfer Gymnasium als Lehrerin ein vergleichsweise entspanntes Leben führte. Natürlich erlebte auch sie ihre Überraschungen. In einer ihrer Stunden sollte eine achte Klasse anhand des berühmten Porträts Ludwigs XIV. von Hyacinthe Rigaud das absolutistische Herrschaftsverständnis des französischen Königs herausarbeiten, ohne dass den Schülern die Identität der dargestellten Person offenbart wurde. Doch ein besonders strebsamer, adrett gekleideter dreizehnjähriger Junge mit Stimme im Übergang zum Mann machte meiner strengen Seminarleiterin gleich zu Beginn der Stunde einen Strich durch die Rechnung: «Das auf dem Gemälde ist doch Ludwig XIV.»

Frau Stahl zog die Augenbrauen anerkennend hoch und ließ die Andeutung eines Lächelns auf ihren schmalen Lippen erkennen, ein Seltenheitswert: «Bravo, Theo! Hast du das Thema schon zu Hause vorbereitet? Ich hatte nicht erwartet, dass jemand den König auf Anhieb erkennt.»

Theo verstand das Lob nicht: «Das weiß man doch, dass das Ludwig XIV. ist. Den kennt man aus zahlreichen Bildbänden», krächzte er. Er erhielt zustimmendes Nicken von mindestens einer Handvoll Mitschüler.

Schon als ich das gleiche Gemälde während meines Referendariats in meiner achten Klasse am Heisenberg-Gymnasium behandelte, war der Ertrag deutlich dürftiger. Die aus heutiger Sicht effeminisierte Pose des Königs und seine Kleidung – schwarze Perücke, weiße Strumpfhose und Hackenschuhe – veranlassten meine Schüler zur Aussage: «Was'n dis für 'ne Schwuchtel?» Von dem absolutistischen Herrscher gehört, geschweige denn ihn bereits auf Bildern gesehen hatte natürlich noch niemand.

In meiner achten Klasse auf der Rathenau-Sekundarschule hätte ich mit Königen, ob schwul oder nicht, gar nicht erst zu kommen brauchen. Ein Bild von Gina-Lisa hingegen wäre sicherlich ein Impuls gewesen, der viele in der 8 a länger beschäftigt hätte:

«Das ist doch ein Nacktbild von Gina-Lisa. Vor der Brustvergrößerung.»

«Mensch, Igor! Woher weißt du das denn?»

«Kennt man doch! Aus'm Internet. Gibt's ooch 'n Porno von der. Soll ick Adresse mal an Tafel schreiben?»

Für Frau Stahl war es unvorstellbar, dass Igor, Burt und

Jason gemeinsam mit Sophie und Theo ein und dieselbe Schule besuchten. Ich musste an verschiedene Diskussionen in ihrem Geschichtsseminar denken, in denen sie die Gemeinschaftsschule als weltfremdes Hirngespinst abtat. Wahrscheinlich hatte sie in Wirklichkeit nur Angst davor, dann auch Igor, Chantal und Kenneth unterrichten zu müssen, Angst, wie so viele Gymnasiallehrer, mit den gymnasialen Methoden der Klassenführung keinen Erfolg mehr zu haben:

«Johnny, nimm deine Mütze ab!»

«Mach ich nich.»

«Ich sagte, nimm die Mütze ab!»

«Nee. Nehm' Sie doch Ihr Tuch ab!»

«Das gibt einen Tadel.»

«Hab schon!»

«Pascal, setz dich sofort wieder hin! Na gut, du kommst nach der Stunde bitte zu mir! … Und du auch, Kevin! Setz dich hin! Und du auch! Du kommst auch zu mir! … Ihr kommt alle nach der Stunde zu mir, damit ich mit euch über euer Verhalten sprechen kann … Ich bitte euch jetzt, wieder nach vorne zu schauen! Was seht ihr? … Nicht reinrufen! Schwul sagt man nicht. Das heißt homosexuell. Das gibt einen Tadel. Außerdem ist die Person nicht homosexuell … Das ist keine Frau. Das ist ein Mann. Der ist auch nicht schwul, äh … homosexuell … Früher sahen die Könige aber so aus … Nein! … Ruhe! … Ruhe, hab ich gesagt! … Schaut bitte wieder auf das Bild! Beschreibt bitte zunächst die Körperhaltung! … Ich habe gesagt, das sagt man nicht. Unmöglich! … Dann schreiben wir jetzt einen Test. Holt bitte ein leeres Blatt raus und schreibt auf dieses euren Namen! … Warum stehst du schon wieder auf? … Warum hast du kein Blatt? Ich hab dir schon einen Tadel gegeben … Wollt ihr alle keinen Abschluss kriegen? Ihr fliegt alle von der Schule, wenn ihr so weitermacht.»

Von einer Sekundarschule konnte man natürlich nicht so

einfach fliegen. Und ein nicht erlangter Abschluss war für einen Achtklässler mitten im Schuljahr weit weg. Ein Abschluss, der interessante berufliche Perspektiven eröffnete, noch viel weiter, für die Mehrheit meiner 8 a sogar unerreichbar. Wozu also lernen, sich anstrengen, wenn für einen schon bei der Geburt feststand, dass Abitur für einen nicht in Frage kommen würde.

Vielleicht sollte ich mit meinen Schülern, damit sie wenigstens einmal eins von innen sehen, beim nächsten Wandertag einen Ausflug zu einem Gymnasium machen. Am besten zu Frau Stahl in den Unterricht. Dann bekäme sie die Möglichkeit, unter Beweis zu stellen, was sie als Lehrerin draufhatte, wenn Schüler nicht so handzahm waren wie ihre. Und meine Jugendlichen könnten später in ihren Lebenslauf schreiben, dass sie einmal auf einem Gymnasium gewesen waren. Im Anschluss an den Wandertag könnte ich im Sekretariat nachfragen, ob sie an der Schule noch einen Lehrer mit meinen Fächern bräuchten. Denn eigentlich würde ich gern an einem Gymnasium unterrichten.

> **März 2011, Rathenau-Sekundarschule, Marzahn, Vorbereitungsraum Mathe**
> **Ich:** Oh Mann, die 8 a! Heute hat ein Schüler da öffentlich gepopelt, vor mir.
> **Herr Specht:** Er holt das Beste aus sich raus.
> **Ich:** Mit der Klasse ist das echt so anstrengend. Immer dieser Kampf. Sie haben die doch auch. Wie ist das denn bei Ihnen?
> **Herr Specht:** Ich kämpf mich nicht mit denen ab. Ich mach den Beruf ja mehr als Hobby. Wenn die nicht wollen, will ich auch nicht. Zwei Jahre reiße ich noch ab, dann bin ich pensioniert.

WURST, BIER, KARTOFFELN = DEUTSCHLAND

«*Essen Sie gerne Wurst?* Man fragt eusch! Wer kann antworten? *Qui peut répondre? Élodie?*»[1]

«Iesch esse niescht Wurst.»

«*Non, dans la forme négative sans déterminant il n'y a pas de* niescht *devant le nom. Écoute!*[2] Öre: Iesch esse keine Wurst. Wiederole! – *Répète!*»

«Iesch esse keine Wurst.»

«Rieschtisch.»

Ich hatte eigentlich einen anderen Unterricht erwartet, als Monsieur Dumas den Schülern zu Beginn der Stunde mit spitzem Mund eröffnete, die linke Hand leger in der Tasche seiner abgewetzten Cordhose, der heutige Schwerpunkt läge auf dem Sprechen. Normalerweise wurde in französischen Klassenzimmern nach dem Klingeln das Lehrbuch aufgeschlagen, ein Text gelesen, dazu im Lehrer-Schüler-Gespräch verschiedene Fragen beantwortet, das Buch wieder zugeschlagen – und die Stunde war beendet. Alternativ wurde eine Grammatikregel an der Tafel festgehalten, vom Lehrer auf Französisch erläutert und schriftlich im Arbeitsheft «Übungen» durchgegangen. Das Lycée Barthou machte da keine Ausnahme, auch wenn Madame Specht schon in überraschender Weise von der Norm abgewichen war. Und nun auch noch Monsieur Dumas. Der wirklich relevante Unterschied

---

1 Also, wer kann antworten? Élodie?
2 Nein. In der verneinten Form ohne Begleiter gibt es kein *niescht* vor dem Substantiv.

zwischen der jetzigen Sprech- und einer klassischen Grammatikstunde lag jedoch darin, dass die Schüler die Struktur der Antwort nicht schon vorfanden, sondern ganz alleine bilden mussten, im Sinne einer Verneinung: *Ich esse **keine** Wurst*, besser: *Iesch esse **keine** Wurst*, um es in den Worten von Monsieur Dumas zu sagen.

Er fuhr fort: «Trienken Sie ein Glass Bier? ... Maxence?» Er erwischte Maxence auf dem falschen Fuß.

«Ja.»

«Maxence. Die Verneinung! – *La négation!* Trienken Sie ein Glass Bier?»

«Nein.»

Monsieur Dumas seufzte und erklärte, das sei falsch. Maxence müsse im ganzen Satz antworten. Das war natürlich Quatsch. Man konnte sehr wohl auf die Frage «Trinken Sie ein Glas Bier?» mit einem schlichten Nein antworten. Sonst wären viele Gespräche ziemlich lang:

«Möchtest du etwas trinken?»

«Ja, ich möchte etwas trinken.»

«Möchtest du ein Bier trinken?»

«Nein, ich möchte kein Bier trinken.»

«Okee. Du möchtest also kein Bier trinken. Möchtest du lieber einen Wein trinken?»

«Nein. Ich möchte auch keinen Wein trinken.»

«Hmm ... Interessant. Du möchtest also auch keinen Wein trinken. Möchtest du stattdessen lieber einen Orangensaft trinken?»

«Nein. Ich möchte keinen Orangensaft trinken.»

Ohne die Frage «Was möchtest du trinken?» wäre Kommunikation im Deutschen also ziemlich unökonomisch.

Maxence versuchte es erneut. «Iesch möchte Bier niesch trinken.»

Während seiner Bemühungen reichte rechts neben mir eine Blondine, deren Strähnen ihr linkes Auge verdeckten, ihrer dunkelhaarigen Klassenkameradin eine kleine, in einer Flasche befindliche Parfümprobe von Coco Chanel.

«Nein!», stöhnte Monsieur Dumas und erinnerte Maxence an das vorherige Beispiel. Er klang deutlich gereizt: «Iesch esse keine Wurst.» Sein Adamsapfel zuckte sogar vor Erregung. Er notierte den Satz an der Tafel, sogar ohne «e» und ohne «s» von «iesch». «Kein niescht vor dem *nom sans déterminant*. Noch einmal! *Encore une fois!*»

«Iesch möschte Bier kein trienken.»

«Nein. Maxence! Iesch möschte **kein** Bier trienken.»

«Iesch möschte **kein** Bier trienken.»

Zwei Mädchen vorne prusteten laut los. Monsieur Dumas verlor die Beherrschung:

«*Il n'y pas de quoi rigoler! On rigole toutes les cinq minutes? Ça va pas ça! On est en classe. Okee! On continue!*[3] Wollen Sie noch Kartoffeln?»

Es war sehr schön, zu erfahren, welch variantenreiches und modernes Bild der deutschen Küche in diesem Unterricht vermittelt wurde: Wurst, Bier, Kartoffeln. Sollten die französischen Schüler irgendwann einmal zwischen Rhein und Oder zu Tische sitzen, wussten sie, was sie zu antworten hatten. Außer, ihre deutschen Gastgeber kämen mit unkonventionellen Fragen: «Hat es dir geschmeckt?» – «Nein. Es at mir **kein** geschmeckt.» Ein wenig Arbeit würde Monsieur Dumas bis dahin aber noch verrichten müssen.

Jetzt erteilte er einer Schülerin das Wort, die Léa hieß. Im selben Moment schnauzte das blonde Mädchen – es hatte die Par-

---

3   Es gibt da nichts zu lachen! Lachen wir jetzt alle fünf Minuten? Das geht nicht! Wir sind im Unterricht. Okee! Machen wir weiter!

fümprobe ausgeliehen – die Brünette an: «*Ey, ma bouteille!*»[4] Die beiden Teenagerinnen sahen wirklich verdammt gut aus. Sie versprühten diese Arroganz, die Mädchen zu eigen war, die um ihre Attraktivität wussten. Ein Wunder, dass sich Monsieur Dumas auf den Unterricht konzentrieren konnte.

«*Silence, Céline! … Léa? On écoute!*»[5]

Léa nuschelte irgendetwas, das ich nicht verstand.

«*Non. Dans la forme négative devant le nom sans déterminant il n'y a pas* niescht.»[6] Er hämmerte mit seinen Fingern auf das Beispiel an der Tafel. «Wär weiß äs? Wer kaan Léa elfen?»

Während er um Hilfe für Léa bat, motzte die Braunhaarige zurück: «*Connasse! Tu m'as foutu du parfum sur la blouse.*»[7] Die Klasse sabotierte jetzt die strenge lehrerzentrierte und disziplinierende Sitzformation, wie sie in Bussen üblich ist. Mittlerweile schaute nämlich kaum noch jemand der Jugendlichen nach vorne. Und Monsieur Dumas drohte seinen Schülern damit, er würde, sollte sich die Unruhe nicht legen, wieder zum stupiden Lehrbuchunterricht zurückkehren. Sein Kopf war gerötet. Seine Halbglatze glänzte.

Da niemand Léa helfen konnte, hob der Deutschlehrer zu einem Lamento über die Unfähigkeit seiner Schützlinge an, danach richtete er sich aus purer Verzweiflung an mich:

«Err Serin. Kennen Sie die Antwort? Wollen Sie noch Kartoffeln?»

«Iesch will keine Kartoffeln», erklärte ich.

«Rieschtisch, Err Serin! Bravo!», jubelte Monsieur Dumas darüber, dass ich korrekt geantwortet hatte.

---

4 Ey, meine Flasche!
5 Ruhe, Céline! … Léa? Wir hören!
6 Nein. In der verneinten Form gibt es vor dem unbestimmten Substantiv kein *niescht*.
7 Blöde Kuh! Du hast mir Parfüm über die Bluse gekippt.

Bei seinen nächsten fünf Beispielen – Sauerkraut, Linseneintopf, Rouladen, Weißwürste und Schwarzbrot – musste ich noch viermal einspringen. Das war mir nicht gerade recht, denn ich wollte auf die beiden parfümierten Damen nicht wie ein deutscher Oberstreber wirken.

Mein Einsatz war damit aber nicht beendet. Statt aus der misslungenen Übung die Erkenntnis zu ziehen, die Jungen und Mädchen hätten den Gebrauch von *kein* noch nicht verstanden, setzte Monsieur Dumas noch eins drauf. Er verlangte von ihnen, selbst Fragen zu formulieren, um diese von Mitschülern in der Verneinung beantworten zu lassen. Die Klasse reagierte auf diesen Arbeitsauftrag mit Schweigen. Gereizt wandte er sich erneut an mich:

«Err Serin. Machen Sie einen Vorschlag!»

«Wollen Sie Aschisch aben?», fragte ich mit betont französischem Akzent.

Einige Schüler wurden hellhörig. Mehrere meldeten sich. Vermutlich die, die zur Leistungsspitze gehörten. Leider nicht die beiden Tussis.

Widerwillig erteilte Monsieur Dumas Laurent das Wort. Der sagte: «Ja. Iisch wollen Aschisch aben.»

Der Lehrer fing an zu stottern. «Das iiest falsch. – *C'est faux.* Das eißt: ‹Iesch will **keinen** Aschisch aben.›»

«Falsch», korrigierte ich ihn auf Französisch. Haschisch sei im Deutschen sächlich, nicht männlich. Man müsse sagen: «Ich will **kein** Haschisch haben.» Mehrere im Raum kicherten.

Von da an stellte mir Monsieur Dumas keine weiteren Fragen mehr. Konsultiert wurde ich nur noch von den Schülern neben mir. Sie wollten wissen, was zum Beispiel «Joint» auf Deutsch heißen würde oder «Blowjob». Nur die Blondine und die Brünette interessierten sich weiterhin nicht für mich.

April 2011, Rathenau-Sekundarschule, Marzahn, PW-Grundkurs, 13. Klasse

Philip: Kennen Sie das Buch *Texte mich nicht zu!* von diesem Referendar?

Ich: Sie meinen Thomas Tarin? Ja, kenne ich.

Philip: Wie finden Sie das denn?

Ich: Keine Weltliteratur, aber ganz okay.

Philip: Herr Kraft hat sich total darüber aufgeregt.

Ich: Und warum?

Philip: Der fand es unmöglich, wie der Thomas Tarin sich aufgeführt hat. Vor den Schülern hat der sich über andere Lehrer lustig gemacht und den schlechten Schülern gute Noten und den guten Schülern schlechte Noten gegeben. Herr Kraft meinte, dieser Autor dürfe nie vor Schüler treten.

Ich: Ist Herr Kraft nicht Deutschlehrer?

Philip: Ja.

Ich: Ich hoffe, Sie lernen aus seiner Reaktion, dass selbst Deutschlehrer manchmal nicht in der Lage sind, zwischen Autor und Erzähler zu unterscheiden.

«SIE VERSTEHN MISCH NISCH? KRASS!»

Die Korrektur von Klausuren, Klassenarbeiten und Tests an einer Sekundarschule kann zu Depressionen führen, wenn man sich als Lehrer einreden lässt, für die Ergebnisse mitverantwortlich zu sein. Im Gegenzug wird man natürlich auch immer wieder mit interessanten Überraschungen belohnt, denn gerade die schwachen Schüler gehen oft sehr kreativ mit ihrem Nichtwissen um. Grob lassen sich falsche Antworten in drei Gruppen einteilen: a) Antworten von Schülern, die wissen, dass sie die Lösungen nicht kennen; b) Antworten von Schülern, die glauben, dass sie die Lösungen wissen; und c) Antworten von Schülern, welche die Antworten möglicherweise kennen, aber den Arbeitsauftrag aus sprachlichen Gründen nicht verstehen beziehungsweise bewältigen können.

Eine Aufgabe wie *Erkläre bitte, warum Städte früher häufig bei Brücken gegründet wurden!* lässt sich folglich auf ganz verschiedene Arten bewältigen. Etwa richtig: *Flüsse konnten nur an wenigen Stellen überquert werden, daher trafen an Brücken viele Menschen aufeinander. Händler und Kaufleute konnten hier ihre Geschäfte tätigen, die Dienste von Handwerkern wurden bald gebraucht. So entstanden häufig ganze Städte.*

Die Schüler der Gruppe a), die die Lösung nicht wissen, weil sie nicht gelernt haben, würden die Aufgabe einfach überspringen.

Ein typisches Angebot aus Gruppe b) würde lauten: *An der Brücke ist es schön.*

Diejenigen, die zur Gruppe c) gehören, könnten folgende Erklärungen abgeben: *Alle trafen sich hier. Hier war Heirat möglich. Auch*

Haus mit vielen Sachen. Musstu wissen, weißdu! Gehst du Brücke, nich nass.

Die originellsten Lösungsvorschläge kommen aber meistens aus der Gruppe b):

1. *Erkläre anhand der amerikanischen Verfassung, was mit Gewaltenteilung gemeint ist.*
   Antwort: Gewalt ist nicht gut.
2. *Erkläre, warum die Besiedlung des amerikanischen Kontinents für die Indianer ein Unglück darstellte.*
   Antwort: Weil sie keine Sachen anhatten. Da sind sie erfroren.
3. *Nenne eine Gruppe von weißen Siedlern, die von der Ostküste an die Westküste Amerikas zogen.*
   Antwort: Die Indianer.
4. *Ordne die Aussage «Mehr als Gold haben Lettern aus Blei die Welt verändert» einem konkreten geschichtlichen Ereignis zu, das diese Aussage erklärt!*
   Antwort: Mittelalter.

Wenn diese Schüler ahnen, dass sie zwar einen Teil der Antwort kennen, aber nicht die ganze, greifen sie zu phantasievollen und lustigen Tricks, um vielleicht doch noch die volle Ausbeute an Punkten einzuheimsen:

1. *Nenne drei Personengruppen, die durch den sozialen Arbeitsschutz besonders abgesichert werden.* Richtig wäre: *Mütter, Jugendliche, Behinderte.* Für jede Nennung gäbe es einen Punkt. Einmal schrieb einer meiner Schüler: *Mütter, Väter, Eltern.* Ein anderer: *Blinde, Rollstuhlfahrer und Behinderte.*
2. *Nenne die sechs Gründungsmitglieder der Europäischen Gemeinschaft für Kohle und Stahl.* Eine Schülerin versuchte es damit: *Die sechs Gründungsmitglieder der Europäischen Gemeinschaft*

für Kohle und Stahl sind Deutschland, England, Frankreich, Polen, Italien, Schweden, Schweiz, Holland, Spanien, Portugal, USA, China, Russland und Dänemark. Welche Länder es genau sind, weiß ich aber nicht. Bitte kreuzen Sie die richtigen für mich an, Herr Serin!

Regelmäßig projiziere ich, um die Schüler für die richtigen Lösungen zu sensibilisieren, ihre falschen an die Wand. Anschließend bitte ich sie, zu diesen die entsprechenden Arbeitsaufträge zu formulieren. Der Erfolg stellt sich nicht sofort ein. Lange Zeit kämpfe ich vor allem mit Niederlagen:

«Wie könnte die Frage zu folgender Antwort lauten: *Weil sie keine Sachen anhatten. Da sind sie erfroren.* Ja, Kenneth?»

«Wer ist erfroren?»

«Nein! ... Angelina?»

«Warum sind sie erfroren?»

«Nein. Auch nicht. Die Aufgabe lautet: *Erkläre, warum die Besiedlung des amerikanischen Kontinents für die Indianer ein Unglück darstellte!* Ich hoffe, ihr begreift, warum diese Antwort falsch ist.»

Die meisten Schüler sind oft nicht der Meinung, die Antworten seien falsch, sondern argumentieren, die Arbeitsaufträge seien falsch gestellt.

Ein weiterer Fall: «*Die Indianer.* Auf welche Aufgabe könnte das eurer Meinung nach die Antwort sein? Ja ... Roy.»

«*Welche Weißen zogen in Amerika von Ost nach West?*»

Ich hatte nicht damit gerechnet, dass es Roys eigene Antwort gewesen war und dass er sich die dazugehörige Frage gemerkt hatte.

Alternativ dazu verlange ich von meinen Klassen, vor der Lösung einer Aufgabe diese in eigenen Worten zu erklären. Hat man die Aufgabenstellung verstanden, kann man immer noch falsch antworten. Ein Mindestmaß an sprachlicher Kompetenz ist für das inhaltliche Erfassen von Arbeitsaufträgen allerdings unabdingbar. Gerade an der Kevin-Prince-Boateng-Sekundarschule haperte es diesbezüglich bei vielen Jugendlichen mit nichtdeutscher Muttersprache:

«Nuri. Hier steht: *Beurteile, ob die Herrschaft Ludwigs XIV. aus der Sicht eines Bauern gerecht war!* Gib die Aufgabe bitte in eigenen Worten wieder. Sag, was du jetzt zu tun hast!»

«Weiß nisch. Was habisch zu tun?»

«Du sollst dir die Aufgabe durchlesen und mir dann erklären, was du machen sollst.»

«Die Aufgabe durchlesen.»

«Und?»

«Hab durschgelesen.»

«Und, was sollst du machen?»

«Aufgabe durschlesen.»

«Und was steht drin in der Aufgabe?»

«Beurteile, ob die Herrschaft Ludwig … aus den Bauern gerecht war!»

«Beurteile, ob die Herrschaft Ludwigs XIV. *aus der Sicht* eines Bauern gerecht war.»

«… aus der Sicht eines Bauern.»

«Und jetzt mal in eigenen Worten. Was steht dadrin?»

«Beurteile, ob die Herrschaft Ludwig aus der Sicht …»

«In eigenen Worten sollst du es sagen.»

«Sag isch doch.»

«Du liest nur vor.»

«Kann nisch anders sagen.»

«Los, versuch es! Versuch in eigenen Worten zu sagen, was in der Aufgabe steht. Mensch, Nuri! Das ist doch nicht so schwer.»

«Urteilen die Herrschaften. Sehen die Bauern Ludwisch gerescht.»

«Nuri! Was meinst du? Ich versteh nich.»
«Escht!? Herr Serin. Sie verstehen nisch? Krass. Ich dachte, Sie Lehrer. Isch dachte, nur wir verstehen nisch. Sie verstehn misch nisch.»

Mir war klar, dass ich vermutlich dem Siebtklässler Nuri zunächst die Fünf-Schritt-Lesetechnik, die eigentlich zur Erschließung längerer und komplizierter Texte diente, beibringen müsste, damit er sie auf den Einzelsatz anwenden konnte:

1. Lies dir den Satz *Beurteile, ob die Herrschaft Ludwigs XIV. aus der Sicht eines Bauern gerecht war!* bitte zunächst einmal zügig durch, um dir einen Überblick zu verschaffen. Zunächst sollst du dir eine grobe Vorstellung vom Inhalt und Aufbau des Satzes machen.
2. Überlege, welche Fragen in diesem Satz zum Ausdruck kommen. Zur Übung kannst du die Fragen auf einen Zettel schreiben.
3. Lies den Satz jetzt gründlich durch. Denke dabei an die Fragen, auf die dir der Satz Antwort geben soll. Mache kleine Pausen, damit sich das Gelesene festigen kann.
4. Teile den Satz in Sinnabschnitte und fasse jeden Sinnabschnitt in eigenen Worten zusammen. Finde für die einzelnen Sinnabschnitte des Satzes Überschriften.
5. Fasse nun zusammen, worum es in dem Satz insgesamt geht.

Aber wie soll man das bei zwei Stunden in der Woche schaffen, ohne die besseren Schüler zu vernachlässigen? Wahrscheinlich hätte Nuri schon die einzelnen Schritte der Fünf-Schritt-Lesetechnik nicht verstanden. Aber es war mir nicht möglich, für jeden Schüler, der kaum Deutsch konnte, einen Dolmetscher mit in den Unterricht zu bringen. Und für welche Sprache überhaupt, wenn manche Jugendliche nicht einmal ihre Muttersprache beherrschten? Dennoch: Bei aller Verzweiflung über den oftmals ausbleibenden Lernfortschritt finde ich es manchmal sogar besser, wenn Jugendliche falsch antworten. Da weiß ich wenigstens nicht vorher, was mich erwartet. Es gibt nichts Langweiligeres, als wenn alle Schüler die Lösungen kennen. Dann liest man nämlich bei der Korrektur von Tests und Klassenarbeiten über zwanzigmal immer wieder das Gleiche.

November 2010, Kevin-Prince-Boateng-Sekundarschule, Wedding, Geschichte, 10. Klasse
Ich: Mensch, du könntest wirklich besser sein!
Nadeshda: Ist aber langweilig.
Ich: Ja und. Meinste, mit der Einstellung wirst du später jemanden überzeugen, dich einzustellen?
Nadeshda: Ich will nicht arbeiten. Ich nehm mir 'nen reichen Mann.
Ich: So gut siehst du aber auch wieder nicht aus.

«WAS SOLL ICH DENN MIT IHM MACHEN?»

Frau Klein war Jason in alt. Sie war ihm praktisch wie aus dem Gesicht geschnitten. Erst jetzt, als ich sie sah, wurde mir klar, an wen Jason mich immer erinnert hatte. An den jungen Prinz Harry. Unter den roten, strubbeligen Haaren ein quadratisches, sommersprossiges Gesicht mit grünen schelmischen Augen und einem einnehmenden, warmen Lächeln, von dem er aber nicht oft Gebrauch machte. Und Frau Klein war demzufolge ein vierzigjähriger Prinz Harry, in der Variante mit blauen Stretchjeans und Feinstrickpullover. Gleich als wir uns begrüßten, fiel mir auf, wie müde sie aussah. Erschöpft nahm sie mit ihrem Sohn direkt neben der Klassenzimmertür Platz.

«Schön, dass Sie gekommen sind», gab ich meiner Freude Ausdruck, dass sie erschienen war. Mehrmals schon hatte ich Eltern zum Gespräch gebeten, die aber nie aufgekreuzt waren. Oft waren das Mütter und Väter von Schülern, die selbst ständig fehlten. Daher hatte ich mich auch bei Jason darauf eingestellt, versetzt zu werden.

Frau Klein bedankte sich für das Gesprächsangebot. Auffallend waren ihre tiefen Augenringe.

«Wie geht es dir?», fragte ich Jason.

Er murmelte: «Gut.»

«Das freut mich ... Frau Klein, ich habe Sie ja hierherbestellt, weil mir das Verhalten Ihres Sohnes sehr große Sorgen macht.»

«Ich hab mir schon so was gedacht.» Sie warf ihrem Sohn, der mit gesenktem Kopf auf seinem buchenholzfarbenen Kufenstuhl aus Sperrholz saß, einen vorwurfsvollen Blick zu, der aber mütterlich abgeschwächt war. «Mach bitte dein Basecap ab, Jason!», ermahnte sie ihn. Er gehorchte.

Ich fuhr fort: «Wie ich Ihnen geschrieben habe, kommt Jason regelmäßig ...»

«Geschrieben?» Frau Kleins von Fältchen umrahmte Augen weiteten sich.

«Ja. Ich habe seit Januar drei Briefe an Sie geschrieben.»

«Davon habe ich nichts bekommen.» Sie schaute wieder Jason an, der sein Kinn in den Kragen einer schwarzen BenLee-Übergangsjacke geschoben hatte, am Reißverschluss herumkaute und konzentriert seine grünen Nike-Turnschuhe begutachtete. «Hast du die Briefe aus dem Briefkasten genommen?»

Empört verneinte Jason.

«Du hast die Briefe genommen, gib's zu!»

«Hab ich nicht!»

Sie wandte sich wieder mir zu: «Sie müssen wissen, ich bin Krankenschwester und arbeite im Schichtdienst. Jason holt meistens die Post. Tut mir leid, das wusste ich nicht. Sonst hätte ich mich gemeldet bei Ihnen.» Sie sah mich wirklich betroffen an. «Ich find das so schlimm von ihm, dass er einfach die Post wegmacht.»

«Hab ich nicht!!!» Wütend schüttelte er seinen Kopf, warf die Arme in die Luft und ließ sie danach erbost auf die Tischplatte fallen.

Sie ignorierte ihn und blickte mich weiterhin entschuldigend an.

«Diskutieren wir nicht länger darüber», schlug ich vor. «Kommen wir zu dem, warum ich mit Ihnen reden möchte. Ich habe, seitdem ich die Klasse unterrichte, mit Jason das Problem, dass er sehr oft zu spät zum Unterricht erscheint oder sogar ganz fehlt. Er ist nicht der Einzige aus der Klasse, aber derjenige, bei dem das am häufigsten passiert.»

«Wie bitte? Ist das immer noch so?» Fassungslos betrachtete die drahtige Frau ihren vierzehnjährigen Sohn: «Hattest du nicht gesagt, das wird besser?» Anschließend wandte sie sich wieder mir zu: «Wir hatten das nämlich mit Frau Stumpf geklärt. Das gab es schon im letzten Halbjahr. Ich dachte, das ist besser jetzt. Aber wahrscheinlich nur bei der Klassenlehrerin. Jason, ich weiß echt nicht mehr weiter. Seitdem Papa weg ist ... du machst nur Ärger.» Ihr Sohn hatte sich wieder bis zur Nase in seine Jacke verkrochen.

Nach einer kleinen Pause fuhr sie fort: «Und er macht nur Unsinn, wenn er da ist, oder?» Nervös spielte sie mit ihren Händen, die auf der Tischplatte über einer «Fuck Serin!»-Schmiererei lagen. Frau Klein hatte recht. Jason machte im Unterricht vor allem durch fehlende Arbeitsmaterialien und alberne, wenngleich auch gelegentlich lustige Bemerkungen auf sich aufmerksam.

«Es fällt ihm in der Tat schwer, sich auf den Unterricht zu konzentrieren. Er ist vielfach mit den Gedanken woanders, aber ...» Bewusst schwächte ich meine Diagnose ab, weil ich bemerkte, wie Frau Klein mit den Tränen kämpfte. «Er hat natürlich auch Stärken, vor allem im künstlerisch-kreativen Bereich.» Ich deutete auf die Plakate zum französischen Absolutismus an der Wand hinter Frau Klein. «Jason kann zum Beispiel toll zeichnen. Hier das Schloss von Versailles und Ludwig XIV. Das kann keiner so gut in der Klasse wie er.» Jason musste verlegen lächeln. Im Bildnerischen Gestalten lag ohne Zweifel eine seiner Stärken, wovon auch seine Tischplatte ein hervorragendes Zeugnis ablegte. Seit Monaten war er mit deren Verzierung beschäftigt, was ich seiner Mutter aber verschwieg.

«Was soll ich nur machen? Ich weiß einfach nicht mehr weiter», schluchzte sie, ohne auf das einzugehen, was ich gerade gesagt hatte. «Ich kann ihn doch nicht den ganzen Tag überwachen. Ich muss doch Geld verdienen. Ich kann doch an meiner Arbeit nichts ändern. Sonst fliege ich doch raus. Sie können sich gar nicht vorstellen, wie die bei Vivantes sind.» Das konnte ich sehr wohl, da meine Exfreundin Melanie während ihres Medizinstudiums ein Praktikum in einem Vivantes-Klinikum absolviert hatte. Frau Klein weinte jetzt in ihre Hand. Auch das kannte ich von Melanie. Ich versuchte, Jason ohne Worte verständlich zu machen, er möge seine Mutter trösten. Sie drücken. Er begriff nicht.

«Hätte ich ihn mehr schlagen müssen? War ich zu nachsichtig zu ihm?» Frau Klein verlor sich in Selbstvorwürfen.

«Schlagen ist sicherlich keine Option.»

«Aber was soll ich denn machen, Herr Serin? Ich weiß einfach nicht mehr weiter. Ich bin doch alleinerziehend und hab noch zwei andere Kinder. Ich glaub, ihm fehlt einfach der Vater. Den kann ich doch nicht ersetzen. Früher, vor der Trennung, da war er ganz anders, ganz lieb.»

Was sollte ich dazu sagen? Auf mich hörte Jason schließlich auch nicht. Hätte ich ein Patentrezept gehabt, ich hätte es sicher angewandt. Und war es jetzt überhaupt richtig, Frau Klein eine Lösung vorzuschlagen? Gerade solches Vorgehen hatte früher oftmals Streits mit Melanie provoziert. Sie hatte mir vorgeworfen, dass ich, war sie etwa traurig, umgehend mit konkreten Ratschlägen gekommen war. Hatte ich nicht gerade irgendwo gelesen, es solle besser sein, sich jede subjektive Äußerung zu versagen, stattdessen einfach nur zu schweigen und mit nonverbaler Kommunikation seinem Gesprächspartner Mitgefühl zu signalisieren? Oder, wenn man doch unbedingt etwas von sich geben musste, sich auf kurze Bestätigungslaute mit emotionaler Betonung sowie eine Paraphrase des Gesagten zu beschränken? Womöglich war es das, was Frau Klein suchte: Sie wollte, dass ihr jemand zuhörte und keine blöde Empfehlung gab, die man auch im Netz fand.

Ich beugte mich also zu der weinenden Frau, setzte eine betroffene Miene auf – so gut ich konnte – und schwieg. Dieses Schweigen war schrecklich. Und es war fast nicht mehr zu ertragen, als Jasons Mutter ihre Hand aus dem verweinten Gesicht nahm und mich durch ihre geröteten Augen flehend ansah. So ging das nicht! Ich konnte doch nicht weiterhin stumm bleiben. Also versuchte ich es mit emotionalen Bestätigungslauten: «Mhm. Hach!» Zusätzlich patschte ich ihr unbeholfen auf die linke Schulter.

Damit gab sie sich aber nicht zufrieden. «Herr Serin! Bitte! Ich brauche Ihre Hilfe. Was soll ich tun?»

Jetzt noch ein «Hach!» würde sie mir sicherlich verübeln.

Verzweifelt schaute ich zu Jason, der sich aber durch penetrantes Zu-Boden-Starren aus der Verantwortung stahl. Ich zischte ihm zu: «Drück doch mal deine Mutter!» Aber er hörte mich nicht. Also paraphrasieren: «Ich soll also sagen, was Sie tun sollen. Sie brauchen also meine Hilfe.» Ich kam mir mit dieser Papageiennummer total bescheuert vor. Die Frau musste denken, ich hielt sie für bekloppt. Letztlich gab ich ihr doch einen Ratschlag: «Ich glaube, die Probleme kann man nicht primär in der Schule lösen. Vielleicht sollten Sie sich professionelle Hilfe suchen. Wenn Sie wollen, kann ich Ihnen ein paar Ansprechpartner aus dem Netz heraussuchen.» Als wenn sie das nicht auch selbst hinbekommen würde. Und warum hatte ich das Reizwort «professionelle Hilfe» benutzt? Würde sie mir gleich an die Gurgel springen, weil sie den Eindruck hatte, ich hielte sie und ihre Familie für asozial oder gestört?

Überraschenderweise reagierte sie sehr positiv. «Würden Sie das echt machen? Das wäre toll.»

«Kein Problem», erwiderte ich. «Ich werde Jason die Telefonnummern mitgeben. Dazu muss er aber auch zur Schule kommen.»

Frau Klein musste lachen. Sie wischte sich mit einem Papiertaschentuch die Tränen aus dem Gesicht. Ihre kleine, spitze Nase glänzte. Jason hatte in den letzten Minuten seine Körperhaltung nicht verändert. Sie beschwor ihn eindringlich: «Du gehst jetzt immer zum Unterricht!»

Er wachte auf einmal auf: «Ich fehl schon viel weniger als vorher», protestierte er.

«Stimmt, du bleibst nur noch jedes zweite Mal vom Unterricht fern», gab ich ihm recht. «Und nur jedes zweite Mal, wenn du da bist, erscheinst du zu spät. Das ist eine deutliche Verbesserung im Vergleich zum Januar und Februar …» Danach widmete ich mich wieder seiner Mutter und bekräftigte meine Zusage: «Also, Frau Klein. Sie erhalten die Nummern in den nächsten Tagen.»

Zum Schluss begleitete ich sie und Jason zur Tür. Sie schien fast euphorisiert über mein Angebot, denn bei der Verabschiedung strahlte sie mich geradezu an. Es hätte nicht viel gefehlt, und sie wäre in meinen Armen gelandet. Trotzdem war ich froh, dass sie sich diesen Gefühlsausbruch verkniffen hatte. Ich war als Sohnersatz nicht gut geeignet. Schließlich hatte ich meine Mutter auch schon lange nicht mehr gedrückt.

Nachdem ich noch ein paar Noten ins Notenheft übertragen hatte, verließ ich gegen 17.30 Uhr die Schule. Nur noch in den Büros von Herrn Warner und dem Hausmeister Herrn Schulz war Licht. Platzregen setzte ein, ein frischer Wind wehte. Der April machte seinem Namen alle Ehre. An der Straßenbahnhaltestelle Barnimplatz sah ich Jason und seine Mutter stehen. Sie streichelte seinen Kopf, den er an ihre Brust gelehnt hatte. Als Jason mich erblickte, machte er erschrocken einen Satz nach hinten.

September 2010, Arthur-Schnitzler-Privatschule, Lehrerzimmer
Ich: Und, wie war die erste Kunststunde?
Frau Anton: Schrecklich! Weißt du, was meine Zwölfte zu mir meinte, als ich mich vorstellte?
Ich: Nein.
Frau Anton: «Sie wollen uns etwas über Malerei beibringen? Wir haben Bilder zu Hause, die kennen Sie nur aus dem Katalog.»

18

DER LEHRER WEISS ES BESSER

«Man muss bei der Einschätzung außerdem in Betracht ziehen, dass die Korruption unter Suharto eine ganz andere Funktion hatte als heutzutage. Ich war ja vor vielen Jahren bei Habibie zum Essen eingeladen und konnte mit ihm lange Gespräche führen. In diesen ...»

Unser fünfzigjähriger Reiseführer im Präsidentenpalast der indonesischen Hauptstadt Jakarta hatte wuschelige Locken, eine Nickelbrille, einen Dreitagebart und eine schlanke Figur, die er mit Bermudashorts und Hawaiihemd halbherzig kaschierte. Dazu sprach er mit hessischem Dialekt. Ich – endlich in meinen Osterferien – war ein paar Minuten zu spät zu der kleinen Gruppe deutscher Touristen gestoßen und hatte mich gleich gewundert, denn eigentlich hatte ich für einen einheimischen Guide bezahlt. Der befand sich zwar ebenfalls in der Nähe des Säulenportals, hatte sich aber von seiner Aufgabe längst verabschiedet. Die Führung hatte Klaus übernommen, wie er sich mir vorstellte, wozu er kurz seinen Vortrag unterbrach: «Ich erkläre hier nur schnell die Bedeutung der Korruption unter Suharto, die nicht mit der heutigen vergleichbar ist ...» Die fünf anderen deutschen Touristen, ein Pärchen mit einer vorpubertierenden, Zahnspange und Pferdeschwanz tragenden Tochter sowie zwei ökologisch angehauchte Studentinnen mit der Lonely-Planet-Ausgabe *Indonesia* folgten seinem Vortrag mehr oder weniger interessiert.

Klaus sprach laut und deutlich. Nach jedem Satz machte er eine kurze Pause, so als wolle er seinem Publikum Zeit geben mitzuschreiben. Keine Frage, hier referierte ein Lehrer. Ich schämte mich. Denn er bediente wieder einmal das Vorurteil, Pädagogen seien durchweg Besserwisser und hörten sich am liebsten selbst reden. Schließlich konnten sie nur, wenn sie andere nicht zu Wort kommen ließen, verhindern, dass Unsinn erzählt wurde. Dies war auch der Grund, warum ich bei Arztterminen nie meinen wahren Beruf angab, sondern mich als Romanist bezeichnete. Als Lehrer würde ich am längsten von allen Patienten im Wartesaal sitzen. Als Lehrer wäre ich erst nach den Patienten von der AOK an der Reihe. Mediziner hassen Lehrer, weil viele meiner Kollegen sich auf jeden Praxisbesuch mit einer intensiven Recherche zu ihren möglichen Krankheitsbildern vorbereiteten, um der Diagnose des Weißkittelträgers mit kritisch-misstrauischem Sachverstand begegnen zu können. Mit Lehrern hielten sich nur die wenigsten Menschen gern in einem Raum auf, weil diese, wie es ihre Berufung gebot, ihre Rolle auch außerhalb ihres Arbeitsumfelds nicht ablegen konnten und in fremde Gespräche mit Vorliebe ungefragt korrigierend eingriffen, sofern sie inhaltlicher und sprachlicher Fehler gewahr wurden: «Entschuldigen Sie, ich hab Sie da gerade belauscht – und mir ist etwas an Ihrer Aussprache aufgefallen. Sie haben eben Berlin-Träptow gesagt. Das e in Treptow wird aber nicht als ä gesprochen, sondern wie ein langes e. Man merkt, dass Sie nicht in Berlin geboren sind. Bitte, sprechen Sie mir nach: Berlin-Treptow.»

Lehrer wurden auch nicht zu *Wer wird Millionär?* eingeladen, weil sie, sollten sie vor Erreichen der Million ausscheiden, darauf bestehen, richtiggelegen zu haben, und die offizielle Lösung grundsätzlich anzweifeln. Lehrer sind ebenso für jeden Partner eine Belastungsprobe, da sie ihr Gegenüber nie ausreden lassen:

«Liebling, wir müssen noch überlegen, wohin ...»

«... wir in den Urlaub fahren. Richtig!»

«Ja. Genau. Ich würde gerne diesmal ...»

«... etwas anderes machen.»

«Ja. Vielleicht weniger eine Stä-»
«-dtereise, sondern mehr in die Natur.»
«Genau! Ich hätte Lust, mal ...»
«... nach Marokko zu fahren.»
«Ich will gar nicht nach Marokko fahren. Lass mich doch mal ...»
«... ausreden, meinst du?»
«Ja, ausreden. Ich würde dieses Jahr ...»
«... gerne nach Tunesien fahren?»
«Nein! Mensch! Lass mich doch wirklich mal ...»
«... ausreden! Genau!»

Die meisten Lehrer sind von den Menschen, mit denen sie beruflich zu tun haben, einfach nicht gewohnt, dass diese in ganzen Sätzen sprechen, weshalb sie die Äußerungen ihrer Gesprächspartner lieber selbst zu Ende führen. Den Freund, die Freundin, den Ehemann oder die Ehefrau gar den gemeinsamen Urlaub organisieren zu lassen, dieses Vertrauen haben viele meiner Kollegen nicht. Diejenigen unter ihnen, die es dennoch aufbringen, checken aber die Ergebnisse zumindest gegen. Man weiß schlichtweg, dass man sich auf andere nicht verlassen kann, dass andere die Anforderungen, die mit einer Aufgabe verbunden sind, bestenfalls «ausreichend» erfüllen. Und natürlich wäre ein Eingeständnis, sich geirrt zu haben oder etwas nicht zu wissen, der erste Riss im Panzer der Sachkompetenz. Das wäre das Todesurteil. Um die eigene Autorität zu manifestieren, gehen daher manche Kollegen sogar so weit, einer neu übernommenen Klasse gleich zu Beginn zu erklären, die Schüler sollten am besten alles vergessen, was sie bisher gelernt hätten.

Klaus war unter dem Gesichtspunkt «Ich weiß alles besser» ohne Zweifel ein Aushängeschild meines Berufsstands. Unser indonesischer Guide durfte seine Ausführungen mittlerweile nur noch nickend kommentieren.

«Ein großer Fehler wäre es, das Verhalten der damaligen Verantwortlichen durch unsere eurozentristische Brille zu sehen … Habt ihr dazu Fragen?» Mit hochgezogener Augenbraue betrachtete er uns. Wir schwiegen, vollkommen erschöpft von seinen Ausführungen. Auch in meiner 8a hätte keiner eine Frage gestellt. Stattdessen hätte vermutlich jemand angefangen, Klaus mit in Spucke getränkten Papierkügelchen zu bewerfen. Sein langes Referat legte jedenfalls nahe, dass er an seiner Schule sehr disziplinierte Schüler hatte und es gewohnt war, ungestört dozieren zu können.

Da von uns keine Reaktionen kamen, fuhr er fort: «Sicherlich hat die Korruption unter dem ehemaligen Präsidenten der wirtschaftlichen und sozialen Entwicklung des Landes eher geschadet. Dennoch …!» Er hob seinen Zeigefinger und ließ eine Kunstpause verstreichen. Die Pferdeschwanztochter hatte sich bei ihrem Vater eingehakt und legte ihre rechte Wange müde gegen seinen linken Oberarm. Den beiden Studentinnen rann der Schweiß über die Stirn. «… Filz und Bestechungen waren damals nicht nur egoistisch motiviert. Das durch Schmiergeldzahlungen eingenommene Geld haben die politischen Eliten nicht für sich selbst verwendet, sondern an ihre Clans weitergereicht und die wieder an ihre Heimatdörfer. Dadurch konnten in vielen Gemeinden Sozialleistungen finanziert werden. Heute sieht es aber anders aus: Die politisch Verantwortlichen haben ihre Basis vergessen und wirtschaften nur noch in die eigene Tasche.»

Diese Problematik stellte Klaus etwas undifferenziert dar. Ich selbst war schon dreimal mit Melanie in Indonesien gewesen und kannte mich mit dem ökonomischen, sozialen und politischen System des Inselstaats ein wenig aus. Den Anwesenden hier hätte ich aus dem Stegreif mindestens drei Beispiele anführen können, die gezeigt hätten, dass Korruption auch unter Suharto nicht durchweg im Interesse der Clangemeinschaften erfolgte, sondern dass man sich dieser sehr eigennützig bediente. Aber ich wollte mich nicht genauso belehrend gebärden wie mein hessischer Berufsgenosse. Ich war stolz darauf, dass man mich noch nie für einen Lehrer gehalten hatte, dass man bei mir immer noch auf einen Studenten tippte, wenngleich das wegen meines Alters (über dreißig!) im Prinzip bedeutete: auf einen Langzeitstudenten.

So zu werden wie Klaus – das ist meine große Angst. Als ich noch mit Melanie zusammen war, musste ich mir deswegen keine großen Sorgen machen. Mit ihr hatte ich jemanden an meiner Seite gehabt, die mich dabei unterstützte, bestimmte Verhaltensweisen erst gar nicht anzunehmen. Oft hatte ich ihr bewusst recht gegeben, auch wenn sie falschlag, nur um nicht als Besserwisser dazustehen, nur um mich nicht wie ein Pauker zu verhalten.

In diesem Moment aber lag mir viel daran, dem indonesischen Führer und den deutschen Reisenden zu kommunizieren, dass man als Lehrer auch anders sein konnte als Klaus: ruhig, zurückhaltend, keineswegs altklug. Es ging nicht anders: Für ein besseres Image von Deutschlands Pädagogen musste etwas unternommen werden. Ich musste das tun! Wer sonst? Klaus sicherlich nicht. Während ich noch darüber nachsann, wie ich diese Quadratur des Kreises bewerkstelligen konnte, ohne meinen Beruf explizit zu verraten, erzählte Klaus schon wieder Stuss: «Das heutige studentische Klientel, also die zukünftige Elite Indonesiens, hat im Prinzip gar keinen gemeinwohlorientierten Anspruch.» Einen solchen Schwachsinn konnte ich nun wahrlich nicht stehenlassen. Ich unterbrach ihn: «Es heißt nicht *das* studentische Klientel, sondern *die* studentische Klientel.»

Klaus' Reaktion war typisch für einen Lehrer: «Nein, man kann beides sagen.»

«Bei Ihnen in Hessen vielleicht. Aber ich will Ihnen ein gutes Buch empfehlen: den Duden. Vielleicht haben Sie davon schon mal gehört.» Da ich nicht pedantisch sein wollte, verkniff ich mir diese Belehrung und schlug stattdessen vor, nach dem Besuch des Präsidentenpalasts in ein Internetcafé zu gehen und die Streitfrage zu googeln. Klaus war einverstanden. Die beiden Lonely-Planet-Frauen verdrehten die Augen. Die Mutter der Pubertierenden murmelte zu ihrem Mann: «Da haben sich ja zwei gefunden. Bestimmt Lehrer.» Diese Bemerkung war wirklich ziemlich daneben.

März 2011, Rathenau-Sekundarschule, Marzahn, ein Elternbrief

Sehr geehrter Herr Serin,

wie Sie sicherlich aus den Medien erfahren haben, gab es im Weißensee Gymnasium am vorletzten Freitag eine Bombendrohung. Wir haben darum entschieden, unsere Tochter Mandy die ganze letzte Woche zu Hause zu lassen. Sie ist hiermit von Ihrem Unterricht entschuldigt.
Mit freundlichen Grüßen,
Richter

19

«MIT DEM FETTEN VERLIERN WA!»

«Wir spielen heute Basketball.»

Einige Jungen der 8a jubelten. Basketball hatte im Jahr 2011 unter Jugendlichen offenbar den gleichen Stellenwert wie zu meiner Zeit als Schüler. Ich konnte mich eigentlich nicht erinnern, dass wir jemals etwas anderes im Sportunterricht gemacht hatten. Ich jedenfalls hatte es gehasst. Doch jetzt war mir nichts anderes übriggeblieben, als mit den Achtklässlern diesen Hallensport zu betreiben. Draußen war es zu kalt. Ich konnte die Schüler nicht durch das frühwinterliche Wetter um den gummigranulierten Fußballplatz treiben. Und fürs Turnen fehlten mir Kenntnisse bei den zu leistenden Hilfestellungen.

Es entbehrte nicht einer gewissen Ironie, dass ich nun Sport unterrichten sollte, wo ich doch immer gelästert hatte, es gäbe nur deswegen Sportlehrer, weil nicht jeder Hausmeister werden könne. Zudem hatte es mich mehr als verwundert, dass Herr Warner, der stellvertretende Direktor, von mir nicht einmal irgendeinen Nachweis für meine Eignung verlangt hatte. Aber die Rathenau-Sekundarschule hatte mittlerweile offenbar einen vergleichbaren Krankenstand wie die Kevin-Prince-Boateng-Sekundarschule wenige Monate zuvor und setzte nun sogar im Fach Sport scheinbar jeden ein, der sich ohne Gehhilfe auf eigenen Beinen halten konnte. Selbst jemanden wie mich – mit Klumpfüßen.

Das Fach war nicht ohne, denn schulrechtlich trug ich das Risiko, wenn ich die Schüler eine Übung machen ließ, zu der ich nicht befähigt war. Würde ich beispielsweise meine 8a Bocksprünge ausführen lassen, wäre es nicht gerade ein Karrierepusher, wenn jemand der Jungen dabei einen Unfall bauen und querschnittsgelähmt im Rollstuhl landen würde. Einen Ein-Euro-Job bekäme ich danach bestimmt noch, mehr aber wohl nicht. Es beruhigte mich auch nicht, dass ich die Schüler bereits kannte, wie mir Herr Warner zur Untermauerung meiner Eignung erklärt hatte. Im Gegenteil, das war ja das Beunruhigende: Ich kannte Jason, Burt und Co. Ich wusste, wie unwahrscheinlich es war, dass es zu keinem Unfall kam. Beim Bockspringen würden sie sich noch vor der Landung gegenseitig die Matte wegziehen, damit der Sturz nicht abgefedert wurde, und den Turner am Barren während seiner Übungen kitzeln oder ihm die Hose runterziehen. Eine Ballsportart war mithin das Einzige, wo ich auf der sicheren Seite blieb.

Wie lange hatte ich eigentlich nicht mehr in einer solchen Turnhalle gestanden? Als ich nach der Wende als Jugendlicher auf eine Schule im Westteil Berlins gekommen war, hatte mich der graue PVC-Belag, auf dem die Felder für Fußball- und Handballspiele in kräftigen, bunten Linien aufgetragen waren, sehr beeindruckt. Ich war nur abgewetztes Parkett gewohnt. Diese Halle hier in Marzahn musste bereits Anfang der Neunziger errichtet worden sein, denn die Markierungen waren mittlerweile nicht mehr ganz durchgezogen und das graue PVC fleckig. Offenbar hatte man die Entwicklungshilfe für den Osten vor fast zwei Jahrzehnten eingestellt. Die automatische Trennwand in der Mitte der Halle ließ sich nur noch bis zwanzig Zentimeter über dem Boden herunterfahren. In der anderen Hälfte tanzten die Mädchen – im Fach Sport wurde getrennt unterrichtet – mit Frau Roth, ebenfalls Vertretungslehrerin. Fußball und Handball waren deshalb nicht möglich, dazu fehlte uns «Männern» ein Tor. Also Basketball.

«Die Kapitäne sind Ferdinand und Kevin.» Nach einem Blick ins Notenbuch hatte ich mich für die beiden entschieden. Sie standen in Sport auf einer Fünf. Ich wollte ausbrechen aus der

Gewohnheit, die Mannschaften von den besten Schülern zusammenstellen zu lassen. Nach dieser Tradition wären die Jungen, die am schlechtesten in diesem Fach waren, wieder als Letzte gewählt worden. Ich wusste das aus eigener Erfahrung. Mich hatte nie jemand in seinem Team haben wollen. Der jeweilige Lehrer musste meine Mitschüler geradezu überreden. «Wer will denn Stephan? Na los! So schlecht ist er auch nicht ... Wer Stephan nimmt, bekommt eine Eins.» Oft hatte ich überhaupt nur einen Platz in einer Mannschaft erhalten, wenn eine gerade Zahl an Schülern anwesend war. In die Spiele selbst wurde ich nie wirklich einbezogen. Meine Aufgabe hatte sich in der Regel darauf beschränkt, in den gegnerischen Reihen für Unruhe zu sorgen, indem ich zwischen den Seitenlinien hin und her rannte. Noch sehr präsent ist mir das einzige Lob, das ich in sieben Jahren Gymnasien je von meinem Sportlehrer erhalten hatte: «Gute Aktion.» Ich war erfolgreich dem Ball ausgewichen, sodass ein anderer Spieler aus meiner Mannschaft ihn hatte fangen können. Ansonsten erlebte ich viel Hohn und Zurückweisung.

Die Mannschaftsführer Ferdinand und Kevin würden jetzt sicherlich komplett anders vorgehen – als Außenseiter würden sie weitere schlechte Sportler aus der Klasse nicht ausgrenzen. Im Gegenteil, sie würden darauf achten, dass jeder zum Zug kommen würde. Gehässige Bemerkungen würden unterbleiben. Wahrscheinlich würden sie sogar als Erstes die schlechten Schüler in ihre jeweilige Mannschaft wählen, weil sie sich mit ihnen verbunden fühlten. Da würde die Leistungsspitze mal das Gefühl kennenlernen, nicht erwünscht zu sein!

Als ich ihre Namen gerufen hatte, lösten sich die zwei übergewichtigen Jungen aus der Schülertraube und trotteten schwerfällig zum Mittelkreis, wo ich mit dem Ball wartete. Ferdinand war klein, trug eine lange Hose und ein Trikot der deutschen Fußballnationalmannschaft. Kevin war deutlich größer und mit

Bermudashorts und einem weißen Nike-T-Shirt bekleidet. Beide hatten wie alle ihre Mitschüler kurze Haare.

«Ferdinand, du fängst an!»

«Ich nehm Jason», murmelte er leise.

«Ick will aber nich mit dem Fetten. Da verlier ick!» Jason stand in Sport auf einer Eins. Ich wies ihn an, sich Ferdinands Entscheidung nicht zu widersetzen. Dimitrij, der danach von Kevin gewählt wurde und auch ein Einserschüler war, brauchte ebenfalls Druck, um sich seinem Schicksal zu fügen. Die nächsten Spieler wurden dann gleich von Jason und Dimitrij ausgesucht, in der Rangfolge ihrer Noten. Sie wollten sichergehen, dass Ferdinand und Kevin keine weiteren Loser ins Team holten. Übrig blieb schließlich Huan – es gab keine gerade Schülerzahl –, ein schmächtiger, scheuer Vietnamese mit Brille (einige Dioptrien stark!), der immer gebückt und mit eingezogenem Kopf umherlief. «Also, dann kommt Huan zu euch», erklärte ich Kevin, weil dessen Gruppe, was die Noten der Einzelnen betraf, etwas schlechter aufgestellt war. Der Protest kam umgehend.

«Äh!», maulte Dimitrij. «Nich Huan! Den nehm wa nich!»

«Hör zu!» Mahnend schaute ich meinen russischen Schüler an. «Du entscheidest hier überhaupt nichts. Und außerdem hab ich mit Kevin geredet, der ist euer Kapitän.»

Ich nickte dem übergewichtigen Jungen zu. Es musste toll für ihn sein, im Sport endlich die Anerkennung zu erfahren, die ihm sonst immer versagt blieb. Allerdings tat sich Kevin noch schwer damit, sich seiner gestiegenen Verantwortung als würdig zu erweisen: «Wir wollen den wirklich nich. Der is wirklich voll schlecht. Da verliernma.»

Kevins Argumentation war ziemlich grotesk, denn mit seiner glatten Fünf stand er in Sport schlechter da als Huan, der wenigstens auf eine Fünf plus kam. Um Letzterem weitere Herabwürdigungen zu ersparen, ernannte ich ihn schließlich zu meinem

Schiedsrichterassistenten. So würde er den Ball sicher häufiger berühren, als wenn er selbst mitspielte. Zumindest war das bei mir früher immer so gewesen. Ob Huan am Ende den Ball tatsächlich häufiger berührt hatte, als wenn er selbst im Feld gestanden hätte, konnte ich nicht überprüfen. Auf jeden Fall bekam er ihn deutlich häufiger zu fassen als Kevin.

Dezember 2010, Kevin-Prince-Boateng-Sekundarschule, Wedding, Geschichte, 8. Klasse
Can: Die verarscht disch.
Piotr: Warum?
Can: Anna hat gesagt, die will nisch. Die will disch nur verarschen.
Piotr: Aber sie hat mir Brief geschrieben.
Can: Die schreibt imma Briefe, musstu wissen, weißdu! Hat mir auch schon Brief geschrieben. Die killt dein Herz.
Ich: Darf ich vielleicht mitreden? Könnte mich als Lehrer sicherlich auch interessieren.
Can: Die Natascha verarscht Piotr. Müssen Se wissen, weißt du, Herr Serin.

EINE BONG

Es klopfte erneut. «Herr Serin, ich weiß, dass Sie da sind. Machen Sie doch auf!» Ich würde den Teufel tun, die Tür zu öffnen. Einlass begehrte nicht die Frau meiner Träume, sondern Frau Stumpf, meine beschwipste vierundvierzigjährige Kollegin, die ich auf der Klassenfahrt nach Binz begleitete. Sie war niemand, den ich nach 22 Uhr noch zu mir einlud. Da mein Jugendherbergszimmer einzig mit einem gepolsterten Armlehnstuhl ausgestattet war, hätte einer von uns beiden auf dem Bett Platz nehmen müssen.

Mit ein bisschen mehr Menschenkenntnis wäre ich nicht in dieser vertrackten Lage. Oder wenn ich wenigstens die Hinweise Dritter richtig gedeutet hätte. Meine Alarmsirenen hätten jedenfalls aufheulen müssen, als Frau Stumpf Anfang Februar zu mir meinte, die 8a wünsche sich nichts sehnlicher, als mit mir auf Klassenfahrt zu gehen. Damals war ich gerade mit Burt aneinandergeraten, und auch mit den meisten anderen Schülern gab es regelmäßig Konflikte. Vierzig von fünfundvierzig Minuten meines Unterrichts gingen regelmäßig drauf, um für Disziplin zu sorgen. Doch es hatte mich nicht einmal misstrauisch gemacht, als sich mehrere Kollegen, nachdem sie von mir erfahren hatten, mit welcher Lehrerin ich nach Rügen fuhr, ein wissend-spöttisches Lächeln nicht verkneifen konnten. In meinem Bemühen, meine Aussichten auf eine vielleicht unbefristete Stelle zu verbessern, war ich offenbar völlig blind geworden. Nicht einmal eine Klassenreise mit der 8a, bei der Rauschmittelmissbrauch, ungewollte Schwangerschaften oder menschliche Verluste vorprogrammiert waren, vermochte mich abzuschrecken.

In meiner Ahnungslosigkeit hatte ich mir auch nichts dabei gedacht, als Frau Stumpf während der gesamten Busfahrt nicht von meiner Seite wich. Argwöhnisch war ich erst heute Morgen am Frühstückstisch geworden, als sie mich plötzlich fragte: «Denken Sie noch oft an Ihre Exfreundin?» Woher wusste sie von Melanie? Ich hatte mit der Klassenlehrerin der 8a nie über mein Privat-, geschweige denn mein Liebesleben gesprochen. Wir hatten lediglich hin und wieder ein paar Worte am Kopierer und während der Hofaufsichten gewechselt. Sah man mir an, dass ich nicht mehr mit meiner Exfreundin zusammen war? Oder hatte sie hinter meinem Rücken Nachforschungen über mich angestellt? Wusste sie es von Frau Ruppin, mit der ich viel sprach und die mir regelmäßig Unterrichtsmaterial zur Verfügung stellte? Oder von Jonas, unserem Referendar? Die Vorstellung ließ mich erschaudern.

«Natürlich denke ich noch oft an Melanie», beteuerte ich und log: «Wahrscheinlich kommen wir auch bald wieder zusammen.» Sie sollte sich keine Hoffnungen machen.

«Das freut mich für Sie», murmelte sie traurig.

Sofort fühlte ich mich dazu aufgefordert, mich nach ihrem Beziehungsleben zu erkundigen. «Sind Sie verheiratet?»

«Nein, ich hab leider noch nicht den Richtigen gefunden. Und ich komme damit überhaupt nicht zurecht.»

Offenbar provozierte ich Frauen, die deutlich älter als ich waren, dazu, sich mir emotional zu öffnen. Erst Frau Klein und nun Frau Stumpf. In ihren inneren Augenwinkeln entdeckte ich jetzt ein bedrohliches Flattern. Eine schnelle Reaktion war erforderlich. Als empathiefähiger Mensch musste ich sie irgendwie trösten, bevor der Damm, der die Tränen zurückhielt, brach. Wie hätte es auf die Schüler der 8a gewirkt, wenn ich ihre weinende Klassenlehrerin in den Arm genommen, ihr tröstend durchs Haar gestrichen und ihr mit einem Taschentuch die Wangen trocken getupft hätte? So, als wären wir ein Paar.

Wie vor einigen Wochen bei Jasons Mutter patschte ich meiner Kollegin unbeholfen auf die Schulter. Dabei mimte ich Verwunderung: «Was? Sie sind nicht vergeben?! Sie sind doch ganz attraktiv. Sicherlich finden Sie bald einen Mann.» Danach machte ich mich mit dem Hinweis, ich müsse zwischen zwei sich streitenden Schülern schlichten, so schnell wie möglich aus dem Staub. Sicher, Attraktivität war Ansichtssache, aber meinem Geschmack entsprach meine untergewichtige Kollegin mit ihrem länglichen Gesicht und der leicht nach rechts verschobenen schmallippigen Mundpartie nicht ansatzweise.

So schmeichelhaft und wenig ernst mein Kompliment auch gemeint war, es verfehlte seine Wirkung nicht. Vielmehr wurde es von Frau Stumpf als Aufforderung missinterpretiert, in die Offensive zu gehen. Ein paar Stunden konnte ich ihr noch ausweichen, indem ich während des Ausflugs nach Sassnitz zum Kreidefelsen Huan und Hai nicht von der Seite wich. Ich hatte mir die beiden ausgesucht, weil ihnen ihre asiatische Mentalität vorschrieb, ihr Missfallen über meine Gegenwart hinter einem Lächeln zu verbergen. Trotzdem sah ich ihnen ihr Unbehagen deutlich an. Immer wieder wechselten sie während der Wanderung das Tempo, um mich abzuschütteln. Es gelang ihnen aber nicht.

Am Abend erhielt Frau Stumpf dennoch ihre Chance. Klassendisco stand auf dem Programm, und Christina Aguilera fing gerade an zu trällern: *Every day is so wonderful. And suddenly, I saw debris ...*, da verkündete meine Kollegin lauthals: «Damenwahl!» Die männlichen Schüler verließen panikartig den zehnmal zehn Meter großen Kellerraum. Ich musste lachen. Manchmal waren sie noch wie Kinder. Statt zu lachen, hätte ich es ihnen aber gleichtun sollen, denn meine Kollegin näherte sich mir schnellen Schrittes. Den schmalen Kopf schief zwischen ihren spitzen, hochgezogenen Schultern, die in der kurzärmeligen Bluse noch besser zur Geltung kamen, forderte sie mich zum Tanz auf.

«Ich kann nicht tanzen», wehrte ich ab.

«Das brauchen Sie auch nicht, ich führe Sie.» Sie griff nach meinem Arm. Ich wich einen Schritt zurück.

«Außerdem sind wir Kollegen.»

«Nicht mehr lange.»

«Wieso?»

«Na, Ihre Zeit als Vertretungslehrer ist doch bald zu Ende. Herr Günther kommt in wenigen Wochen zurück.»

«Frau Stöcher hat aber gesagt, es bestünde vielleicht eine Chance, übernommen zu werden», berief ich mich auf unsere Schulleiterin.

«Das sagt sie jedem Vertretungslehrer, damit er sich anstrengt. Ich würde mir nicht so viele Hoffnungen machen. Bei den zurückgehenden Schülerzahlen …»

Die zierliche Jennifer und die großgewachsene, stämmige Charleen hatten unserem Gespräch gebannt gelauscht. Jetzt sprangen sie ihrer Klassenlehrerin bei: «Oh, bitte, Herr Serin! Tanzen Sie mit Frau Stumpf! Sie sind als Paar voll gut.» Ich hoffte nicht, denn das hätte ja bedeutet, dass ich zu ihr gepasst hätte. Andererseits konnte ich mir nicht vorstellen, dass sie mich verarschen. Ironie war nicht ihr Ding. Ich hatte sie im Guten wie im Schlechten immer als sehr ehrlich erlebt.

«Vielleicht will ja noch jemand anderes mit mir tanzen», sagte ich in meiner aufsteigenden Panik. Verzweifelt wanderte mein Blick durch den Raum. Jennifer und Charleen ließ ich aus, denn die hatten sich bereits positioniert und waren bei mir damit untendurch. «Das war natürlich nur ein Scherz», fügte ich hinzu, als feststand, dass mir niemand aus der Klemme helfen wollte. Die Mädchen in der Klasse hatten kein Mitleid mit mir. Dabei erwartete ich wirklich nicht viel. Sogar der Tanzstil wäre mir egal gewesen. Ich hätte auch gepogt oder in eine Polonaise eingewilligt. Doch keine Schülerin wollte mich aus dieser Notlage befreien. Nicht einmal Vivien, die als Klassensprecherin eine besondere Verantwortung trug und zu begreifen schien, wie unangenehm mir Frau Stumpfs Begehren war – sie lächelte so seltsam –, schritt ein. Und Angelina und Jessica tanzten lieber mit den beiden Busfahrern, die, obwohl sie niemand eingeladen hatte, vor einigen Minuten plötzlich aufgetaucht waren. Beide Mädchen waren, weil sie das Jahr wiederholten, im Grunde bereits in der Neunten, dadurch zwei Schritte weiter auf dem Weg zur Frau und somit für unsere Chauffeure allem Anschein nach reizvoll.

«Ich würde ja gern mit Ihnen tanzen, aber ich glaube, es ist keine gute Idee. Sie wissen ja, was das bei den Schülern für einen Eindruck hinterlässt. Sie sollen besser nicht glauben, Lehrer hätten auch Gefühle, sonst ist die ganze Autorität futsch», zischte ich meiner Kollegin ins rechte Ohr, damit die umstehenden Mädchen mich nicht verstanden. «Außerdem sollten wir die Disco langsam mal beenden. Die Jugendlichen sind gerade mal dreizehn, und es ist schon kurz nach neun.»

Frau Stumpf widersprach: «Der Abend ist noch jung, Herr Serin.»

«Ich habe aber so ein unangenehmes Gefühl im Magen», schwindelte ich. «Noch länger kann ich meiner Aufsichtspflicht nicht nachkommen.»

Sie gab nach. Um halb zehn hatte ich mich endlich, ohne getanzt zu haben, auf mein neun Quadratmeter großes Zimmer geflüchtet.

Und nun hatte es an meiner Tür geklopft. «Herr Serin …» Dann wurde meine Klinke gedrückt. Zum Glück hatte ich abgeschlossen. Trotzdem raste mein Herz, Schweiß lief mir den Rücken hinunter. «Herr Serin, ich weiß, dass Sie da sind. Machen Sie doch auf! Ich will nur reden.» Worüber, das verriet sie nicht. Aber sie wollte mit Sicherheit nicht über den Tod von Osama bin Laden diskutieren, der gestern in Pakistan erschossen worden war.

«Mir ist schlecht. Es kann sein, dass ich mich jeden Moment übergeben muss», rief ich.

Sie ignorierte meinen Einwand. Das Klopfen wurde lauter. «Bitte! Ich bin so einsam!» Frau Stumpf sprach mit leichtem Lall in der Stimme. Offenbar hatte sie sich seit Ende der Disco Mut angetrunken. Sie erhöhte die Wucht ihrer Schläge: «Lassen Sie mich nicht allein! Ich will nicht kinderlos sterben.»

Oh Gott! Sie schien das Ticken ihrer biologischen Uhr sehr laut zu vernehmen. In ihrer daraus resultierenden Panik war sie anscheinend bereit, sich jedem Mann an den Hals zu werfen, der solo war und mehr als drei Worte mit ihr wechselte, ohne sie zu verprügeln. Das hatte mit Sicherheit nichts mit mir als Person zu tun. Vor zehn Jahren hätte sie mich vermutlich gar nicht beachtet, weil sie noch zuversichtlich gewesen wäre, den Richtigen zu finden. In diesem Moment hätte ich alles dafür gegeben, wenn anstelle von Frau Stumpf Jasons Mutter an die Tür gepocht hätte. Denn die hätte sich vermutlich mit einer Umarmung zufriedengegeben. Davon war bei meiner Kollegin nicht auszugehen.

«Stephan, bitte! Ich brauch dich.» Jetzt duzte sie mich auch noch. Irgendwas musste ich unternehmen, bevor sie die ganze Jugendherberge herbeitrommelte und selbst der letzte Schüler der 8a wusste, wie ich mit Vornamen hieß. Den Spott der Jugendlichen konnte ich nun wahrlich nicht gebrauchen. *Herr Serin + Frau Stumpf = Liebe. Stumpf + Stephan = behindertes Kind.* Damit sollten demnächst nicht die Toilettenwände und Tische der Rathenau-Schule beschmiert sein. Ich nahm meinen ganzen Mut zusammen, ging zur Tür, drehte den Schlüssel um und öffnete die Tür energisch.

«Riechen Sie das nicht auch?», fragte ich in das gerötete Gesicht der Klassenlehrerin der 8a hinein, bevor sie etwas vorbringen konnte: «Das riecht doch nach Alkohol. Die Schüler trinken! Riechen Sie das nicht?»

Ich erwischte sie auf dem falschen Fuß, denn sie konnte kaum erklären: «Der Geruch stammt von mir. Ich bin Alkoholikerin.» Irritiert stammelte sie stattdessen: «Was? Wirklich? Alkohol?»

«Die schnapp ich mir!», fluchte ich, ohne ihrer Verwunderung Beachtung zu schenken. Dann stürmte ich los, um die Zimmer auf verbotene Rauschmittel zu durchforsten. Schüler hatten auf Klassenfahrten immer Suchtmittel dabei. Das gehörte einfach dazu. Allerdings wurde ich erst im vierten Raum, bei Dimitrij, Igor, Kenneth und Roy, fündig. Es handelte sich zwar nur um eine Bong, aber die tat es zur Not auch. Ich kassierte die Wasserpfeife und verkündete unter gespielter Empörung umgehend unsere Sanktionen, ohne mich mit der gerade eintreffenden Frau Stumpf abzustimmen: «Wir haben euch gewarnt. Keine Drogen, keine Utensilien für den Drogengebrauch. Noch heute Nacht werden wir zurück nach Berlin fahren. Ich bin sehr enttäuscht von euch. Nein, ich bin wirklich sauer.» Ich schaute in vier trotzige Gesichter und ein fassungsloses. Letzteres gehörte meiner Kollegin. Zum Glück war sie nicht so benebelt, um bereits vergessen zu haben, dass sie mir nicht in den Rücken fallen durfte. Auch sie rügte die vier Jungen: «Mensch, ich hab euch vor der Fahrt extra ein Schreiben für eure Eltern mitgegeben, in dem stand, dass Drogen und Ähnliches verboten sind. Nun müssen wir wegen euch zurück.» In ihrer zittrigen Stimme lag sehr viel Enttäuschung. Sie war den Tränen nahe. Aber nicht wegen des Regelverstoßes, wie ich annahm, sondern weil die Affäre mit mir beendet war, bevor sie Fahrt aufgenommen hatte.

Wir verließen die Herberge noch in derselben Nacht. Alle schimpften auf mich: die Schüler, weil sie früher zurückmussten; Frau Stumpf, weil ich über ihren Kopf hinweg entschieden hatte; und die Busfahrer, weil ich sie um die Möglichkeit brachte,

Jessica und Angelina besser kennenzulernen. Aber damit konnte ich leben. Weitere sechs Tage hätte ich mich meiner Verehrerin sicherlich nicht erwehren können. Wahrscheinlich hätte ich in der nächsten Nacht einen Liebesbrief von ihr bekommen. Und in der darauffolgenden hätte sie mir vor allen Schülern eine Szene gemacht, weil ich immer noch nicht geantwortet hätte. Da nahm ich es lieber in Kauf, bei allen unbeliebt zu sein. Zumal Dimitrij, Igor, Kenneth und Roy spätestens bei unserer Ankunft nachsichtig mit mir sein würden. Sie würden von mir nämlich die Wasserpfeife zurückerhalten, als Dank dafür, mir aus der Patsche geholfen zu haben.

Mai 2010, Hellersdorfer Fried-Gesamtschule, PW-Leistungskurs, 13. Klasse
Ich: Und für was hätte man jemanden gehalten, der Mitte der achtziger Jahre behauptet hätte, 1989 würde die Mauer aufgehen? ... Ja, Thomas?
Thomas: Für bekloppt?
Ich: Ja, richtig. Toll!

DSDS ODER HARTZ IV

«Wer das richtig macht, den lade ich zum Eis ein.»

Nicht nur meine Belohnung war ungewöhnlich, auch der Inhalt der Aufgabe deckte sich nur bedingt mit dem Berliner Rahmenlehrplan Sozialkunde. Aber ich wollte meine Achtklässler auf das Leben vorbereiten. Und darum hatte ich ihnen aufgetragen, einen Hartz-IV-Antrag auszufüllen. Die Idee dazu war mir gekommen, nachdem ich mich erneut mit ihnen in ein Gespräch über ihre Zukunftspläne hatte verwickeln lassen:

«Angelina! Hör jetzt auf zu quatschen!»

«Aber Ihr Unterricht is voll langweilig.»

«Na und! Später kannst du auch nicht immer nur das tun, was dir Spaß macht.»

«Aber Ihr' Unterricht brauch ich nich.»

«Woher willst du das wissen?»

«Ich will doch nich Geschichtslehrer werden.»

«Das dürfte mit deinen Noten auch schwierig werden. Was hast du dir denn beruflich vorgestellt?»

«Popstar. Ich hab mich schon bei DSDS beworben.» Mehrere Jungs grölten. Jessica, Angelinas dunkelhaarige Freundin, sekundierte ihr: «Die kann wirklich voll gut singen. Soll sie mal was vorsingen?» Angelina überhörte mein Nein und jaulte los.

Sie untermalte ihren quietschigen und angestrengten Gesang mit expressiver Mimik und Gestik, die man von vielen schlechten R'n'B-Imitatoren aus diversen deutschen Casting-Shows bestens kannte.

Ich unterbrach sie: «Schöner Gesang, super Lied. – Aber mal

angenommen, du wirst tatsächlich nächster deutscher Superstar: Was machst du, wenn deine Karriere vorbei ist? Also, sagen wir in sechs Monaten?»

Jason rief von hinten: «Hartz IV!»

Burt schrie: «Mach ich auch.»

«Hartz IV zu bekommen, ist aber gar nicht so leicht», erklärte ich. «Dafür muss man ganz schön was auf dem Kasten haben. Ich bin mir nicht sicher, Burt, ob du das schaffen würdest.»

Er protestierte, und Kenneth sprang ihm bei: «Die Mama von Roy kriegt auch Hartz IV. Und die ist dumm.» Mehrere Schüler lachten. Von seinem Kumpel Roy erhielt Kenneth einen Schlag gegen den Oberarm. Vivien schaute mich an, genervt von Burt. Ob sie schon über einen Wechsel in eine andere Klasse nachgedacht hatte?

Da ich selbst einmal von ALG II [1] gelebt hatte, als ich auf mein Referendariat wartete, wusste ich, wie naiv hier einige waren. Um Hartz-IV tatsächlich zu erhalten, brauchte man nicht nur die Fähigkeit, den komplizierten Antrag ordnungsgemäß auszufüllen, sondern vor allem auch Hartnäckigkeit und Geduld, zwei Eigenschaften, an denen es den meisten in der Klasse mangelte. Viele scheiterten bereits daran, einen Platz für das im kommenden Schuljahr zu absolvierende Schulpraktikum zu finden:

«Burt. Hast du eigentlich schon einen Praktikumsplatz?»

«Weiß nicht.»

«Wieso weißt du das nicht?»

«Ich hab angerufen bei Media Markt. Die wollen mich anrufen, um mir zu sagen.»

«Wann hast du denn dort angerufen?»

«Weiß nisch. Zwei Wochen.»

«Vor zwei Wochen! Und was hast du seitdem gemacht?»

---

1 Arbeitslosengeld II, im Volksmund meist Hartz IV genannt.

«Nichts.»

«Da musst du doch mal nachhaken.»

«Die wolln aba anrufen.»

«Aber wenn du nicht nachhakst, denken die, du willst den Praktikumsplatz gar nicht.»

«Die rufen doch nicht an. Is doch nich meine Schuld. Die lügen. Ham die eben Pech.»

Wenn bereits das Bemühen um ein Media-Markt-Praktikum zu viel Aufwand bedeutete, dann würden die Schüler mit dem Jobcenter ihre helle Freude haben. Um ihnen einen Vorgeschmack auf die Schwierigkeiten im Umgang mit Ämtern zu geben und sie dazu zu bewegen, ihre Lebensplanung ernster zu nehmen, hatte ich schließlich für den Unterricht die Simulation einer Antragstellung gewählt: «Ich bin euer Sachbearbeiter und werde über Bewilligung und Ablehnung entscheiden», erklärte ich ihnen, als ich die aus dem Internet heruntergeladenen ALG-II-Formulare austeilte. «Wer das richtig macht, den lade ich zum Eis ein.»

Die versprochene Belohnung wirkte Wunder. Noch nie hatte ich die 8a so motiviert erlebt. Alle machten sich eifrig daran, den Bogen auszufüllen. Allerdings stellten sich die ersten Frustrationen schnell ein.

«Herr Serin, was ist eine Dienstelle?»

«Das heißt Dienststelle, Burt!»

«Was schreib ich da?»

«Gar nichts. Dieses Feld muss das Jobcenter ausfüllen. Hört bitte zu: Den grauen Kasten lasst ihr bitte frei. Der ist fürs Jobcenter.» Einige Schüler strichen ihre ersten Einträge durch. Burt atmete erleichtert auf, doch kam er gleich darauf mit der ersten nächsten Frage:

«Herr Serin, was ist die Nummer?»

«Welche Nummer?»

«Kundennummer?»

«Das musst du doch wissen.»
«Warum ich?»
«Wenn du noch keine hast, dann lass das weg.»
«Und Nummer von Bedaffgemeinschaft?»
«Bedarfsgemeinschaft heißt das. Wenn du noch keine hast, musst du die auch weglassen.»
«Und bin ich Spätaussiedler?»
«Woher soll ich das wissen? Bin ich dein Vater, deine Mutter? Aber bei dir tippe ich mal auf ja. Burt hört sich nach amerikanischen Vorfahren an.»

Unhinterfragt übernahm er meinen Vorschlag.

Ich wollte mich von ihm abwenden, da sich knapp zwei Dutzend anderer Schüler zappelnd meldeten. Doch er beabsichtigte nicht, mich gehen zu lassen:

«Herr Serin, was ist Rentenversicherungsnummer?»
«Burt, versuch es doch erst einmal alleine.»
«Aber weiß ich nich, was ich schreiben soll. Ist doch voll unlogisch. Bin doch kein Rentner», maulte er.
«Hör zu! Als Sachbearbeiter bin ich noch für über zwanzig andere Antragsteller zuständig. Ich kann mich nicht die ganze Zeit nur um dich kümmern.»
«Aber schaun Sie mal! Hier Konto. Hab ich nicht. Was soll ich da machen?»
«Tja, Burt. Ohne Konto auch kein Hartz IV. Oder denkst du, das Jobcenter bringt dir das Geld persönlich zu Hause vorbei?»

Ich ignorierte seinen Protest und wandte mich der Klasse zu, um mehr Eigenständigkeit einzufordern: «Füllt bitte zunächst das aus, was ihr könnt. Danach könnt ihr euch immer noch an mich wenden.» Davon erhoffte ich mir, wenigstens kurz durchatmen zu können. Aber die Angesprochenen gaben keine Ruhe. Löcherten mich unentwegt mit ihren Fragen. Der Job eines Sachbearbeiters war deutlich anstrengender, als ich erwartet hatte. Obwohl ich in der Stunde nichts anderes tat, als die Schüler zu beraten, kam bis zum Pausenklingeln niemand über Punkt zwei – *Persönliche Angaben zur Leistungsgewährung* – hinaus. Den Rest gab ich ihnen als Hausaufgabe auf, unter Hinweis auf die Ausfüllempfehlungen des Jobcenters im Internet. Natürlich würde keiner von ihnen diese verstehen. Mir war das damals, als ich ALG II beantragt hatte, genauso ergangen.

Die zu Ende ausgefüllten Formulare erhielt ich somit in der kommenden Stunde nur von denjenigen Jungen und Mädchen, die ihren Bogen ohne die verwirrenden Erläuterungen des Job-Centers – vielleicht unter Anleitung der Eltern – bearbeitet hatten. Beim Lesen stieß ich darum bisweilen auf sehr kuriose Angaben. So hatte Jason zu «ggf. wohnhaft bei» notiert: *Ich wohne bei meiner Mama.* Bei der Rubrik «Familienstand»: *Dauernd getrennt lebend seit: Sonntag.* Und Burts Formular merkte man an, dass er von Vivien abgeguckt hatte. So hatte er nicht nur dieselbe Kontoverbindung wie seine Mitschülerin eingetragen, sondern obendrein in aller Eile unter «Geschlecht» *weiblich.* Fehler enthielt gleichwohl jeder Antrag, selbst Viviens. Und so verteilte ich einen Tag später an alle den gleichen Ablehnungsbescheid. Es war eine Kopie von dem – in einer leicht modifizierten Form –, den ich selbst einst vom Jobcenter Mitte bekommen hatte:

Ihr Antrag auf ALG II wird abgelehnt.
Begründung:
Sie sind dazu verpflichtet, vollständige und richtige
Angaben zu machen.
Gegen diesen Grundsatz haben Sie verstoßen.
Wir werden prüfen, ob dies einen Ordnungswidrigkeits-
oder Straftatbestand erfüllt ...

Erst einmal behielt ich es für mich, dass ich sie trotzdem zum Eis einladen wollte. Burt protestierte empört, nachdem ich ihm das Schreiben ins Deutsche übersetzt hatte: «Aber Sie haben doch gesagt, ich bin Spätaussiedler.» Ich behauptete, daran könne ich mich nicht erinnern. Er machte nun die gleiche Erfahrung wie ich einige Jahre zuvor. Auch mir hatte man im Jobcenter falsche Dinge gesagt und danach nichts mehr davon wissen wollen.

Vivien erkundigte sich, ob man gegen den Bescheid klagen könne.

«Ja», erklärte ich.

«Und wie?»

«Da darfst du nicht mich fragen. Ich bin keine Beratungsstelle. Ich bin dein Sachbearbeiter.»

Oktober 2009, Monet-Gymnasium, Zehlendorf, Profilkurs PW
Jakob: Wieso hab ich hier so wenig Punkte? Ich hab doch voll viel geschrieben.
Ich: Entscheidend ist, ob der Inhalt einen Bezug zur Aufgabe erkennen lässt.
Jakob: Is doch voll mies. Wolln Se hier nur vorgefertigte Meinungen hören oder kritische Schüler? Is ja voll die Diktatur im Unterricht.

KOKAIN VS. ALKOHOL

«Wie geht's denn?»
«Super!»
Das war gelogen. Ich war alle. Denn hinter mir lag ein langer und anstrengender Tag. Sechs Stunden Unterricht am Stück, davon zwei mit Jason, eine stressige Hofaufsicht, um 16.30 Uhr ein Elterngespräch. Und bis eben hatte ich noch Klausuren korrigiert. Mein Körper wäre am liebsten ins Bett gefallen. Aber das Bedürfnis, Melanie wiederzusehen, war stärker gewesen. Und so war ich doch zu Martins Geburtstagsfeier gegangen, dessen Freundin Ireen uns vor Jahren verkuppelt hatte. Es war lediglich meine Neugier gewesen, was aus Melanie geworden war, die mich die Party hatte besuchen lassen. Weiter reichende Erwartungen hatte ich nicht gehegt. Doch anders, als ich angenommen hatte, ließ es mich nicht kalt, hier auf meine Ex zu treffen.

«Und dir?»
«Ist eigentlich okay. Wie läuft es denn in der Schule? Hast du jetzt schon eine feste Stelle?» Eigentlich hatte ich überhaupt keinen Bock mehr, mich mit meiner beruflichen Situation zu befassen. Den ganzen Abend über hatten mich, während ich auf eine Gelegenheit gelauert hatte, mit Melanie ins Gespräch zu kommen, schon diverse Kumpels oder flüchtige Bekannte dazu gezwungen. Besonders genervt hatte mich dieser Seitenscheitelträger mit dem Beck's in der Rechten, unter dessen Jackett ein Bonaparte-T-Shirt hervorlugte. Wahrscheinlich mochte er die Band noch nicht einmal und trug es nur, weil es im Prenzlauer Berg, wohin es ihn aus Westdeutschland gerade gezogen hatte,

hip war. Dem hatte ich doch ernsthaft erklären müssen, dass meine Dreiundzwanzig-Stunden-Stelle nicht bedeutete, dass ich einzig dreiundzwanzig Stunden in der Woche arbeiten würde. Ich war froh, als ich den Typen mit der Wampe und der speckigen Haut, die er vermutlich dem vielen Herumsitzen und Biersaufen in Cafés der gentrifizierten Kastanienallee verdankte, endlich wieder los war.

Melanie trug ein schwarzes, elegantes, figurbetontes Kleid mit kleinen Puffärmelchen und einer roten Paspel am tiefen, vielversprechenden Ausschnitt sowie einem roten Streifen in Bauchnabelhöhe. Dazu ein enganliegendes schwarzes Collier. Sie war wirklich immer noch sehr attraktiv.

«Ich weiß nicht, ob ich über Schule sprechen sollte. Mich haben heute schon mindestens ein halbes Dutzend Leute um meinen Beamtenstatus beneidet. Dabei bin ich gerade Vertretungslehrer in Marzahn und aller Wahrscheinlichkeit nach zu den Sommerferien wieder arbeitslos.»

«Geht's dir schlecht?»

«Eigentlich komme ich damit ganz gut klar», log ich erneut. «Macht nicht so 'ne Angst, als wenn man wüsste, der Job wäre für immer. Außerdem lerne ich so ein paar Schulen kennen.»

«Verstehe.» Sie war wirklich nett. Fast zu nett. Warum eigentlich? Bedeutete ich ihr denn gar nichts mehr?

«Bist du schon im Praktischen Jahr?», fragte ich, um das Gespräch auf sie zu lenken.

«Ja, fast fertig.»

«Charité?»

«Ja.»

«Das ist ja das, was du immer wolltest.»

«Stimmt schon. Sind aber auch 'ne ganze Menge Leute da, die nur angeben. So 'ne ekligen Berlin-Mitte-Leute.» Sie war wirklich zu freundlich, um noch etwas von mir zu wollen. Leider sah sie so verdammt gut aus. Ihr osteuropäisches Gesicht sowieso, aber auch ihre üppigen Rundungen …

«Na, ich hoffe, du gehst nicht mit diesem Kleid zur Arbeit. Sonst wirst du wahrscheinlich ständig angebaggert.»

«Findest du, dass ich nuttig aussehe, oder wie?» Die erste echte emotionale Regung. Meine Äußerung hatte sie verletzt. Hatte sie vielleicht doch noch Gefühle für mich?

«Nein, ich wollte eigentlich nur sagen, dass du in diesem Kleid sehr gut aussiehst. Und dass du deswegen, wenn du damit auf Arbeit gingest, sicherlich Schwierigkeiten hättest, dich der ganzen Männer zu erwehren.»

Mein Kompliment war unterste Schublade. Dennoch: Melanie lächelte. Ich sah ihre weißen Zähne zwischen ihren roten Lippen aufblitzen.

«Danke, aber mein Freund passt schon auf mich auf.»

Ich spürte einen Stich im Herzen. Mein Magen krampfte sich zusammen, meine Haut fing an zu jucken. Eine verletzendere Bemerkung hätte ich mir nicht vorstellen können. Obwohl es keine Überraschung war. Warum sollte jemand wie sie keinen Neuen haben?

«Dein Freund – der ist also auch in der Klinik. Ich wusste gar nicht, dass du als Ärztin eine Beziehung zu einem Patienten unterhalten darfst.»

«Tja, da bist du wohl nicht richtig informiert. Ist nicht überall so streng wie bei euch», konterte sie.

Ich sollte nicht gleich provozieren. «War nur ein Scherz. War nicht böse gemeint. Bin ja selbst mit einer Kollegin zusammen», gab ich vor, denn außer mit Frau Stumpf, von der ich weiterhin nichts wollte, wäre an der Rathenau für mich nichts möglich gewesen.

«Echt? Hast du nicht mal gesagt, Lehrerinnen wären alle unattraktiv?»

«Die, mit der ich zusammen bin, ist eine Ausnahme. Sie sieht sehr gut aus», beschönigte ich.

«Ist sie hier?» Melanie zeigte Interesse. Das sprach dafür, dass meine angebliche Beziehung sie nicht ganz unberührt ließ.

«Nein. Klassenfahrt. Und deiner?»

«Boris hat Spätdienst.»

Boris? Was war denn das für ein Name? Wer hieß denn heutzutage Boris? Ich hasste ihren Neuen. Nur mit Mühe unterdrückte ich eine abfällige Bemerkung. Es wäre ziemlich unsouverän, würde sie mir etwas von meiner Eifersucht anmerken. Ich benötigte einen Moment, um mir eine originelle Reaktion einfallen zu lassen.

«Ich freue mich für dich», durchbrach ich schließlich unser Schweigen. «Obwohl es irgendwie auch komisch ist, dass du jetzt mit einem Arzt zusammen bist. Arzt und Arzt.»

«Ist das bei dir besser?» Sie verdrehte die Augen.

«Ein Lehrerpärchen ist nicht so peinlich wie Arzt und Ärztin. Hört sich irgendwie nach Statusgeilheit an. Und dann noch einer aus der Charité. Hast doch eben selber gesagt, dass da nur diese Mitte-Mischpoke ist.»

«Ja, Entschuldigung. Eigentlich wollte ich ja etwas mit dem Pförtner anfangen, aber der hatte leider schon eine Frau und acht Kinder. Da musste ich mich leider mit einem Arzt begnügen», giftete sie. «Nicht jeder kann sich seinen Partner nur danach aussuchen, ob er zur Unterschicht gehört, um sein soziales Gewissen zu beruhigen. Ich nehme mal an, deine Kollegin lebt in einer Platte und muss ihr Beamtengehalt mit Hartz IV aufbessern.» Melanie redete nun deutlich über Zimmerlautstärke. Sie war aufgebracht.

«Du brauchst mich nicht anzumotzen. Dass du derart empfindlich reagierst, zeigt nur, dass du ein schlechtes Gewissen hast.»

«Ein schlechtes Gewissen? Ich? Weshalb denn bitte schön?»,

fuhr sie mich an. Die ersten Umstehenden fingen an, unseren Disput zu registrieren.

«Weil du deinen eigenen Worten zuwiderhandelst: *Ich mag keine Ärzte. Ist mir zu viel Gepose. Da geht's doch nur um den Status.* Ich hab das noch genau in den Ohren», erklärte ich.

«*Ich mag keine Lehrer. Ich würde nie mit einer Lehrerin zusammen sein. Das würde ich meinen Kindern nicht antun.* Das hab ich noch in den Ohren», konterte sie.

«Über Kinder haben wir noch nicht gesprochen. Wir wollen vor allen Dingen Spaß haben.»

«Spaß? Das kann ich mir gut vorstellen bei zwei Lehrern. Gemeinsam Klausuren korrigieren, gemeinsam Hofaufsicht machen. Abends gemeinsam in die Kneipe gehen und was trinken. Sehr spaßig», griff sie mich an. Die ersten Partygäste unterbrachen dankbar ihre öden Gespräche, um unserem, das deutlich interessanter erschien, zu lauschen. Mit dem Trinken spielte Melanie wohl auf den unter Lehrern weitverbreiteten Alkoholismus an. Dabei war die Bemerkung total bekloppt, denn als wir noch ein Paar waren, hatte ich nie Alkohol getrunken. Ich hatte erst nach der Trennung von ihr damit begonnen.

«Tja, leider kann sich unser Berufsstand nicht Kokain leisten wie euer. So viel verdienen wir nicht. Wir müssen uns mit Bier zufriedengeben. Aber du warst ja immer schon so eine Schickimickitussi. Wahrscheinlich bist du nur nicht mehr mit mir zusammen, weil ich dir kein Haus im Grunewald kaufen konnte», blaffte ich verletzt zurück. Wir waren nun der Mittelpunkt der Party. Warum dudelte die Musik eigentlich so verdammt leise?

«Fick dich!», schnauzte sie mich mit zitternder Stimme an und stürmte aus dem Zimmer.

«Diese Beleidigung hätte auch von meinen Schülern kommen können. Das ist Achte-Klasse-Niveau», rief ich ihr hinterher, aber sie hörte mich vermutlich gar nicht mehr. Wahrscheinlich würde sie die Party umgehend verlassen. Und auch ich sollte jetzt besser aufbrechen, denn nach diesem öffentlichkeitswirksamen Streit war es peinlich, länger unter den Schaulustigen zu bleiben. Aber jetzt allein zu Hause? Vielleicht sollte ich einfach ein bisschen mehr trinken. Dann würde es schon gehen.

Februar 2011, Rathenau-Sekundarschule, Elterngespräch
Ich: Dennis hat letzte Woche nach mir gespuckt.
Herr Schmidt: Stimmt das, Dennis?
Dennis: Ja.
Herr Schmidt: Aber das war doch bestimmt nicht mit Absicht.
Dennis: Nee. Und ich hab auch nicht mal getroffen.

IST HIER NOCH FREI?

Er war es wirklich. Ich erkannte ihn zuerst an seiner verwuschelten Mähne und seinem karierten Hemd, das er stets aufgeknöpft über einfarbigen T-Shirts trug. Warum tat Marco das? War er denn völlig verrückt? Ich mochte ihn, so wie eigentlich alle aus dem Geschichtskurs 12. Da er auch meinen PW-Grundkurs besuchte, hatte ich mit ihm schon häufiger in der Pause das eine oder andere Gespräch geführt. Obwohl er eher ein ruhiger Schüler war, hatte er sich durchaus an mir interessiert gezeigt. So wusste ich, dass er Mathe studieren wollte, dass er zwei jüngere Brüder hatte, die aufs Bernstein-Gymnasium gingen, und dass er ein großer Fan amerikanischer Marvel-Comics war. Und er wusste, an welchen Schulen ich seit meinem Referendariat unterrichtet hatte und wie ungerecht die Berliner Lehrerausbildung war. Obwohl er sich für Geschichte eigentlich nicht interessierte, wie er mir zu Beginn des Schuljahrs gestanden hatte, beteiligte er sich erfreulich aktiv am Unterricht. Ich hatte ihm sogar vom Berliner Comic-Zeichner Mawil dessen Buch *Die Band* ausgeliehen. Aber unser gutes Verhältnis gab ihm nicht das Recht, sich in der Straßenbahn einfach neben mich zu setzen.

Nichtsahnend war ich wie jeden Morgen am S-Bahnhof Landsberger Allee in die M8 gestiegen, um zur Schule zu fahren. Ich hatte es mir gerade bequem gemacht und die Zeitung herausgeholt. Zwanzig Stationen blieben mir noch, um mich via *taz* für den Fall zu informieren, dass die Schüler über irgendetwas Aktuelles sprechen wollten, als Landsberger Allee/Karl-Lade-Straße Marco zustieg, neunzehneinhalb, und neben mir Platz nahm.

Mir war es immer unangenehm, meinen Schülern außerhalb der Schule zu begegnen. Denn ich wusste nie, wie ich mich verhalten sollte. Ich hatte sowieso schon die Tendenz, im Unterricht relativ locker mit ihnen umzugehen, sofern es mir die Disziplin der Klasse gestattete. Ich stürmte nicht mit schnellen Schritten in den Klassenraum, knallte nicht meine Umhängetasche aus braunem Leder auf den Tisch und schnodderte keineswegs ein lautes «Guten Morgen!» in die Runde. Stattdessen schlenderte ich an meinen Platz, hob kurz die Hand, murmelte «Hi!» und legte meinen DC-Shoes-Rucksack ganz cool und bedächtig ab. Während der Pausen hob ich zum Gruß nicht einmal mehr die Hand. Statt «Hi!» warf ich den Schülern ein «Hey!» zu.

Bei Begegnungen mit Schülern im privaten Kontext war ein Verlust an Lehrerautorität für mich praktisch vorprogrammiert. Während meines Referendariats traf ich in den Schönhauser Allee Arcaden, bei H&M, eines Tages auf Mirsat. Er ging in die 9b, und ich unterrichtete ihn in Geschichte. Ich beließ es nicht bei einem Hi! Ich gab ihm die Hand. Kein normaler Händedruck, eher so ein Einschlagen. Als ob das nicht reichte, puffte ich meinem schwarzhaarigen Schüler mit dem Flaum über der Lippe und den viel zu großen Baggy Pants mit der anderen Hand an seinen linken Oberarm und meinte: «Was geht ab?» Zum Glück musste Mirsat weiter, denn sonst hätte ich vermutlich angefangen, Informationen aus meinem Privatleben preiszugeben. Doch die kurze Begegnung reichte, um alles zu verändern.

Als sich unsere Wege das nächste Mal in der Schule kreuzten, umarmte er mich wie seinen Homie und fragte: «Alles klar?» Das war für mich umso unangenehmer, als sich diese Zuneigungsgeste nicht nur vor den Augen seiner Mitschüler zutrug, sondern auch Herr Stern, mein uns misstrauisch beäugender Schulleiter, zugegen war. In den folgenden Monaten hatte ich größte Mühen, Mirsats Umarmungsversuche wieder loszuwerden.

Im ganzen Referendariat hatte ich eigentlich nur noch eine ähnliche Situation. Es war im Schuljahr 2008/2009. Ich war auf dem Weg nach Cottbus zu einem Freund. Mit mir im Regionalexpress befanden sich etwa tausend besoffene und schwitzende Hertha-Fans auf dem Weg zum Ligaspiel gegen den 1. FC Energie. Ich teilte mir mit ihnen einen Stehplatz. Um den mitreisenden Sicherheitskräften deutlich zu machen, dass sie mich im Fall von Ausschreitungen bitte verschonen sollten, weil ich nicht zum Mob gehörte, las ich ostentativ in der französischen Ausgabe von *Lettre International*.

Plötzlich vernahm ich direkt neben meinem Ohr: «Hey, Herr Serin, yeah!» Es waren Alex und Paul aus der Elften, ganz in Blau-Weiß gekleidet. «Französisch ist das geilste Fach der Welt. *Voulez-vous coucher avec moi?*»,[1] spie mir Alex in meine Hörmuschel. Es war eine sehr ambivalente Eloge auf mein Fach. Zum einen musste ich mir die Frage stellen, welche Rolle bei ihrem Meinungsbildungsprozess die etwa 1,5 Promille spielten, die beide bereits intus hatten. Und zum anderen war unklar, inwiefern inmitten eines testosterongeschwängerten, alkoholisierten und partiell xeno- sowie homophoben Hertha-Blocks jemand ankommen würde, der ein schwules Fach wie Französisch unterrichtete. Keineswegs durfte ich die Gunst von Alex und Paul verspielen, bis wir in Cottbus ankamen. Deshalb versprach ich beiden, ich würde ihnen im Zeugnis eine Eins geben. Sie standen zwar bisher auf einer schlechten Vier, aber bis zum Ende des Schuljahrs verblieben immerhin noch anderthalb Monate. Und als mir meine siebzehnjährigen Schüler eine ihrer Kümmerling-Flaschen anboten, da lehnte ich, entgegen meiner sonstigen Gewohnheit, nicht ab. Ich trank mit ihnen, bis wir die Lausitz erreichten.

Sicher, es gab das Jugendschutzgesetz, das den Verkauf stark

---

1 Wollen Sie mit mir schlafen?

alkoholischer Getränke an unter Achtzehnjährige untersagte. Aber ich veräußerte ihnen ja nicht den Likör. Ich trank ihnen sogar Sprit weg und bremste so den Anstieg ihres Alkoholspiegels. Und ich verhinderte mit unserem Gelage, dass sich Paul und Alex am darauffolgenden Montag noch an die von mir zugesagte Eins erinnerten. Das Ethanol war für uns alle in dieser Situation ein Segen. Denn für die beiden Jungen wäre es mit Sicherheit auch nicht angenehm gewesen, ihrem Lehrer außerhalb der Schule nüchtern über den Weg zu laufen. Hätten sie in dem Fall einfach nur grüßen und dann weitergehen sollen? Sie hätten dabei riskiert, mich vor den Kopf zu stoßen, es konnte ja sein, dass ich mich gern mit ihnen unterhalten hätte. Oder hätten sie sich aus lauter Höflichkeit auf ein Gespräch mit mir einlassen sollen, ohne zu wissen, ob ich nicht wirklich lieber für mich geblieben wäre? Diese Zwickmühle verschwand im Spiritusnebel wie durch ein Wunder. Wir waren nicht mehr Alex, Paul und Herr Serin, sondern vorübergehend Alex, Paul und ihr Kumpel Stephan.

Mein früherer Mitschüler Murat war einmal am Wochenende im unalkoholisierten Zustand von unserer Mathelehrerin Frau Schaaf am U-Bahnhof Voltastraße angesprochen worden, als er gerade sein erstes Date mit einem Mädchen aus einem Jahrgang unter uns hatte. «*Der* Murat! Wen küsst du denn da? Ist das deine neue Freundin?» Die Beziehung war in diesem Moment zum Scheitern verurteilt. Aus Rache brachte Murat in Erfahrung, wo Frau Schaaf wohnte. Er lauerte ihr so lange auf, bis er sie gemeinsam mit ihrem Mann das Haus verlassen sah: «*Die* Frau Schaaf! Ist das Ihr neuer Liebhaber?» Einmal begleitete er die beiden auf einem Spaziergang, ein anderes Mal tauchte er plötzlich im Freibad aus dem Nichts auf und setzte sich zu dem Ehepaar aufs Handtuch. Da er sehr nachtragend war, wurde er über Monate zu einem regelmäßigen Begleiter ihres Lebens. Er war da, wenn einer der Schaafs morgens zum Brötchenholen das Haus verließ, und sie sahen ihn durchs Fenster, wenn sie abends die Vorhänge zuzogen. Er gab erst Ruhe, als Herr Schaaf die Scheidung einreichte.

Mir war Marcos Verhalten ein Rätsel. Wie konnte er freiwillig in der Straßenbahn neben mir Platz nehmen? Entdeckte ich früher auf dem Weg zur Schule in einem öffentlichen Verkehrsmittel einen Lehrer, verließ ich es umgehend. Ich wartete auf die nächste Bahn. Dabei nahm ich auch in Kauf, zu spät zum Unterricht zu erscheinen. Denn wie stand man sonst vor Mitschülern da? Als Schleimer! Als jemand, der sich mit dem Feind einließ!

«Guten Tag, Herr Serin. Ist hier noch frei?» Marco lächelte freundlich. Ich überlegte, ob ich schnell meinen Rucksack auf dem Sitz neben mir ablegen sollte, um die Frage verneinen zu können. Doch ich brachte das nicht über mich. Stattdessen schwor ich mir, weiter in der *taz* zu lesen, die ganzen neunzehn verbleibenden Stationen. Doch auch das gelang mir nicht. Ich ertrug es nicht, bloß schweigend neben dem Schüler zu sitzen. Das Problem war nur, dass ich nicht wusste, worüber ich mit ihm hätte reden können. In unseren Pausengesprächen hatte ich schon mein ganzes Pulver verschossen. In meiner Not fing ich an, Marco die Frage zu stellen, die man als Lehrer so stellte: «Und, wie sind die Klausuren in den anderen Fächern gelaufen?»

In der Lichtenberger Herzbergstraße, rechts von uns backsteinerne Industriegebäude, sprachen wir schon darüber, welche anderen Lehrer Marco mochte, kurz darauf, welche er nicht mochte: «Frau Wenzel benotet total unfair.»

«Zu Kollegen darf ich mich, solange ich noch an der Schule bin, nicht äußern», erklärte ich. «Aber ich äußere mich mal nicht als Lehrer, sondern als Privatmensch: Ich hab das auch schon gehört.»

Als wir auf der Brücke über dem S-Bahnhof Springpfuhl hielten, vor uns die Marzahner Hochhäuser, erfuhr er von mir, welche Kollegen ich mochte. Zwischen dem mit einem als Lichtbogen gestalteten Dach versehenen Shoppingcenter Eastgate und dem würfelförmigen Freizeitzentrum Le Prom verriet ich einem interessierten Marco bereits, welche Kolleg*innen* ich besonders mochte und dass ich mich auf der Klassenfahrt mit der 8a der Avancen von Frau Stumpf hatte erwehren müssen. Ich redete nur, um nicht schweigen zu müssen. Dabei hätte ich längst aus der Straßenbahn flüchten sollen, auch auf die Gefahr hin, so zu spät zum Unterricht zu erscheinen. Aber ich blieb.

Kurz hinter der Station Wuhletalstraße, unsere Bahn ruckelte gerade durch graue Blöcke sechsstöckiger Plattenbauten, verglichen wir unser Ranking der hübschesten Mädchen seines Jahrgangs, allein aus dem Grund, weil mir kein anderer Gesprächsstoff einfiel. Ich versicherte ihm zwar, dass das Aussehen einer Schülerin keine Auswirkungen auf meine Notengebung habe – was selbstverständlich stimmte –, war aber trotzdem heilfroh, als wir am Barnimplatz endlich aussteigen durften und er dort von zwei Kumpels aus dem Matheleistungskurs begrüßt wurde. Sonst hätte ich aus Verlegenheit darüber, nicht zu wissen, was ich noch hätte erzählen können, wohl davon berichtet, dass ich mir gerade das Buch *Der perfekte Liebhaber* gekauft hatte, um auf meine nächste Freundin sexuell vorbereitet zu sein. Dank dieses Standardwerks war ich nun imstande – zumindest theoretisch –, eine Frau in Stimmung zu bringen und ihre erogene Zone zu finden. Nun brauchte ich nur noch eine Freundin, um das Wissen in der Praxis zu erproben.

Nachdem ich Marcos Zusage erhalten hatte, der Inhalt des Gesprächs bliebe selbstverständlich unter uns, rannte ich vor zur Schule. Der Tag hätte nicht schlimmer beginnen können. Und daran war allein mein Schüler schuld. Konnte ich ihm wirklich trauen? Vielleicht hatte sich Marco extra neben mich gesetzt, um mir die ganzen Informationen zu entlocken – und im Internet zu verbreiten.

Mai 2011, Rathenau-Sekundarschule, Marzahn, Geschichtsstunde in der 8 a
Ich: Und? Was habt ihr am Wandertag gemacht?
Vivien: Wir waren im Technikmuseum.
Ich: Und – was gab es zu sehen?
Dimitrij: An der Decke hing so ein Flugzeug. An Strippen.
Vivien: Das war kein Flugzeug, das war eine Postkutsche.
Dimitrij: Ist doch das Gleiche, Mann!
Vivien: Das ist nicht das Gleiche! Oder bist du schon mal mit 'ner Postkutsche geflogen?

24
PLANET TERROR

Frau Arlt hatte mich gebeten, sie auf dem Wandertag zu begleiten und ihr in der ersten Hofpause dabei zu helfen, sich mit ihrer 8 d auf ein Ausflugsziel zu verständigen. Die seien manchmal ein bisschen widerspenstig, hatte meine junge Kollegin ihren Wunsch nach meiner Anwesenheit begründet. Diese Behauptung verwunderte mich. In Geschichte hatte ich die Schüler, die ich seit August 2009 als Vertretungslehrer unterrichtete, als ziemlich brav erlebt – wie die meisten anderen am Zehlendorfer Monet-Gymnasium. Und ich wusste auch nicht, ob ich wirklich eine schlagkräftige Unterstützung darstellte. Denn im Grunde lehnte ich all die Wandertagsformen ab, die bei Lehrern gemeinhin hoch im Kurs standen. Ich hatte auf nichts Bock, was unter freiem Himmel stattfand. Ich hatte auch keine Lust, während des Wandertags irgendetwas zu lernen, wie es die Ausführungsvorschriften zu Veranstaltungen der Schule festlegten: *Wandertage sind eintägige Veranstaltungen außerhalb der Schule, die die Unterrichts- und Erziehungsarbeit der Schule unterstützen und fördern.* Und schließlich hatte ich nicht vor, mich Aktivitäten hinzugeben, die mich in peinliche Situationen brachten. Folglich fielen Draisinefahrten, Fachtagungen der Deutschen Gesellschaft für Numismatik sowie Saunabesuche schon mal durchs Raster. Eigentlich kamen für mich nur Kinobesuche in Frage. Aus meiner eigenen Schulzeit wusste ich aber, wie schwer ein solcher Vorschlag gegen den Willen des Lehrers durchzusetzen war.

Jahrelang war meine Klasse mit ihren Wünschen an der Unnachgiebigkeit von Frau Schaaf abgeprallt, die sich in fast zwanghafter Art an alle schulgesetzlichen Regelungen und Vorschriften hielt. Keine unserer Anregungen war in ihren Augen dazu angetan, die Unterrichts- und Erziehungsarbeit der Schule in irgendeiner Weise zu unterstützen. Kein Bowling, kein Picknick, kein Besuch im Freizeitpark Plänterwald, kein Kino. Selbst meinem Vorschlag, den Film *Schindlers Liste* über die Rettung von Juden vor einem Tod in Auschwitz anzusehen, sprach sie jeglichen pädagogischen Mehrwert ab. Stattdessen zwang sie uns ins Pergamonmuseum, ins Alte Museum, zur Gedenkstätte Hohenschönhausen, zur Gedenkstätte Berliner Mauer, zur Topographie des Terrors, in die Gemäldegalerie. Damit wir nicht einfach ziellos durch die Exponate irrten, erhielten wir überdies von ihr Arbeitsaufträge: *Schaue dir die Reliefplatten des Ostfrieses vom Pergamonaltar genau an und erkläre, was du anhand der Darstellung über die Beziehung zwischen der Göttin Hekate und dem Giganten Klytios erfährst! Welche Rolle spielte der Darstellung zufolge die Göttin Artemis? – Erläutere, wie in Rembrandts* Der Mennonitenprediger Anslo und seine Frau *durch die Lichtführung der Akt des Sprechens in seiner spirituellen Bedeutung hervorgehoben wird!* Nach wenigen Minuten qualmten uns die Köpfe. Das Schlimme war, man konnte die Arbeitsaufträge von Frau Schaaf nicht einfach ignorieren, denn auf jeden Wandertag folgte eine Lernerfolgskontrolle.

Wir mussten unsere Eltern einschalten, um wenigstens einmal ins Erlebnisbad «Blub» in Berlin-Neukölln zu dürfen. Aber auch dabei fühlte ich mich nicht wohl, denn ich zeigte mich meinen Mitschülern wegen meiner Klumpfüße nur ungern in Badehose. Zu einem regelrechten Albtraum wurde dieser Ausflug, als dann Frau Schaaf zu mir und zwei meiner Klassenkameraden in den Whirlpool stieg. Während sich meine Mitschüler sofort aus dem Staub machten, blieb ich aus Mitleid noch zehn Minuten mit meiner verwelkten und postmenopausalen Klassenlehrerin im blubbernden Jacuzzi.

Als ich kurz nach dem Klingeln zur Hofpause den Raum der 8 d betrat, war die Diskussion über den Wandertag bereits in vollem Gange. Frau Arlt leitete das Gespräch entspannt. Sie begrüßte mich lächelnd: «Herr Serin! Schön, dass Sie gekommen sind. Wir haben schon ein paar Vorschläge gesammelt.» An dem Whiteboard stand mit Marker geschrieben: *Führung durch den Berliner Dom, Besuch der Alten Nationalgalerie* und *Führung durchs Kupferstichkabinett.* Ich konnte mir ein «O Gott! Ist dis öde!» nur mit Mühe verkneifen. Das war wieder so ein Moment, in dem sich deutlich zeigte, dass ich Vertretungslehrer an einem Gymnasium in Zehlendorf war, mit einer durchweg wohlsituierten, bildungsbürgerlichen Klientel. Nur verstand ich nicht, was Frau Arlt dann mit widerspenstigen Schülern meinte. Ihre saßen brav gereiht auf ihren Plätzen. Die Tische enthielten keine Schmierereien, und die Plakate an den sauberen Wänden zu den letzten Schülerarbeiten im Erdkundeunterricht zeugten davon, dass richtiger Unterricht möglich war. Die Jungen und Mädchen schienen obendrein bestens an die Lehrererwartungen adaptiert zu sein und gar nicht mehr auf die Idee zu kommen, dass ein Wandertag auch Spaß machen konnte.

Was für ein Unterschied zu meiner früheren Referendariatsschule in Berlin-Mitte. Da hatten sich die Vorschläge meiner Schüler anders angehört: *zu Hause bleiben, in eine Moschee gehen, ins Einkaufszentrum Alexa gehen, in die Disco gehen, den japanischen Splatterstreifen* Tokyo Gore Police *sehen*. Meinen Einwand, der Film sei erst ab achtzehn und werde außerdem noch gar nicht in den Kinos gezeigt, hatten Yassin und Burak mit dem Hinweis entkräftet, sie hätten ihn bereits aus dem Netz gezogen und könnten ihn gern mit in die Schule bringen. Natürlich konnte ich mich darauf nicht einlassen.

Die meisten meiner damaligen Kollegen verzichteten sogar auf Wandertage, weil die Schule in nicht wenigen Sehenswürdigkeiten Hausverbot hatte, seitdem ein Schüler im Bode-Museum versucht hatte, aus dem Münzkabinett ein paar Exponate mitgehen zu lassen. Und ein anderer in der Gemäldegalerie einen Rubens mit seinem *tag* versehen hatte.

Mit solchen Aktionen war bei Schülern des Monet-Gymnasiums nicht zu rechnen. Zu meinem Erstaunen reichten Frau Arlt – ihre ausgewaschene blaue Jeans mit hochgekrempeltem Beinsaum, das cremefarbene Ruffle Top sowie ihre schnoddrige norddeutsche Art zu reden hätten weniger Konservatismus vermuten lassen – der Berliner Dom, die Alte Nationalgalerie und das Kupferstichkabinett noch nicht. «Herr Serin, haben Sie noch eine Anregung?» Wie sollte ich das toppen? Gab es etwas Anstrengenderes als das Kupferstichkabinett? Sollte ich etwa einen Besuch in einem Kloster anregen oder eine Friedhofsrallye?

Mir wollte partout nichts Adäquates einfallen. Darum schlug ich, nur um ein bisschen Farbe in die Liste zu bringen, vor: «Wir können ja auch von Robert Rodriguez *Planet Terror* sehen.» Ich erwartete nicht, damit auf Zustimmung zu stoßen. Frau Arlt schien aber nicht zu wissen, dass es sich um einen Splatterfilm handelte, für den ihre Achtklässler mit Sicherheit deutlich zu jung waren. Nicht nur, dass ihr nicht die Kinnlade herunterfiel, sie schrieb *Planet Terror* zu meiner Verwunderung sogar an das Whiteboard. Aber vielleicht wollte sie mich auch nur nicht vor der versammelten Klasse bloßstellen, weil ein Schüler meinen Vorschlag mit «Kino? Da lernt man ja gar nichts» kommentiert hatte. Ich bezweifelte, dass er wusste, worum es in dem Streifen ging.

Es kam, wie es kommen musste. Das Kupferstichkabinett gewann haushoch. *Planet Terror* erhielt keine einzige Stimme. Der Wandertag würde ätzend werden. Ich verfluche die Schüler innerlich. Die waren hier schon in der achten Klasse so verbohrt, so wenig offen für etwas anderes – dabei würde ihnen ein gewaltverherrlichender Film echt mal guttun.

Doch ich war überraschenderweise nicht der Einzige, der sich nicht freute. Als ich tags darauf in der Hofpause an Frau Arlt vorbeilief, befand sie sich gerade in einem Gespräch mit Frau Voigt: «Scheiß Kupferstichkabinett! Jetzt muss ich wieder Arbeitsblätter entwerfen. Sonst beschweren sich noch die Eltern, dass ihre Kinder nichts lernen. Ich hätte so gerne mal *Planet Terror* gesehen.»

Januar 2011, Rathenau-Sekundarschule, Marzahn, Klassenraum 7 d, große Pause
Julia: Herr Serin, welches Sternzeichen haben Sie?
Ich: Wieso willst 'n das wissen?
Gina: Julia weiß alle Sternzeichen.
Ich: Skorpion.
Julia: Herr Serin, ich mag Sie.
Ich: Geht das nicht ein bisschen schnell? Und solltest du nicht ein paar mehr Informationen über mich haben als mein Sternzeichen?

MARZAHN RULES!

Alle standen um Leon rum. Leon schrie die Mädchen an: «Ihr Schlampen. Wenn ihr noch einmal was über Celina schreibt, dann mach ich euch fertig. Ihr habt nicht das Recht, so etwas über Celina zu schreiben.» Die Art, wie ich den Siegerbeitrag unseres Schülerschreibwettbewerbs *Mein Marzahn* vorlas, konnte nicht der Grund dafür sein, dass die etwa vierzig anwesenden Jungen und Mädchen und ebenso vielen Verwandten in dem zur Lesebühne umfunktionalisierten Schulcafé keinen Mucks von sich gaben und geradezu an meinen Lippen klebten. Wenn ich unterrichtete, tat ich das genauso monoton wie jetzt beim Lesen – und hatte die größte Mühe, mein Publikum bei der Stange zu halten oder mich wenigstens akustisch bemerkbar zu machen. Es konnte demzufolge nur an der Geschichte selbst liegen, deren Autor mir bisher noch nicht bekannt war: ein Text über einen achtzehnjährigen Jungen, der, nachdem seine Freundin von Mitschülerinnen im Internet auf der Seite iShareGossip als behindert und hässlich gemobbt worden war, die vermeintlichen Täterinnen am S-Bahnhof Springpfuhl zur Rede stellte. Unweigerlich mündete das in einer Katastrophe. Die Erzählung hatte den ersten Platz bei diesem Schreibwettbewerb vollauf verdient, der auf meinen Vorschlag hin an der Rathenau-Sekundarschule initiiert und von mir zusammen mit dem Referendar Jonas und der Vertretungslehrerin Anne organisiert worden war.

Immerhin, fünfunddreißig Beiträge waren eingereicht worden. Zu meiner Freude hatte ich sogar Enrico, Vivien und Jennifer aus meiner 8a zu einer Teilnahme überreden können. Enrico war

jetzt zur Lesung mit seiner Mutter erschienen, Vivien mit beiden Elternteilen. Jennifers Eltern fehlten. Aber das tat Schulleiterin Stöcher auch. Sie hatte Herrn Warner geschickt. Vermutlich, weil keine Presse da war.

Die fünfunddreißig Texte hatten es in sich. Nicht, was die sprachliche Richtigkeit betraf – als Juroren waren Jonas, Anne und ich schnell übereingekommen, Orthographie und Grammatik aus der Bewertung auszuklammern, solange sich uns die Handlung erschloss. Mit ihren sprachlichen Defiziten wurden die Schüler schließlich bereits im Unterricht permanent konfrontiert. Entscheidend waren für uns formale und inhaltliche Originalität sowie ein Spannungsbogen. Nein, die Themen waren alles andere als leichte Kost. Es ging um den Jugendclub Springpfuhlhaus, der mangels Geld geschlossen werden musste; um eine Kampfhundattacke vorm Netto; um Drogendealer am Eastgate; um ein Mädchen, das von zu Hause abhaut; um einen Jungen, der seine Freundin aus Eifersucht umbringt und dann sich selbst in Ahrensfelde vor die S-Bahn wirft. Das Drama schloss, nachdem der Junge von der S-Bahn überfahren worden war, mit den Worten: «Ich hoffe, diese Geschichte hat euch gefallen.»

Uns fiel es aber nicht leicht, die Einsendungen nach rein literarischen Gesichtspunkten zu beurteilen, denn etwa jeder zweite Beitrag endete mit: «Diese Geschichte ist wirklich so passiert.» Da für uns Juroren die Autoren aus Objektivitätsgründen anonym geblieben waren – die Texte waren einzig mit einer Nummer versehen worden, und nur Herr Warner kannte ihre Verfasser –, stellten wir bei unseren Besprechungen jedes Mal Vermutungen darüber an, welcher Schüler beziehungsweise welche Schülerin die geschilderten Dinge erlebt und aufgeschrieben haben mochte. Unsere Spekulationen hatten etwas Beklemmendes, zum Beispiel als wir eine Geschichte diskutierten, in der es um die Erfahrungen eines Mädchens im Tschetschenienkrieg und seine anschließende

Flucht nach Deutschland ging. Wir tippten auf drei verschiedene Schülerinnen. In Marzahn schien sich wirklich das Leid der ganzen Welt zu konzentrieren.

Umso erleichternder war es, dass sich auch einige Jungen und Mädchen an dem Wettbewerb beteiligt hatten, die dem Bezirk mit bedingungslosem Lokalpatriotismus ein literarisches Denkmal setzten. So gab es in einem eingereichten Gedicht mit dem Titel «Marzahn rules» folgende Verse:

Im Marzahn ist es voll schön / man, lass es dir erzähln / wir ham hier Lidl, Netto und Schlecker / man, dis is lecker. Und in einer anderen Geschichte hieß es: *Marzahn ist wie ein Plattenbau-Ghetto. Hier schwänzen die Schüler schon in der Grundschule, mit 12 fangen sie an zu kiffen, mit 13 zu saufen, und mit 14 kriegen sie Hartz IV. Hier spielen kleine Kinder im Winter auf der Straße. Hier prügelt man sich ständig. Man wird regelmäßig abgezogen. Aber zum Glück ist der Marzahn so, wie er ist – und er soll sich nicht ändern, denn sonst wäre er nicht der Marzahn.*

Als wir diese Texte besprachen, musste ich daran denken, wie ich etwa zwei Monate zuvor in der M8 zwei Schüler belauscht hatte, die ihren Bezirk in höchsten Tönen lobten: «Marzahn ist echt geil. Der geilste Bezirk von allen.» Der Dialog hatte etwas Absurdes, denn unsere Straßenbahn fuhr gerade am Textildiscounter Kik vorbei sowie an einem Asia-Imbiss, vor dem Alkis auf den neuen Tag anstießen. Und an der nächsten Station stieg ein Skinhead zu. Sicherlich, verglichen mit der Situation in Tschetschenien war das Leben hier gewiss paradiesisch. Es tobte zumindest kein Krieg. Und es gab sogar Gymnasien mit einem guten Ruf.

Für Jonas, Anne und mich war die Auswahl der besten Texte schwer. Sollten wir danach gehen, in welcher Geschichte das schlimmste Leid geschildert wurde? Aber welches Leid war das schlimmste? Wie ließ sich dieses bestimmen? Musste jemand sterben, oder reichte die Schilderung einer ausweglosen Existenz am Rande der Wohlstandsgesellschaft? Unsere Aufgabe war nicht so einfach wie damals, als ich Juror bei einem Schreibwettbewerb am Zehlendorfer Monet-Gymnasium war. Da gewann ein Beitrag, in dem der Erzähler davon berichtete, wie der Vater die Familie für eine andere Frau verließ, weshalb die Mutter sich das Eigenheim in Dahlem nicht mehr leisten konnte. Die Geschichte endete damit, dass der Protagonist mit seiner Mutter in eine Mietwohnung in den Osten ziehen musste. Die übrigen Jurymitglieder hatte das Schicksal des Erzählers tief betroffen gemacht. Eine Lehrerin hatte sogar weinen müssen. Östlich vom Berliner S-Bahn-Ring spielte der Kummer in einer anderen Liga.

Nach langem Hin und Her, nach intensiven Debatten vereinbarten wir schließlich Auswahlkriterien für die Rathenau-Autoren. Wir legten fest, dass unter den drei Preisträgern nur ein Text sein durfte, der mit den Worten schloss: «Diese Geschichte ist wirklich passiert.» Außerdem durfte es nur in einer Story Tote geben. Ferner musste ein Beitrag eine positive Botschaft vermitteln.

Den dritten Platz vergaben wir an die «Marzahn rules»-Lyrik mit dem Reim: *wir ham hier Lidl, Netto und Schlecker / man, dis is lecker*, auch weil wir als Dichter einen Siebtklässler vermuteten, den wir in seiner optimistischen Weltsicht und seinen Schreibbemühungen bestärken wollten. Allerdings hatte dieses Gedicht tatsächlich ein Junge aus der Elften verfasst. Es wurde dennoch frenetisch beklatscht und mit *Marzahn, Marzahn*-Rufen bejubelt. Den zweiten Platz erhielt eine Schülerin aus der Zehnten, die eine Geschichte geschrieben hatte, in der der Erzählerin von einer Mitschülerin ein so heftiger Schlag versetzt wird, dass sie das Bewusstsein verliert. In diesem Zustand erlebt sie ein Marzahn, das völlig anders ist als das, das sie kennt: Die Menschen sind freundlich und hilfsbereit, die Erwachsenen trinken alkoholfreie

Getränke und gehen zur Arbeit. Die Kinder besuchen regelmäßig die Schule und reden miteinander, statt sich zu prügeln. Wenn jemand einen Radfahrer umfährt, begeht er nicht Fahrerflucht, sondern ruft einen Krankenwagen. Die Straßen sind sauber. Ein unbeschreibliches Glücksgefühl überfällt sie. Als die Erzählerin jedoch wieder erwacht, muss sie feststellen, dass Marzahn noch genauso ist wie immer, weshalb sie wütend zurückschlägt.

Mir oblag es, Platz eins vorzulesen. Es handelte sich um den Text, der mit dem Satz endete: «Die Geschichte ist wirklich passiert.» Außerdem war es die Story, in der jemand starb. Leon wurde am Ende von den Freunden der Mädchen, die seine Freundin Celina gemobbt hatten, erstochen. Die Erzählung war aus der Perspektive von Leons bestem Freund geschrieben. Als dann Herr Warner eine fünfzehnjährige Schülerin namens Justine aufrief und diese unter Applaus zu mir nach vorne auf die Bühne kam, um den Preis entgegenzunehmen (einen Dussmann-Gutschein), war ich ziemlich erleichtert. Mit ihrer Ponyfrisur, ihrem Haarreifen, ihrem braven Pferdeschwanz, ihrer markenlosen hellblauen Strickjacke und ihrem schüchternen Gang sah sie nicht so aus, als sei sie in Prügeleien auf S-Bahnhöfen verwickelt. Ich schüttelte ihr die Hand und gratulierte ihr: «Die Geschichte wirkt total echt. So als sei sie wirklich passiert. Beeindruckend, dass du dir so was ausgedacht hast.» Verlegen blickte sie nach unten, anschließend ging sie wieder zu ihrem Platz.

Kurz darauf erfuhr ich von Frau Ruppin, die Justine in Erdkunde unterrichtete, dass sich die Geschichte tatsächlich so zugetragen hätte. Justine sei die Celina aus dem Text. Sie sei die Person, die ihren Freund verloren hätte. Die besten Geschichten schreibt leider doch oft das Leben.

Falls ich noch einmal an der Rathenau-Sekundarschule einen Schreibwettbewerb mit organisieren sollte, würde ich darauf achten, ein harmloseres Thema zu wählen. *Mein Marzahn* war einfach von vornherein zu negativ besetzt. Beim nächsten Mal würde ich beispielsweise vorschlagen: *Mein Ausflug nach Zehlendorf.* Oder: *Alles außer Marzahn.*

Mai 2011, Rathenau-Sekundarschule, Vorbereitungsraum Gesellschaftswissenschaften

Ich: In meiner letzten Schule im Wedding wurde überlegt, ob man sich von einem Spielcasinobetreiber ein Gelände für die Errichtung einer neuen Sporthalle zur Verfügung stellen lässt, direkt neben dem Spielcasino. Und auch Geld von diesem Mann nimmt.

Frau Ruppin: Is ja krass.

Ich: Na ja, Wedding hat kein Geld und kann sich den Bau einer neuen Halle nicht leisten. Das Angebot wurde in der Gesamtkonferenz sehr kontrovers diskutiert. Ich weiß aber nicht, wie man sich entschieden hat.

Frau Ruppin: Schlimm, dass darüber überhaupt nachgedacht wird.

Herr Alt: Ich sehe da kein Problem. Ist doch schön, wenn das jemand bezahlt, wenn wir kein Geld haben. Das ist doch besser, als wenn die Schüler weiter ohne Turnhalle sind.

Frau Ruppin: Öffentliche Schule und Privatwirtschaft sollten aber getrennt bleiben, zumal bei einer solchen Branche. Nächstes Mal bietet uns ein Drogendealer Geld an. Sollen wir das auch nehmen?

Herr Alt: Warum nicht?

27
«BIST DU DAMIT EINVERSTANDEN?»

«Also, was ich über Ihren Unterricht höre, lässt mich doch stark an Ihrer Kompetenz zweifeln. Allein schon Ihre Umgangsformen!»

«Meine Umgangsformen?»

«Einfach der ganze Umgang mit Ihren Schülern. Diese Gängelei. Dieses ständige Getrieze. Dürfte ich mal fragen, wo Sie vorher unterrichtet haben?»

«An einer Gesamtschule, wieso?»

«Also – so wie Sie Ihre Schüler behandeln, könnte man meinen, Sie kommen direkt von der Kita.»

«Wie behandele ich denn meine Schüler?»

«Wie Kinder.»

«Wie Kinder? Könnten Sie das vielleicht ein bisschen näher ausführen?»

Eigentlich hatte Frau Raue-Reyer um ein Gespräch mit mir ersucht, um über die Noten ihres Sohnes Pontus-Theodor zu sprechen, den ich im Leistungskurs PW hatte. Doch ohne sich meine Sicht überhaupt anzuhören, war die teuer gekleidete, leicht gebräunte Frau nach dem Betreten des gläsernen *Meeting Rooms*, der in der Arthur-Schnitzler-Privatschule Transparenz markieren sollte, sofort zum Angriff übergegangen.

«Na, dieses Gängeln. Dass Sie ihnen ständig ins Wort fallen, wenn irgendwo ein Schüler einen Stift fallen lässt. Dass sie gleich laut werden, wenn jemand ein paar Sekunden nach dem Klingeln die Klasse betritt. Dass Sie ihnen alles vorschreiben. Dass man bei Ihnen nicht mal auf Toilette gehen darf. Oder trinken. Oder dass

Sie ihnen die Kleidung vorschreiben. Also, wenn ich mir Sie so ansehe, dann finde ich gerade Letzteres regelrecht frech.»

Die aufgebrachte Mutter hatte eine sehr verzerrte Wahrnehmung von meiner Unterrichtsführung und vor allem davon, wie es in der Gruppe ihres Sohnes zuging. Ich unterbrach nicht ständig Schüler in ihren Ausführungen, weil Stifte zu Boden fielen, sondern weil parallel permanent Gespräche im Gange waren, die nichts mit dem Inhalt der Stunde zu tun hatten. Über Schüler, die ein paar Sekunden zu spät zum Unterricht erschienen, wäre ich froh gewesen. Sie ließen sich oft erst nach Minuten blicken. Mit meinen Vorschriften musste Frau Raue-Reyer die Unterrichtsregeln meinen, die gemeinhin üblich und eigentlich nicht mehr zu diskutieren waren. Zur Entscheidung, während der Stunde niemanden mehr aufs Klo zu lassen, war ich erst gelangt, nachdem die Besuche auf dem Orkus zu zwanzigminütigen Expeditionen ausgeartet waren. Einmal war ich einem Schüler, der nicht wiederkam, gefolgt, um zu fragen, ob das Klopapier reiche.

Auch gegen das Trinken hätte ich nichts gehabt, wenn sich einige Schüler nicht wiederholt den Spaß erlaubt hätten, nach dem Verzehr ihrer Cola laut zu rülpsen. Was ihr an meiner Haltung in dieser Frage ungehörig erschien, war mir ein Rätsel. Hätte ich jetzt zur Verdeutlichung ein kohlensäurehaltiges Getränk herausholen und zurückrülpsen sollen? Worauf Frau Raue-Reyer mit meiner Kleidung anspielte, konnte ich bestenfalls vermuten. Verglichen mit meinen Outfits an öffentlichen Schulen trat ich regelrecht businesslike auf. Mein BFC-Dynamo-Trikot ließ ich, anders als im Referendariat, jeden Morgen im Schrank. Ohne Hemd ging ich nie in den Unterricht. Ich hatte es sogar versuchsweise in meine Stoffhose gesteckt, es aber wieder gelassen, weil ich es nach jeder Drehung erneut hatte reinstopfen müssen. Vielleicht störte es sie, dass ich nicht wie sie einen Anzug trug. In dem sie übrigens etwas steif wirkte. Was hätte Pontus-Theodor an meiner

Stelle auf den Vorwurf, unangemessen gekleidet zu sein, zu seiner Mutter geantwortet? *Guck dich mal an! Wie hässlich du bist!* Oder irgendetwas in der Art.

Ich ging nicht weiter darauf ein, sondern lenkte das Gespräch wieder auf ihr offizielles Anliegen: «Ich würde vorschlagen, wir konzentrieren uns darauf, weswegen Sie hierhergekommen sind. Sie erwähnten, dass Sie mit den Noten von Pontus-Theodor nicht zufrieden sind.»

«Ja, genau! Ich versteh das einfach nicht. Es leuchtet mir nicht ein. Bisher war er immer so gut gewesen, und nun soll er auf einmal so viel schlechter sein ...»

Aha! Pontus-Theodor war also so gut gewesen, dass er gleich mehrmals die Schule hatte wechseln müssen. Das Arthur-Schnitzler-Gymnasium war seine fünfte Einrichtung in sechs Jahren. Der Gegenstand unserer Unterredung fläzte mit einer Mischung aus Langeweile und Arroganz in Skaterklamotten auf dem Polsterstuhl neben seiner Mutter, kaute Kaugummi und starrte gelangweilt ins Leere.

«Ich kann nicht beurteilen, wie Ihr Sohn vorher war, aber bei mir ist er mit seiner Drei plus nicht schlecht bedient. Schauen Sie, er ...»

Frau Raue-Reyer fiel mir ins Wort.

«Das ist ja die absolute Frechheit! Wie kann sich denn jemand, der vorher auf Eins gestanden hat, von einem Halbjahr zum nächsten um zwei Noten verschlechtern? Erklären Sie mir das mal! Das kann doch nur am Lehrer liegen.»

«Das kann auch am Lehrer liegen», bemerkte ich, ohne jedoch zu präzisieren, welchen Lehrer ich dabei im Sinn hatte, nämlich den Kollegen, der vorher mit Pontus-Theodor viel zu nachsichtig gewesen war. Stattdessen fügte ich hinzu: «Ich kann Ihnen lediglich transparent machen, wonach ich bewerte – und nicht, wie frühere Noten zustande gekommen sind.» Sie schüttelte über meine Äußerung missbilligend ihren gestuften Bob, doch davon unbeeindruckt fuhr ich fort: «Meine mündliche Note setzt sich zusammen aus folgenden Komponenten: zum einen der Qualität der Beiträge. Hierbei wiederum spielen Fähigkeiten zur Vernetzung alten und neuen Wissens, Transferleistungen, Sprachkompetenz, Aufgabenkompetenz eine Rol...»

«Wollen Sie sagen, Pontus-Theodor kann sich nicht gut ausdrücken?», bellte sie mich an.

«Nein», beschwichtigte ich. «Das meine ich nicht.» Obwohl auch das zutraf. Er drückte sich mir gegenüber durchweg in einem Jargon aus, als sei ich sein Homie. «Aber ich war noch nicht fertig. Zur Qualität kommen Quantität der Beiträge, Fachkompetenzen sowie die Fähigkeit, in Gruppen zu arbeiten und Aufgaben methodengerecht zu lösen. Auch Zusatzqualifikationen wie Referate sind bei der Notengebung von Bedeutung. Pontus-Theodor zeigt im Unterricht jedoch ausgesprochen wenig Motivation, sich zu beteiligen. Bei Gruppenarbeiten überlässt er den anderen die Aufgabenlösung. Er macht praktisch nichts.» Pontus grinste.

«Entschuldigen Sie mal!», fuhr mir Frau Raue-Reyer über den Mund. «Aber da versteifen Sie sich nun wirklich auf eine Sache und bewerten die total über. Es kann ja nun nicht sein, dass Pontus-Theodor eine Drei bekommt, bloß weil ihm Gruppenarbeit nicht liegt. Vielleicht machen Sie auch einfach zu viel Gruppenarbeit. Ist ja kein Wunder, wenn er immer mit Schülern zusammenarbeiten muss, die so unmöglich sind. Wie hieß der noch mal, dieser ...» Sie drehte sich fragend zu ihrem Sohn, der seinen Kaugummi gerade mit den rechten Backenzähnen durchknetete.

«Patrick!», sagte Pontus-Theodor.

«Genau! Dieser Patrick. Immer lassen Sie ihn mit diesem Patrick in einer Gruppe arbeiten. Pontus-Theodor kann seine Qualitäten nun mal besser zeigen, wenn er alleine etwas macht.»

Davon hatte ich bisher noch nichts bemerkt. In der Gruppe

konnte er seine bescheidenen Qualitäten wenigstens verstecken. Es fiel mir schwer, der Frau nicht an den Kopf zu schleudern, dass ich keineswegs Gruppenarbeit überbewerte, sondern sie wohl eher das Potenzial ihres Sohnes überschätzen würde.

«Wenn es um individuelle Beiträge geht, zeigt Pontus-Theodor wenig Einsatz. Das sagte ich bereits.»

«Ja, weil Sie ihn nie rannehmen. Das hat er mir erzählt. Sie denken wohl, ich spreche nicht mit meinem Sohn.»

Wahrscheinlich nahm sie ihn nach jeder selbstverschuldeten Drei in den Arm, und er erhielt zum Trost ein neues iPad.

«Hören Sie! Natürlich übersieht man bei zwanzig Schülern die eine oder andere Meldung. Aber ich mache mir nach jeder Stunde zu jedem Schüler Notizen über seine Beteiligung …»

«Die würde ich gerne mal sehen, aber im Original …» Frau Raue-Reyer schob ihr Kinn nach oben, so als rüge sie gerade ein kleines Kind. Nicht nur ich konnte offenbar Menschen, die keine Kinder mehr waren, wie solche behandeln.

«… und alles in allem», fuhr ich fort, «kommt dann wohl doch ein ziemlich genaues Bild dabei heraus. Zudem sind die Beiträge Ihres Sohns auch qualitativ bestenfalls im ausreichenden Bereich.»

«Was soll das heißen?»

«Seine Antworten sind der Aufgabe vielfach nicht angemessen.»

«Ich glaube eher, dass Sie vorgefertigte Meinungen haben. Sie wollen, dass die Schüler etwas Bestimmtes antworten. Und wenn Schüler wie Pontus-Theodor eine andere Meinung haben, werden sie dafür bestraft. Er ist Ihnen einfach nicht konform genug. Nicht angepasst genug.»

Genau! Ihr Sohn war für mich ein Problem, weil er sich partout nicht zur Überlegenheit des Sozialismus über die freiheitlich-demokratische Grundordnung bekennen wollte. Dieses Bekenntnis verlangte ich von allen Schülern. In der ersten Stunde ließ ich sie aufstehen, zum Fahnenappell. Danach wurde geschworen und anschließend die DDR-Nationalhymne gesungen. Dem hatte sich Pontus-Theodor verweigert.

«Es hat nichts mit vorgefertigter Meinung des Lehrers zu tun, wenn dieser die Schüler auffordert zu beurteilen, ob ein ökologischer und sozial verantwortungsvoller Konsum mit dem Hartz-IV-Regelsatz möglich ist, und Pontus-Theodor dazu erklärt, alle Arbeitslosen seien einfach nur Schmarotzer. Und das ist nur ein Beispiel, ein Beispiel von heute. Ich könnte Ihnen sehr viele weitere anführen.»

«Was soll daran falsch sein? Die meisten Bezieher von Arbeitslosengeld II sind Schmarotzer. Wir haben einen Freund, einen Professor an der Freien Universität Berlin. Der hat zu Hartz IV geforscht und kann Ihnen das bestätigen. Der würde Ihnen im Unterricht Ihre Inhalte zerpflücken, in wenigen Minuten. Was haben Sie eigentlich für eine Ausbildung? Haben Sie überhaupt einen richtigen Abschluss?»

Es verwunderte mich fast, dass sie mir keinen Reporter der *Bild*-Zeitung in die Stunde schicken wollte. Es hatte keinen Sinn, weiter mit der beleidigten und ausfallend werdenden Frau über mich als Lehrer beziehungsweise über die Leistungsfähigkeit ihres Sohnes zu debattieren. Genau genommen hätten die von mir angeführten Defizite von Pontus-Theodor bestenfalls eine Vier gerechtfertigt. Aber er stand bei mir auf Drei, weil mir Frau Ruhland, unsere Direktorin, zu verstehen gegeben hatte, dass an ihrer Privatschule keine schlechteren Noten als «Befriedigend» verteilt werden und jeder ein vernünftiges Abi schafft. Mir war klar, dass ich jetzt gegenüber der Mutter schwere Geschütze auffahren musste, um den Fokus auf das eigentliche Problem zu lenken: ihren Sohn.

«Unabhängig von seiner Leistungsfähigkeit verbaut sich Ihr

Sohn eine bessere Note dadurch, dass er regelmäßig zu spät zum Unterricht erscheint und seine Arbeitsmaterialien grundsätzlich nicht dabeihat. Oft erwische ich ihn in der Stunde, wie er mit seinem iPhone spielt.»

«Das ist mir neu. Na, ein Glück, dass Ihnen das jetzt noch einfällt.»

«Nicht *jetzt*. Ich habe Ihnen mehrere Briefe geschrieben und sogar bei Ihnen angerufen und auf den Anrufbeantworter gesprochen, um mit Ihnen zu reden – ohne Erfolg. Sie können mir nicht vorwerfen, ich hätte Sie nicht informiert.»

«Davon habe ich nichts mitbekommen. Ich bin eine vielbeschäftigte Frau. Da kann so etwas durchaus durchrutschen. Haben Sie überhaupt die richtige Adresse?» Ich wusste, dass sie nicht berufstätig war. Dagegen, dass sie Stress hatte, sprach ihre äußerst gesunde Gesichtshaut. Sie war über fünfzig, hatte aber kaum Falten und wirkte sehr ausgeruht. Vermutlich meinte sie mit «vielbeschäftigt», dass sie ständig bei verschiedenen Kollegen der Schule vorstellig werden musste, um sich über die Noten ihres Sohnes zu beschweren. «Und außerdem», fügte sie hinzu, «könnte das Verhalten meines Sohnes auch mit Ihrem Unterricht zu tun haben. Ich sag mal, wenn Sie die Schüler langweilen ...»

Pontus-Theoder grinste erneut. Unter normalen Umständen hätte ich das Gespräch längst beendet und der Mutter erklärt: «Ihr Sohn ist nicht ohne Grund von vier Schulen geflogen. Regen Sie sich ab! Sonst ist diese hier die nächste!» Aber Frau Ruhland hatte mir ans Herz gelegt, mich mit Frau Raue-Reyer zu einigen, schließlich seien es die Eltern, die die Schule finanzierten. Außerdem sei die Mutter von Pontus-Theodor mit jenem Bundestagsabgeordneten befreundet, der nur wenige Meter von der Schule entfernt sein Wahlkreisbüro habe.

Also bot ich der Mutter an – entgegen meiner Überzeugung –, sie künftig in meinem Unterricht hospitieren zu lassen, um sich selbst ein Bild zu verschaffen. Ich versprach ihr auch, Pontus-Theodors Fähigkeiten stärker im Blick zu haben und ihn gezielter zu fördern. «Im Gegenzug verlange ich aber von ihm, von nun an pünktlich zum Unterricht zu erscheinen und seine Arbeitsmaterialien immer mit sich zu führen. Das ist nur in seinem eigenen Interesse.»

Frau Raue-Reyer wandte sich an ihren Sohn: «Bist du einverstanden damit, pünktlich und mit Arbeitsmaterialien zum Unterricht zu erscheinen?» Er murmelte ein genervtes «Mhm».

«Er ist einverstanden», erklärte sie mir.

Ich hatte Tränen der Rührung in den Augen, als wir uns verabschiedeten. Pontus-Theodors Großzügigkeit war umwerfend. Letztlich war das Gespräch aber für mich einigermaßen glimpflich ausgegangen, obwohl ich noch hörte, wie er beim Verlassen des Raums zu seiner Mutter meinte: «Ich hab doch gesagt, der nervt.» Und von ihr bestätigt wurde: «Ist halt ein Lehrer!»

Nächste Woche würde es deutlich unangenehmer werden. Da hatte ich eine Unterredung mit der Mutter von Hannah. Hannah war in meiner Neunten und von mir gebeten worden, die Beine während des Unterrichts nicht auf den Tisch zu legen. Ihre Mutter war meine Direktorin. Wahrscheinlich hatte sie meine Kündigung schon in der Tasche.

Juli 2010, Arthur-Schnitzler-Privatschule, Büro der Direktorin
Frau Ruhland: Ich bitte Sie, darauf zu achten, in Ihrer Benotung den Persönlichkeiten der Schüler Rechnung zu tragen.
Ich: Das verstehe ich nicht.
Frau Ruhland: Sie sollten sich immer vor Augen halten, dass jede schlechte Note auf Sie und Ihren Unterricht zurückfällt. Unser Anspruch ist es nicht, die Schüler klein zu halten, sondern jedem in dieser Einrichtung ein gutes Abi zu ermöglichen.
Ich: Aber manche Schüler haben einfach nicht das Potenzial für ein gutes Abi.
Frau Ruhland: Es ist Ihre Aufgabe, das Potenzial in jedem Schüler zu wecken. Falls Sie einem Schüler dennoch eine Vier oder sogar eine schlechtere Note zu geben beabsichtigen, dann bitte ich Sie um eine vorherige Rücksprache mit mir.

27
«ACH, IS DER SÜSS!»

Erneut wurde die weiße Aluminiumtür zu unserem Klassenraum von außen aufgerissen. Samy aus meinem Grundkurs Geschichte musste zum vierten Mal sein Referat zur Krise in Syrien unterbrechen. Er rollte genervt mit den Augen und fluchte: «Wichser!» Schon beim dritten Öffnen, kaum eine Minute zuvor, hatte er sich so aufgeregt, dass er darüber kurz den Faden verloren hatte. Doch diesmal war ich zur Stelle, denn ich hatte direkt hinter der Tür gewartet. Ich wollte nicht zulassen, dass irgendwelche Lernverweigerer seinen Vortrag sabotierten, den er nicht nur freiwillig hielt, sondern mit einer ausgesprochen gelungenen PowerPoint-Präsentation unterstützte. Zudem war das nicht meine erste Unterrichtsstunde, die von verhaltensauffälligen Teenagern sabotiert wurde.

«Die schnapp ich mir!», beruhigte ich meine Schüler, sprang hinaus auf den Flur und pfiff die zwei Jungen und das Mädchen zurück. In solchen Situationen half kein Laissez-faire. Zumal die dreizehn- bis vierzehnjährigen Delinquenten vermutlich überdies gerade den Klausurplan der Oberstufe, der auf dem grauen Gummiboden lag, von der Wand gerissen hatten. Hier war meine harte Hand erforderlich. Ich war der Lehrer.

Entscheidend dafür, meine Autorität geltend zu machen, war das selbstbewusste Auftreten. Jede meiner Poren musste die Botschaft verströmen, mit mir sei nicht gut Kirschen essen. Natürlich galt es, bei allem Primatengehabe taktische Überlegungen nicht außer Acht zu lassen. So war es ungeschickt, gegen alle drei Störer gleichzeitig vorgehen zu wollen. Ich musste mir einen herauspi-

cken, um an ihm ein Exempel zu statuieren. Auf diese Weise würde ich die anderen beiden einschüchtern und gefügig machen. Am besten, ich griff mir den Rädelsführer heraus, denn ein solches Vorgehen war ein Signal für meine Unerschrockenheit.

Zu meiner großen Verwunderung blieben die drei tatsächlich stehen. Leider auch der etwa 185 Zentimeter große Junge mit den an den Seiten ausrasierten Haaren, die er nach oben zu einem metrosexuellen, aber trotzdem aggressiv wirkenden Iro mit blonden Strähnen gegelt hatte. Als frech grinsender Schrank mit nicht ganz reiner Gesichtshaut baute er sich vor mir auf. «Dich mein ich nicht, renn weiter!», hätte ich ihm am liebsten zugeraunt. Sein Kumpel sah aber kaum weniger beeindruckend aus. Zwar etwa zehn Zentimeter kleiner, damit aber immer noch ungefähr sieben Zentimeter größer als ich. Und er schien regelmäßig das Fitnessstudio zu frequentieren. Neben seinem Freund wirkte er wie eine breite Kommode mit Pickeln im Gesicht. Vielleicht sollte ich meine Zwölftklässler zu Hilfe holen. Ein Glück, dass das Mädchen, eine blondierte Tussi mit von Solariumsbesuchen gebräunter und von kräftiger Schminke entfremdeter Haut, nur schätzungsweise einen Meter fünfzig groß war. So gab es wenigstens eine Person, zu der ich nicht aufschauen musste.

Mir war klar, dass ich mich von der numerischen und körperlichen Überlegenheit auf keinen Fall verunsichern lassen durfte. Doch wer aus dem Trio war nun der Chef? Bestimmt der Schrank. Oder doch die Kommode? Weil ich mich nicht entscheiden konnte, beschloss ich kurzerhand, meinen Furor gegen das Mädchen zu richten. Sicher war sicher.

«Los! Du kommst jetzt augenblicklich mit zum Direktor, aber sofort!», herrschte ich sie an, ihre Mitstreiter bewusst ignorierend.

«Vergiss es! Wer bist denn du?» Sie duzte mich, scheinbar unbeeindruckt von meiner pädagogischen Aura.

«Herr Serin. Und bis zur Rückkehr von Herrn Günther bin ich

Vertretungslehrer an dieser Schule», informierte ich sie sachlich über meinen Status.

«Geh pissen!», erklärte sie mit krächzender Stimme. Die Kerle feixten.

«Du kommst jetzt mit, aber zackig!» Ich legte ihr die Hand auf den Rücken und schob sie in Richtung Treppe. Sie schrie ihren beiden Kumpels zu: «Ach, is der süß! Schaut mal, was der macht!»

Bei diesen Worten schrillten bei mir die Alarmsirenen. Offenbar entwickelte die Schülerin gerade Gefühle für mich. Besonders Mädchen in der Pubertät fühlen sich oft zu älteren Männern hingezogen und steigern sich schnell in gefährliche Liebesphantasien hinein. Daher wahrscheinlich auch ihre freizügige Aufmachung. Die graue Fleece-Trainingshose war noch ganz züchtig. Aber das weiße, ärmellose und gerippte Tank Top, das so weit ausgeschnitten war, dass man den schwarzen Sport-BH sah, sprach für körperliches Sendungsbewusstsein. Aus einer Veranstaltung über sexuellen Missbrauch wusste ich, dass ich keine falschen Erwartungen wecken durfte. Gleichzeitig durfte ich sie aber auch nicht zu schroff zurückweisen, wollte ich ihr altersbedingt fragiles Selbstbewusstsein nicht zerstören und sie in eine Essstörung treiben. Mit anderen Worten: Ich musste deutlich werden, ohne zu verletzen.

«Hör zu!», entgegnete ich darum. «Ich find dich auch süß! Aber ich bin schwul.»

Sie kreischte angewidert, befreite sich mit einem Satz aus dem Körperkontakt und rannte davon. Die Jungs grölten «Schwuchtel!» und setzten ihr nach.

Meine Drohung «Stehen bleiben, sonst gibt es einen Tadel!» hörten sie nicht mehr. Scheiße! Verdammt! Schon wieder ein Fauxpas. Hatte ich denn aus iShareGossip und meinen Erfahrungen mit der 8a gar nichts gelernt? Mir hätte doch klar sein müssen, dass die scherzhaft gemeinte Versicherung, sexuell nicht interessiert, weil homosexuell zu sein, viel zu subtil gewesen war. Hoffentlich hatten sie sich nicht meinen Namen gemerkt. Denn sonst würde es ganz schön unangenehm für mich werden. Vielleicht sollte ich besser über das Diffamierungs-Messageboard das Gerücht streuen, ich sei mit einer Kollegin zusammen. Oder mich gleich mit Frau Stumpf während der Hofaufsicht küssen, um deutlich zu machen, dass das mit dem Schwulsein nur ein Witz gewesen war. Aber Frau Stumpf hatte ich schon eine Weile nicht mehr gesehen.

Dezember 2010, Kevin-Prince-Boateng-Sekundarschule, Wedding, Sozialkundeunterricht, 8. Klasse
Metin: Herr Serin – wenn ein Jugendlicher im Gefängnis war, und er soll dann ins Heim nach'm Gericht. Muss er dann kürzer ins Heim?
Ich: Äh ... Du meinst, wenn er vor dem Gerichtsurteil in Untersuchungshaft war?
Metin: Ja.
Ich: Du willst also wissen, ob die Zeit in der Untersuchungshaft auf die Zeit in der Erziehungsanstalt angerechnet wird?
Metin: Ja.
Ich: Puh ... Gute Frage. Ich bin mir nicht sicher, ob das im Gesetz drinsteht. Ich sag einfach mal ja. Und falls das in einem Test drankommt, schreibt ihr einfach ja ... Selina?
Selina: Ich habe im Jugendgerichtsgesetz gelesen, der muss nicht kürzer ins Heim.
Pascal: Sei mal ruhig! Ist doch egal, was in Gesetz steht. Hauptsache, was Lehrer sagt.

»ES IST AUS!«

«Herr Serin! Ihre Hose vibriert.»

«Danke für den Hinweis, Pascal! Aber das habe ich selber gemerkt.»

Ich ärgerte mich, Jason nicht gezwungen zu haben, sein Handy, bevor ich es ihm abnahm, komplett auszustellen. Und dieses in der Pause nicht ins Sekretariat gebracht oder in mein Lehrerfach gelegt zu haben. Nun, eine Stunde darauf, musste ich das in meinem Grundkurs Geschichte ausbaden. Denn in meiner linken Tasche tremolierte es nun schon zum dritten Mal binnen weniger Minuten. Zunächst hatte ich gar nicht in Erwägung gezogen, dass sich nach dem ersten Anruf noch einmal jemand bei Jason melden würde, und darauf spekuliert, meine Schüler würden nichts merken. Aber beim dritten Mal hörten sie ihn.

«Herr Serin, Herr Serin, was ist in Ihrer Hose los? Sind Sie erregt?», lästerte Marcel in gewohnter Weise. Der langhaarige Arctic-Monkeys-Fan, Bassist der Schulband und Musikleistungskursler, ließ keine Gelegenheit aus, zu testen, ob ich Humor hatte.

Ich entschloss mich zur Vorwärtsverteidigung.

«Ja. Manchmal überkommt es mich einfach. Das kann ich als Mann nicht steuern. Ich hab Sie angesehen, Marcel, und da war es um mich geschehen.» Dieses kleine Wortgefecht hatte ich für mich entschieden.

Lacher hin oder her, das Vibrieren wurde dadurch nicht unterbunden. Keine zwei Minuten später rumorte es erneut wenige Zentimeter links von meinem Schritt. Da war aber wirklich jemand sehr hartnäckig. Ich warf dem spöttisch dreinblickenden

Marcel einen Schmollmund zu und fingerte das Telefon aus meiner Jeans. Scheiß Technik! Wie zog man hier den Stecker? Das Problem war, dass die mit meinem Handy Baujahr 2003 erworbenen Benutzerkenntnisse aller Voraussicht nach nicht ausreichen würden, um dem iPhone schnell das Licht auszuknipsen. Stattdessen würde ich mich vermutlich endlos und peinlich lange durch die Apps wühlen müssen, bis der Touchscreen so stark mit einer Kreide-Fett-Schicht überzogen war, dass man am Ende nichts mehr erkannte. Und meine Oberstufenschüler darum bitten, mir zu helfen, Jasons Gerät auszumachen, wollte ich mir wenige Wochen vor dem Abi-Streich nun wahrlich nicht mehr erlauben. Das würde sie nur auf dumme Gedanken bringen. Ich sah mich schon, wie ich gegen Frau Rogge, unsere geschätzte fünfundachtzigjährige Deutschlehrerin, die ihre Arbeitsblätter immer noch mit Hilfe einer Schreibmaschine entwarf, vor versammelter Schule in einem PC-Contest antreten musste. Aufgabe 1: bei einem eingeschalteten Rechner als Erster das Programm Word finden, öffnen, den Satz *Juhu, ich hab's gefunden!* tippen und diesen anschließend abspeichern, ohne dass die Datei verlorengeht. Aufgabe 2: die abgespeicherte Datei wiederfinden. Aufgabe 3: mit der Maus so schnell wie möglich drei Doppelklicks hintereinander ausführen. Aufgabe 4: den Computer herunterfahren, ohne einfach nur den Stecker herauszuziehen. – Nein. Auf dieses schmachvolle Szenario hatte ich nun wirklich keinen Bock.

«Herr Serin, Handys sind im Unterricht nicht erlaubt», wurde ich von Lena augenzwinkernd gerügt.

«Das müssen wir leider einsammeln», verkündigte Marcel. «Und Ihre Eltern können es dann bei der Schulleitung wieder abholen.»

Mein Gesicht versteinerte sich abrupt. Mit brüchiger Stimme erklärte ich: «Ich habe keine Eltern mehr. Sie sind beide vor zwei Wochen bei einem Autounfall ums Leben gekommen.»

Meine Worte verfehlten ihre Wirkung nicht. Schlagartig kehrte Ruhe ein, selbst das iPhone verstummte. Viele Schüler blickten bedrückt nach unten. Galina, die rotgelockte und wohlproportionierte Miss Rathenau, riss ihre langen Wimpern auseinander und griff sich bestürzt mit der rechten Hand an ihre Lolita-Lippen. Ihr schmaler Hals war noch länger als sonst. Ich fuhr fort: «Deswegen werde ich auch momentan von meiner Oma großgezogen.» Bei einigen Jugendlichen klickte es. Sie begriffen, dass ich nur gescherzt hatte. Galina musste ich aufklären, damit kein falscher Eindruck entstand. Es war nicht cool, als jemand zu gelten, der mit über dreißig bei seiner Oma lebte.

«Spaß beiseite! Das ist nicht mein Handy. Habe ich vorhin von einem aus der Achten eingesammelt.»

«Das kann jeder sagen», hielt mir Marco entgegen.

«Aber ich bin Ihr Lehrer, und wenn ich das sage, dann stimmt das. Außerdem», ich warf einen Blick auf das Display des Apparats, der sich nun doch wieder meldete, «würde mich wohl kaum eine Kimberley anrufen. Ich bin ja nicht aus Marzahn, sondern aus Friedrichshain. Bei uns haben die Leute richtige Namen.» Eine Welle der Empörung ging durch meinen Kurs. Nur Samy, Marcel, Marco und Sandra mussten lachen. «Ich geh jetzt mal ran und kläre Kimberley darüber auf, dass gerade Unterricht ist. Daran werden Sie ja merken, dass das Handy nicht von mir ist.»

«Auf laut stellen, auf laut stellen!», forderte der kleine Samy, der die letzten Stunden, übermüdet wegen seines Engagements im Netz für ein freies Syrien, oft geschlafen hatte. Mehrere Mitschüler stimmten ein. Aber ich weigerte mich. Kimberley war vermutlich die Freundin von Jason, und es würde für sie beschämend genug sein, wenn sie auf einmal seinen Lehrer am anderen Ende der Leitung hätte. Außerdem wusste ich nicht, wie man bei einem iPhone auf laut stellte. Doch als ich abnahm, schaltete Kimberley die Lautsprecherfunktion selbst ein:

«Sag mal, bist du bescheuert, du Muschi?! ... Bist du krank?! Weißt du, wie oft ich dich angerufen hab? Warum gehst du nicht ran? Warum gehst du nicht ran?»

Kimberley schrie dermaßen, dass der gesamte Kurs jedes Wort mitbekam. Es war praktisch unmöglich, mir Gehör zu verschaffen.

«Hä, warum gehst du nich ran? Hast du was mit einer anderen? Oder was? Hä! Hä!»

«Entschuldigung, aber ...»

«Ich hab's gewusst. Hast du keine Eier, Alter!? Was redest du mit so einer Schlampe!?»

«Hallo.»

«Was hallo!? Bist du ein Mädchen oder was!? Hallo, hallo, hallo, hallo!! Seit wann sagst du hallo? Kennst du mich nicht? Hab ich keine Gefühle?»

Mein Kurs grölte. Mehrere Schüler forderten mich auf, mit Kimberley Schluss zu machen.

«Wer ist dahinten? Kevin? Bruce? Was bist du für eine Tunte!? Wenn ich anrufe und mit dir über meine Gefühle rede, erzählst du das gleich rum, Kevin und Burt. Was bist du für ein Knecht!?»

«Hallo, dürfte ich vielleicht auch mal ...»

«Fass mich nicht an! Du stinkst, Alter!»

«Aber ich ...»

«Hör uff zu kacken!»

«Darf ich ...»

«Weißt du was, du bist 'ne kleine deutsche Kartoffel! Und ich hab dich geliebt. Ich hab dir vertraut. Ich hasse dich! Ich hasse dich! Ich hoffe, du stirbst!»

Jetzt reichte es mir. Ich hatte keine Lust mehr, mich beschimpfen zu lassen. «Hör zu, Kimberley!», schrie ich ins Gerät. «Ich mach Schluss! Es ist aus! Ich lieb dich nicht mehr.» Dann legte ich auf.

Meine Schüler applaudierten. Marcel rief: «Endlich! Ich hätte schon viel früher Schluss gemacht.» Dann war tatsächlich Ruhe. Nun musste ich nur noch Jason beibringen, dass er wieder Single war.

Mai 2011, Rathenau-Sekundarschule, große Hofpause
Ich: Ich wollte dir nur sagen, dass ich für dich mit deiner Freundin Kimberley Schluss gemacht habe.
Jason: Schluss gemacht?
Ich: Sie hat in meinem Unterricht die ganze Zeit auf deinem Handy angerufen – und irgendwann bin ich rangegangen. Und da sie mich nur beschimpft hat, hab ich die Beziehung beendet. Hoffe, du kriegst das wieder hin.
Jason: Nicht so schlimm. Hab sowieso 'ne Neue.

KURZ VOR DER DEPRESSION

Die dreizehn häufigsten Wörter im Deutschen sind: *der, die, und, in, den, von, zu, das, mit, sich, des, auf, für*. Die dreizehn häufigsten Wörter, die ich vernehme, seitdem ich versuche, in Berlin als Lehrer für Französisch und Geschichte eine Stelle zu bekommen, sind: *nein, wir, brauchen, Sie, nicht, keinen, Bedarf, Französisch, Geschichte, oh, mein, Gott, Bayern.*

Als ich nach meinem zweiten Staatsexamen im Sommer 2009 umgehend meine Bewerbungsunterlagen bei der Senatsverwaltung für Bildung, Wissenschaft und Forschung einreichte, die in Berlin alle Einstellungsverfahren zentral verwaltet, war mir bewusst, dass ich mit meinem Abschluss und meiner Fächerkombination nicht zu den Kandidaten mit den besten Aussichten gehörte. Aber es entlastete auch, zu wissen, dass mich die Schulen automatisch anrufen oder anschreiben würden, sobald die Senatsverwaltung ihnen eine Stelle mit Französisch und Geschichte bewilligte. So lange würde ich mich eben als Vertretungslehrer oder Lehrer an Privatschulen durchschlagen. Doch niemand meldete sich. Nicht zum Schuljahresbeginn 2009/2010, nicht zum ersten Halbjahr 2010 und auch nicht zum Schuljahresbeginn 2010/2011.

Ich checkte jedes Mal in den Monaten, in denen die Einstellungen erfolgten – Dezember und Januar sowie Juni bis August –, stündlich meine E-Mails, fuhr nicht in den Urlaub, um jederzeit zur Verfügung zu stehen, und verließ nur im Notfall das Haus, falls *der* Anruf kam. Doch er kam nicht, dafür erhielt ich Anrufe von Menschen, die ich eigentlich angewiesen hatte, sich nicht bei mir zu melden, um nicht die Leitung zu blockieren:

«Serin.»

«Hallo, hier ist Mama.»

«Oh, Mama! Ich hab dir doch gesagt, du sollst mich nicht anrufen. Ist doch gerade wieder Einstellungszeit.»

«Ich wollte dir nur sagen – heute steht im *Tagesspiegel*, dass Berlin dieses Jahr wieder mehrere hundert Lehrer einstellt.»

«Nicht schon wieder!»

«Soll ich mal vorlesen?»

«Nein!»

«Gut ... Also: *Die Pensionierungswelle an Berlins Schulen ermöglicht zum Sommer die Neueinstellung von knapp 500 jungen Lehrern. Zusammen mit den 200 Lehrern, die bereits zum Februar den Schuldienst angetreten haben, kommen dieses Jahr also rund 700 neue Lehrkräfte in den Schuldienst. Außerdem werden die Verträge ...*»

«Mama, hör damit auf!»

«Und da steht auch, dass in den nächsten Jahren noch mehr Lehrer gesucht werden.»

«Steht da auch, in welchen Fächern?»

«Moment! Ich guck mal ... *Vor allem in den Mangelfächern wie Mathematik, Physik und Latein wird die Nachfrage an Lehrern in den kommenden Jahren weiter steigen. Aber ebenfalls in Englisch, Bio und in Chemie werden immer stärker Lehrkräfte gesucht.*»

«Du weißt aber schon, Mama, dass ich Geschichte, Politik und Französisch unterrichte?»

«Ja, aber vielleicht haben die einfach nur keinen Platz gehabt, um alle Fächer hinzuschreiben. Das ist doch so bei Zeitungen, dass die nur eine bestimmte Anzahl von Wörtern schreiben dürfen, weil es sonst nicht mehr auf die Seite passt.»

«Ich leg jetzt auf.»

«Soll dir Papa den Artikel noch übers Internet schicken?»

«Nein.»

Ich hatte die Schnauze voll vom *Tagesspiegel*, der ungefähr seit meinem ersten Semester an der FU, der Freien Universität Berlin, jedes Halbjahr aufs Neue mit der Schlagzeile aufmachte: *Lehrer in Berlin händeringend gesucht*, nur um anschließend, im ausführlicheren Beitrag, die Meldung zu relativieren. Da wurde dann präzisiert, dass das nur ausgewählte Fächer betraf. Meine waren in zehn Jahren nie dabei gewesen.

Im Sommer 2010 besprach ich sogar meinen Anrufbeantworter neu: «Guten Tag. Hier sind Sie richtig! Hier sind Sie bei Stephan Serin, Zweites Staatsexamen mit den Fächern Französisch und Geschichte / Sozialkunde. Wenn Sie mich zu einem Vorstellungsgespräch einladen wollen, sprechen Sie bitte nach dem Piepton. Wenn nicht, legen Sie bitte sofort auf!» In dieser Zeit erkundigte ich mich auch das erste Mal bei der Senatsverwaltung, ob meine Bewerbungsunterlagen möglicherweise nicht eingetroffen waren.

Bei der GEW, der Gewerkschaft Erziehung und Wissenschaft, erhielt ich den Rat, bei den Schulen persönlich vorstellig zu werden, da diese bei der Auswahl der Kandidaten zunehmend nicht mehr auf die Liste vom Senat zugriffen, sondern aus den Personen auswählten, die sich direkt bei ihnen beworben hätten und die sie dadurch schon kannten. Für mich war das eine schlechte Neuigkeit, denn zum einen war ich von meinen Eltern dazu erzogen worden, mich anderen Menschen nicht aufzudrängen. Zum anderen war mir sofort klar, dass mir bei den meisten Schulen kein richtiger Grund einfiel, warum ich mich gerade bei ihnen bewarb. Bestenfalls, dass ich, da ich bedauerlicherweise nicht in der komfortablen Situation sei, mir meinen Arbeitgeber aussuchen zu können, wahllos jede Einrichtung anschriebe, für die das Bundesinnenministerium keine Terrorwarnung herausgegeben hatte. Trotzdem verschickte ich zwischen September 2010 und Mai 2011 an etwa hundert Gymnasien und Gesamtschulen meine Unterlagen. Von den meisten hatte ich vorher noch nie gehört. Immerhin, knapp die Hälfte der Schulen meldete sich zurück:

Sehr geehrter Herr Serin,
ich danke für Ihr Interesse an unserer Schule.
Momentan haben wir leider keinen Bedarf für Ihre
Fächerkombination. Ihre Bewerbungsmappe können
Sie nach vorheriger telefonischer Terminvereinbarung
im Sekretariat abholen. Ansonsten werden wir diese
in den nächsten vierzehn Tagen datenschutzgerecht
vernichten.
Im Auftrag,
Joost (Schulsekretärin)

Bei Schulen, von denen ich nichts hörte, überwand ich mich und hakte, obwohl nicht meine Art, telefonisch nach. Ich führte fast immer das gleiche Gespräch:

«Hölderlin-Gymnasium. Henschel.»

«Guten Tag. Mein Name ist Serin. Ich bin Studienassessor und habe die Fächer Französisch und Geschichte / Sozialkunde. Ich wollte fragen, ob Sie meine Bewerbungsunterlagen erhalten haben.»

«Das weiß ich nicht. Haben wir wahrscheinlich vernichtet. Für Ihre Fächer haben wir auf jeden Fall keinen Bedarf.»

«Meinen Sie, dass ich mich mittelfristig noch mal melden kann? Vielleicht wird ja jemand mit meinen Fächern pensioniert.»

«Nicht in den nächsten zehn Jahren.»

«Und falls einem Kollegen etwas zustößt?»

«Nein! Stirbt jemand, werden die Fächer abgeschafft. Aber Spaß beiseite. Ich will Ihnen keine falschen Hoffnungen machen. Gehen Sie lieber in ein anderes Bundesland! Bayern sucht Lehrer.»

«Nee, in wirtschaftlich prosperierenden Bundesländern möchte ich nicht unterrichten. Da sind mir die Schüler zu gut erzogen. Das wäre für mich als Lehrer keine Herausforderung.»

In einigen Schulen wurde ich, als ich meine Fächer nannte, nicht einmal bis zum Direktor durchgestellt, sondern bereits von der Sekretärin abgewimmelt. Selbst mein Migrationshintergrund und der Hinweis auf meine Mobilität – ich kam aus dem Osten und war bereit, auch im Westteil der Stadt zu arbeiten – öffneten mir keine Türen. Irgendwann versuchte ich nur noch, meine Fächerkombination so lange wie möglich geheim zu halten.

«Stechlin. Willi-Brandt-Gymnasium.»

«Hallo! Mein Name ist Stephan Serin.»

«Was kann ich für Sie tun?»

«Ach, nichts Besonderes. Ich wollte einfach nur die Homepage Ihrer Schule loben.»

Meine Absicht war es, zum Schulleiter ein Vertrauensverhältnis aufzubauen. Einem Freund schlug man einen Wunsch nicht so leicht ab wie einer fremden Person.

«Vielen Dank. Rufen Sie deswegen an?»

«Auch.»

«Kommen Sie bitte zur Sache. Ich habe nicht viel Zeit.»

«Ich bin Lehrer und wollte wissen, ob Sie jemanden mit meinen Fächern suchen.»

«Welche Fächer haben Sie denn?»

«Das würde ich gern erst sagen, wenn wir uns besser kennen.»

«Dann haben Sie Pech gehabt.»

«Na gut, eine Fremdsprache und ein gesellschaftswissenschaftliches Fach.»

«Ein bisschen genauer müssten Sie schon sein. Englisch, Spanisch, Erdkunde, Ethik bräuchte ich. Aber wenn Sie mit Französisch und Geschichte kommen, da können Sie gleich wieder auflegen.»

Am niederschmetterndsten waren überraschenderweise die Gespräche mit den (wenigen) Direktoren, die wirklich Anteil zu nehmen schienen:

«Französisch? Geschichte? Oh mein Gott! Mensch! Tut mir leid für Sie! Haben Sie vielleicht auch andere Fächer studiert? Informatik, Mathe, Bio, Chemie, Latein, Musik? Oder wenigstens Sport, Englisch oder Spanisch?»

«Nein.»

«Schade! Und was ist mit Katholischem Religionsunterricht?»

«Nein.»

«Und Darstellendem Spiel?»

«Auch nicht.»

«Mensch, Sie Armer! Ich würde Ihnen wirklich gern helfen, aber mit der Kombination ...»

Die Anrufe, die ich zuletzt machte, nahm ich schon gar nicht mehr ernst. Es würde sowieso nicht klappen. Für mich ging es nur noch darum, die Liste abzuarbeiten, ohne zu sehr unter den ständigen Misserfolgen zu leiden. Bisweilen schiffte ich nämlich schon ziemlich nah an einer Depression entlang. Zum Glück stumpfte ich aber mit der Zeit ab:

«Bismarck-Gymnasium. Dr. Reuse!»

«Guten Tag, Serin mein Name. Ich bin Lehrer für Mathe, Physik und Latein und wollte fragen, ob Sie jemanden mit meiner Fächerkombination brauchen?»

«Selbstverständlich! Haben Sie sich denn auch im zentralen Bewerberregister der Senatsverwaltung eintragen lassen?»

«Nein, ich wollte mich erst einmal bei Ihnen melden.»

«Das ist toll! Kommen Sie doch einfach vorbei! Wir formulieren dann schon mal einen Vorvertrag. Wir wollen ja nicht, dass Sie vielleicht noch an eine andere Schule gehen. Das mit der Senatsverwaltung können Sie anschließend erledigen.»

«Einverstanden. Ich muss Ihnen aber mitteilen, dass ich einen ziemlich schlechten Abschluss habe.»

«Das macht nichts. Die Note spielt bei Ihren Fächern keine Rolle.»

Die Enttäuschung am anderen Ende der Leitung war natürlich riesig, als ich dem Schulleiter offenbarte, ich würde nur scherzen: «Tut mir leid, Herr Dr. Reuse. Sie suchen die falschen Fächer. Leider muss ich Ihnen darum absagen. Ich wünsche Ihnen und Ihrer Schule trotzdem für die Zukunft viel Glück. Lassen Sie den Kopf nicht hängen. Sollten Sie irgendwann Französisch-, Geschichts- und Politiklehrer suchen, können Sie sich gern bei mir melden.» Es war ein seltsames Gefühl, wenigstens einmal derjenige zu sein, der einem anderen einen Korb gegeben hat.

Mai 2011, Rathenau-Sekundarschule, Vorbereitungsraum Gesellschaftswissenschaften
Ich: Ich soll hier für einen Schüler aus der Achten einen Förderplan aufstellen. Wie geht'n das?
Frau Ruppin: Da vorne liegen Formulare.
Lese mir das Formular durch.
Ich: Wie? Muss ich einfach nur ankreuzen, dass der Schüler regelmäßig zum Unterricht erscheinen, sich aktiv beteiligen, seine Aufgaben erledigen und besser in Rechtschreibung werden soll?
Frau Ruppin: Ja.
Ich: Und was mach ich dann damit?
Frau Ruppin: Schickst du dann an die Eltern.
Ich: Aber davon wird der Schüler doch nicht gefördert, dass ich ein paar Sachen auf einem Blatt ankreuze und es an die Eltern schicke.
Frau Ruppin: Kannst unten auf dem Formular noch einen Schüler eintragen, der ihm Nachhilfe geben muss.
Ich: Aber das ist keine systematische und professionelle Förderung!
Frau Ruppin: Tja, wenn die Sekundarschulen nicht Mittel und das Personal bekommen … Was willst du da machen? Musst du dich bei der Senatsverwaltung beschweren.

MENSCHLICH WAR ES SO WEIT
IN ORDNUNG

Mit leicht nach vorne kippendem Gang und etwas abstehenden Armen schlurfte Jason zur Tafel. In der Hand hielt er seine Folie und seine Aufzeichnungen. Die Folie kam auf den grauen Overhead-Projektor, den ich für ihn gestartet hatte, um ihn nicht zu überfordern. Ohne abzuwarten, dass Ruhe einkehrte, und ohne Einleitung ging er in medias res: «Friedrich Wilhelm wurde 1688 geboren. Er hat seinen Cousin immer verprügelt, obwohl er älter war und später König von England. Er lernte Latein, Französisch, Geschichte, Geographie, Mathematik, Krieg und so. 1706 heiratete Friedrich Wilhelm eine Prinzessin. Die Hochzeit war schön.»

Seine Mitschüler wussten mit Sicherheit nicht, worum es ging. Er fuhr fort: «Die Prinzessin heißt Sophie Dorothea von Braunschweig-Lüneburg. 1707 kriegt er ein Kind. Das Kind heißt Friedrich Ludwig. Es ist ein Sohn. Am 3. Juli 1709 kriegt er wieder ein Kind. Das heißt Friederike Sophie Wilhelmine von Preußen. Es ist ein Mädchen. 1710 kriegt Friedrich Wilhelm zusammen mit seiner Frau wieder …» Jason nuschelte jedes der vierzehn adlig geborenen Kinder stockend und leise vom Blatt ab.

Ich ärgerte mich, dass ich ihm überhaupt die Möglichkeit gewährt hatte, seine Note zu verbessern, damit er das Jahr nicht wiederholen musste. Die aktuellen Achtklässler waren die letzten Schüler, die noch sitzenbleiben konnten. Obwohl Jason erst wenige Sekunden redete, stand bereits fest, dass er alle Ratschläge und Vorgaben von mir in den Wind geschlagen hatte. Es gab keine Gliederung und keine Problemstellung. Stattdessen betete er

einfach nur unwichtige biographische Stationen runter. «Es gab noch ein Kind. Prinz Friedrich Heinrich Ludwig von Preußen. Und dann kommt noch eines. Am 23. Mai. Prinz August Ferdinand von Preußen. Aber erst 1730. Das hat länger gedauert.» Er hatte nicht einmal vom Blatt aufgeschaut. Und er ersparte sich die von mir erbetene mediale Unterstützung des Vortrags. Der Overhead-Projektor warf zwar ein Porträt an die Wand, aber nicht das von Friedrich Wilhelm I., über den Jason referierte, sondern eines von seinem Sohn Friedrich dem Großen.

Für seine Klassenkameraden machte das keinen Unterschied. Da Jason darauf verzichtet hatte, ihnen am Anfang das Thema mitzuteilen, wussten sie sowieso nicht, worum es ging. Außerdem war ein großer Teil von ihnen mit anderen Dingen beschäftigt. Angelina schrieb gerade einen Brief. Dimitrij erhob sich ungebeten von seinem Platz, um zu ihr zu gehen und den Brief zu lesen. Roy beleidigte Huan über fünf Tische hinweg. Jaqueline und Jessica kicherten. Dennis schraubte seine Filzstifte auf, Burt baute aus seinem Radiergummi ein U-Boot, Michelle flocht Virginia Zöpfe. Und ich fing an, darüber nachzugrübeln, welches Feedback ich Jason geben sollte. Aus diesem Grund hörte ich nur noch mit halbem Ohr hin.

Leider wurde von mir mehr erwartet als «Sechs, setzen!». Lehrer sollten Schülern immer eine Rückmeldung geben, die sie weiterbrachte. Eine Rückmeldung, aus der sie für die Zukunft lernen konnten, damit sie es beim nächsten Mal besser machten. Und der Aspekt der Motivation durfte ebenfalls nicht vernachlässigt werden. Nicht nur die Schwächen aufzeigen, sondern auch die Stärken hervorheben. Doch mit hilfreichen Feedbacks hatte ich mich schon immer schwergetan. Schüler ohne Schwächen, eine Seltenheit, waren darauf nicht so angewiesen. Bei ihnen genügten Wendungen wie: *Prima! Bravo! Weiter so! Hut ab! Deine guten Leistungen decken sich mit deinen mündlichen.* Oder: *Bienchen!*

Drei Sternchen!!!, wenn sie jünger waren. Leider gab es mehr Schüler ohne erkennbare Stärken.

Da wurde eine instruktive und motivierende Rückmeldung zu einer ganz anderen Herausforderung. Am schlimmsten war es bei Klausuren oder Tests. Meine Anmerkungen sollten nicht nur den Schülern detaillierte Hinweise geben, sondern zugleich die Erziehungsberechtigten über den Leistungsstand ihrer Kinder aufklären. Gerade bei den sehr schwachen Ergebnissen musste ich mir jedes Mal ein Bein ausreißen, um halbwegs sinnvolle Empfehlungen zu Papier zu bringen. Bemerkungen wie *Schade! Traurig! Schnief! Weinwein!* reichten nicht aus. Zumal ich obendrein an mich den Anspruch stellte, Wiederholungen zu vermeiden und in jeder Korrektur persönlich auf den Schüler einzugehen. «In Anbetracht des Umstands, dass deine Eltern beide von Hartz IV leben, du sechs Geschwister hast und zu Hause bei euch nicht Deutsch gesprochen wird, ist deine Vier noch ganz beachtlich.» Oder: «Ich interpretiere deine Fünf als Zeichen dafür, dass es dich stark belastet, dass Ayse nichts von dir will. Warum sprichst du nicht mit mir über deine Gefühle, Mirsat? Ich bin doch dein Lehrer. Schau nach vorne! Auch andere Mütter haben schöne Töchter, zum Beispiel die Mutter von Sophie.»

Im ersten Jahr als Referendar verbrachte ich manchmal mehr Zeit mit den Kommentaren zu den Klassenarbeiten als mit dem eigentlichen Aufspüren der Fehler. Ich korrigierte mich beinahe tot. Und das Frustrierende war: Meine Schüler lasen sich meine Vermerke nicht einmal durch. Sie interessierten sich allein für ihre Zensuren. Nachvollziehbar. Als Schüler tat ich auch nichts anderes.

Mit zunehmender Berufserfahrung kürzte ich meine Bemerkungen, bis sie bloße Floskeln waren. Hatte es seit der letzten schriftlichen Arbeit eine Verschlechterung gegeben, bediente ich mich nun folgender Wendung: «Ich habe den Eindruck, du hast dich diesmal nicht wirklich gut vorbereitet. Schade! Sonst bist du besser.» Das ließ sich prima modifizieren: «Schade! Ich habe den Eindruck, du hast dich diesmal nicht wirklich gut vorbereitet. Sonst bist du besser.» – «Sonst bist du besser. Ich habe den Eindruck, du hast dich diesmal nicht wirklich gut vorbereitet. Schade!» – «Sonst bist du besser. Schade! Ich habe den Eindruck, du hast dich diesmal nicht wirklich gut vorbereitet.» Und komprimieren, um Zeit zu sparen: «Ich habe den Eindruck, du hast dich diesmal nicht wirklich gut vorbereitet.» – «Sonst bist du besser.» – «Schade!»

Die größte Herausforderung stellten Klausuren dar, die durchweg – ohne jegliche Lichtblicke – sehr schlecht waren. Dort benutzte ich mittlerweile komplett bekloppte Kommentare. So schrieb ich unter eine Sechs etwa: «Das ist eine Sechs.» Oder: «Wenn du besser wärst, hättest du eine Fünf.» Oder ich führte einfach ein paar Fehler des Schülers aus seiner Klassenarbeit nochmals auf und schrieb zum Schluss: «Das sind Fehler.» Wenn ich mir ganz viel Mühe machte, ergänzte ich noch: «Du musst die Aufgaben genauer lesen.» Im Fach Französisch versah ich Klausuren hin und wieder mit Sprichwörtern: «*De toutes les écoles que j'ai fréquentées, c'est l'école buissonnière qui m'a paru la meilleure.*»[1] Die hatten zwar inhaltlich nie etwas mit der Klassenarbeit zu tun, aber da meine Schüler sie sowieso nicht verstanden, war das auch egal.

Nur würde ich mit einem französischen Bonmot bei Jason nicht durchkommen, der seinen Vortrag gerade mit dem Hinweis beendete, dass die Verwandten von Friedrich Wilhelm I. bei dessen Tod 1740 alle sehr traurig waren. Das Referat war mit fünf Minuten deutlich kürzer gewesen, als wir besprochen hatten.

---

1 Sinngemäß etwa: «Von allen Dingen, die ich erlebt habe, habe ich am meisten durchs Schwänzen gelernt.»

«Hat jemand Fragen zum Vortrag? Hat jemand irgendetwas nicht verstanden?» Ich schaute in die Runde. Eigentlich hätten die Arme jetzt nach oben schnellen müssen. Doch nur Enrico meldete sich: «Wie hieß noch mal das dritte Kind vom König?» Jason griff sich an seine kurzen roten Haare und vertiefte seinen Blick in seine Aufzeichnungen. Da diese in Form eines Fließtextes verfasst waren, brauchte er eine Weile, bis er dort Friedrich Wilhelm fand.

Da niemand sonst etwas wissen wollte, übernahm ich die Gesprächsführung. «Gut! Dann erkläre mal bitte, wie das Verhältnis von Friedrich Wilhelm I. zu Friedrich II. war!»

«Sein Verhältnis zu Friedrich II.?» Ratlos schaute Jason mich an, dann grinste er zu Burt rüber, der mit seinen Händen irgendwelche schweinischen Gesten machte.

«Das wird dir doch was sagen.»

«Weiß nich.» Er grinste wieder zu Burt. Anschließend schaute er aus dem Fenster auf den grünen Schulhof.

«Aha! Aber du kannst mir sicherlich sagen, in welcher Partei Friedrich Wilhelm I. war.»

«Welche Partei?» Wieder Blickkontakt mit Burt.

«Ich hab die Frage gestellt. Kannst du bitte mich anschauen! Nicht aus dem Fenster und nicht zu deinem Homie.»

Überfordert und unsicher, schaute er an mir vorbei, dann auf den Boden. «Weiß nicht! CDU?» Vivien, Jennifer und Charleen lachten laut auf. «Schnauze!», fuhr er sie an.

Es stand außer Frage, dass Jason von Tuten und Blasen keine Ahnung hatte. Wie sollte ich nur die Feedbackregel respektieren, immer mit dem Positiven anzufangen und erst im Anschluss auf die Mängel hinzuweisen? Hatte es bei Jason überhaupt etwas Positives gegeben? War es überhaupt möglich, ihn zu loben? Welche Möglichkeiten hatte ich? «Loben möchte ich dich erst mal dafür, dass du heute gekommen bist und dein Basecap abgenommen hast. So, und nun zum Negativen.» Oder: «Also, menschlich habe ich an deinem Referat nichts auszusetzen. Nur inhaltlich und methodisch.» Oder: «Das Bild, das du ausgesucht hast, war sehr schön, wenn es auch die falsche Person zeigte.» Es gab einfach nichts Gutes.

Ich beschloss, die Klasse in die Pflicht zu nehmen. Warum sollte ich immer die undankbare Aufgabe übernehmen, mir Lob aus den Fingern zu saugen? Warum konnten das nicht auch die Schüler tun? Schließlich hatte ich die Feedbackregeln mit ihnen geübt. Ich rechnete zwar trotzdem nicht mit konstruktiver Kritik, aber immerhin damit, dass Jasons Freunde ihm beisprangen. Es war unter ihnen üblich, jede schulische Leistung der eigenen Kumpels abzufeiern. Wahrscheinlich würde Burt sagen: «Das Referat war geil.» Kenneth ergänzen: «Voll!» Und Dennis beipflichten: «Find ich auch.» Er hätte damit seine positiven Rückmeldungen – und ich könnte fortfahren: «Ich gehe in allen positiven Punkten mit euch d'accord.» Danach würde ich meinen Verriss bringen und ihm die Note Sechs verkünden.

«Ich bitte euch, Jason eine Rückmeldung zu seinem Vortrag zu geben», hob ich an. «Wir hatten ja darüber gesprochen, worauf es bei mündlichen Präsentationen ankommt.»

Doch weder Dennis, der wieder mit seinen Filzstiften beschäftigt war, noch Burt, der sich einen neuen Radiergummi besorgt hatte, noch Kenneth oder ein anderer aus Jasons Clique interessierte sich für meine Aufforderung. Stattdessen schnellte der Arm von Vivien in die Luft: «Das Referat war voll schlecht. Er hat die ganze Zeit nur aufs Blatt geguckt. Er hat gar nicht gesagt, worum es ging, und auch immer so gelacht. Und voll viele Sachen vorgelesen, die nicht wichtig sind. Dabei haben wir das ja eigentlich gelernt», urteilte sie treffend. Es war wirklich schade, dass sie nicht in einem Lernumfeld war, in dem sie ihr Potenzial besser entfalten konnte.

Jason suchte wieder den Blickkontakt von Burt, auch den von Dennis. Sein Unbehagen, seine Unsicherheit zeigten sich an seinen über Kreuz stehenden Beinen, seinem hängenden linken Arm, den die rechte Hand auf halbem Weg zwischen Schulter und Ellenbogen umklammerte, seinem schiefen Kopf und seiner angeschrägten, leicht zur Seite geneigten Körperhaltung. In seinem grauen Everlast-T-Shirt und seinen hellblauen Jeans wirkte er deutlich kleiner als sonst. Jennifer, Charleen und Enrico stimmten auf sehr sachliche Weise in Viviens Tenor ein und brachten sämtliche Kritikpunkte, die auch ich angeführt hätte. Selbst Aileen traute sich, trotz einer «Was will die Fette?»-Beleidigung aus dem hinteren Klassenraum, anzumerken, es müsse zu Beginn eines Referats das Thema deutlich gemacht werden. Niemand widersprach.

Eigentlich wäre es jetzt nötig gewesen, von meiner Seite aus der kollektiven Steinigung eine positive Botschaft entgegenzusetzen. Aber warum? Wie oft hatte ich Jason angeboten, sich an mich zu wenden, falls er mit dem Vortrag überfordert sei? Wie oft in den letzten fünf Monaten schon erzieherische Gespräche mit ihm geführt? Und hatte er mich mit dem Referat nicht sogar einmal versetzt, indem er einfach nicht erschienen war? Ich sah es nicht ein, auch wenn ich ihn mochte und seine Mutter zu bedauern war. Er hatte sich seine Note selbst zuzuschreiben. Darum sagte ich: «Jason, toll finde ich, dass dich der Stoff dieses Schuljahrs so sehr interessiert, dass du es freiwillig wiederholen möchtest. Du hast dein Ziel erreicht. Bravo!» Jetzt hatte ich ihn doch noch gelobt. Würde er wirklich sitzenbleiben? Ich wusste es nicht. Das hing nicht nur von mir ab, sondern auch von den Kollegen, die jetzt in der Siebten unterrichteten und ihn dann als Schüler hätten.

Dezember 2010, Kevin-Prince-Boateng-Sekundarschule, Wedding, Sozialkundeunterricht, 8. Klasse

Essraa: Herr Serin, darf isch auf Toilette?
Ich: Ausnahmsweise. Aber beim nächsten Mal gehst du in der Pause.
Essraa und Nadeshda erheben sich.
Ich: Nadeshda, warum stehst du auf?
Nadeshda: Essraa möchte nicht allein gehen.

ROY, DIMITRIJ UND IGOR SIND WEG

«Wir müssen weiter geradeaus.»
«Bist du dir sicher?»
«Ja.»
«Ich mir aber nicht, Jason.»
«Aber schauen Sie doch auf Karte, Herr Serin.»

Nun, während ich mit Jason und Burt auf dem Wasser umherirrte, kamen mir die Worte des Bootsverleihers einige Stunden zuvor wie pure Verarschung vor: «Ich zeichne Ihnen alles genau auf, da können Sie sich nicht verfahren. Sie schaffen es schon allein. Steht auch immer dran bei den Gabelungen, wo es langgeht. Bislang hat sich noch nie jemand verfahren.» Diese Beteuerungen hatte ich noch genau im Ohr. Aber was hätte er auch sonst sagen sollen? Sein einziger Guide war über Nacht erkrankt, und wenn wir Lehrer deshalb auf die Kanutour verzichtet hätten, wären für ihn die Einnahmen von 200 Euro futsch gewesen.

«Aber ich glaube, wir sind erst am dünnen Strich», gab ich zu bedenken.

«Aber hier ist doch ein dünner Strich.»
«Willst du mal gucken, Burt?»
«Ich kann die Karte nicht lesen.»
«Ach egal! Lasst uns weiter geradeaus fahren.»

Wir nahmen wieder Fahrt auf, um unsere Suche fortzusetzen. Immerhin klappte mit Jason und Burt das Paddeln deutlich besser als zuvor mit Jonas, Enrico und Aileen. Ich hasste Schüler. Ausnahmslos! Oder fast. Auf jeden Fall Roy, Dimitrij und Igor. Die hatten uns das hier eingebrockt. Obwohl ich allen vor dem

Einstieg in die Kanadier explizit und in aller gebotenen Lautstärke eingeschärft hatte, an jeder Kreuzung, an jeder Gabelung des Wasserlaufs auf uns Lehrer zu warten. Und die Lehrer, das waren der Referendar Jonas und ich.

Wir beide hatten im Zusammenhang mit diesem Wandertag einige unverzeihliche Fehler begangen. So hätten wir nie für Frau Stumpf, die seit unserer gemeinsamen Klassenfahrt krank war, und dem anderen Klassenlehrer, einem Quereinsteiger aus der Wirtschaft, der seit sechs Monaten Burnout hatte, einspringen dürfen. Denn der Wandertag fand nicht nur unter freiem Himmel statt, sondern auch noch auf dem Wasser. Und nicht zu vergessen: Es ging dabei um die 8 a. Aber Referendar und Vertretungslehrer waren nun einmal die schwächsten Glieder in der Kette.

Dann waren Jonas und ich auch noch in dasselbe Boot gestiegen. Doch das Gros der Klasse hatte uns schon während der Zugfahrt in den Spreewald spüren lassen, dass unser Dasein als unangenehm empfunden wurde. Also hatten wir sechs Kanadier ausschließlich mit Schülern zugelassen, mal zu viert, mal zu dritt – und das letzte Boot für die Außenseiter reserviert: den behinderten Enrico, das Mobbing-Opfer Aileen, Jonas und mich. Aus einem Kanadier heraus lässt sich eine Gruppe von einundzwanzig Achtklässlern allerdings nur schwer steuern. Bereits bevor wir Enrico in unser Kanu gehoben hatten, waren die meisten anderen Schüler aus unserem Blickfeld verschwunden. Aber statt der Vorhut nachzusetzen, hatten wir fatalerweise Angelina, Jessica, Jacqueline und Virginia lang und breit zu erläutern versucht, wie man sich in diesem Wassergefährt fortbewegt:

Ich: Wenn die Erste von euch links paddelt, muss die Zweite rechts paddeln. Die Dritte dann wieder links, und die Letzte das Paddel wieder rechts haben. Das hat der Typ doch erklärt.
Angelina: Iiiiehh!

Ich: Was denn?
Angelina: Ich hab Wasser abbekommen.
Ich: Soll ich einen Krankenwagen rufen?
Jonas: Immer abwechselnd rechts und links. Hört doch mal zu!
Angelina, Jessica, Jacqueline und Virginia: Aaah!
Ich: Ihr müsst nicht so schreien.
Jessica: Aber wir sind angestoßen.
Ich: Ist ja schlimm. Macht doch einfach, was wir sagen! Virginia, du sollst doch nicht paddeln! Du sollst steuern.
Virginia: Wie denn?
Ich: Wenn du das Paddel vom Boot wegschiebst, fahrt ihr nach links, wenn du es wieder heranziehst, nach rechts.
Angelina: Ahh! Iiehh!
Jonas: Setz dich hin! Sofort!
Angelina: Aber da ist ein Käfer.
Ich: Dann setz dich drauf! … Setz dich gefälligst hin! Sonst gibt es einen Tadel … Hör auf, mit dem Paddel zu schlagen!
Jonas: Was soll denn das jetzt?
Angelina: Das ist Haarspray.
Jonas: Das seh ich.
Angelina: Ich will den Käfer umbringen.
Ich: Ich würde den Käfer lieber mit Nagellack bestreichen, damit er am Boot festklebt.
Jonas: Pack den Nagellack und das Spray weg, Angelina!
Angelina: Aber Herr Serin hat doch gesagt, ich soll Nagel…
Jonas: Das war ein Scherz. Lass den Käfer in Ruhe! Ihr seid hier in der Natur, und der Käfer ist hier zu Hause.
Angelina: Ich wollt ja nicht hierhin.
Ich: Ich weiß, du hättest es bevorzugt, einen Wandertag ins Eastgate zu machen. Ich hab einen Vorschlag – ihr macht euch in Ruhe schön und kommt gemütlich nach. Und wir fahren vor, um den anderen zu sagen, dass sie auf euch warten sollen.

Jacqueline: Hilfe!!!
Jonas: Was ist denn jetzt schon wieder?
Jacqueline: Das Boot hat gewackelt.

Wir ließen die vier zurück und machten uns mit Aileen und Enrico auf die Jagd nach der Spitzengruppe. Die Arbeit verrichteten dabei ausschließlich Jonas und ich. Die leicht mollige Aileen und der schmächtige Enrico mühten sich zwar redlich, bremsten aber jedes Mal unbeabsichtigt, wenn sie ihre Paddel ins Wasser eintauchten. Etwa einen Kilometer peitschten wir den Südumfluter hinab, einen Wasserlauf, der bei Burg in die Spree mündet. Zunächst erreichten wir Charleen, Jennifer und Vivien. Kurz darauf stellten wir André, Kevin sowie Ferdinand. Dann passierten wir Huan, Hai und Nadine, danach Roy, Dimitrij und Igor. Alle Schüler, die wir überholten, lebten noch. Niemand war zwischenzeitlich ertrunken. Immerhin etwas. Mit letzter Kraft schlossen wir zu Jason, Burt und Dennis auf. Ich herrschte die drei an:

«Hey, geht's noch! Was hatten wir euch vor dem Losfahren gesagt?»

Jason zuckte mit den Schultern: «Weiß nicht!»

«Dass ihr an jeder Ecke, an jeder Gabelung, an jeder Stelle, bei der ein Kanal zu- oder abfließt, wartet. Und ihr seid, ohne zu stoppen, in den Südumfluter eingebogen und an mindestens drei Kanälen vorbeigefahren. Das wird Konsequenzen haben. Es gibt für euch drei einen Tadel.»

Burt protestierte: «Ey, was soll'n der Scheiß? Das ham Sie gar nicht gesagt.»

Jason zischte ein leises «Bastard».

«Das gibt noch einen weiteren Tadel», blaffte ich, wobei ich nicht wusste, ob das überhaupt möglich war, innerhalb von fünf Sekunden an denselben Schüler zwei Tadel zu verteilen. Jason,

Burt und Dennis erhielten von uns die Anweisung, genau hier, am Eingang zum Freiheitskanal III, zu warten, bis wir Angelina, Jacqueline, Virginia, Jessica geholt hätten. Beim Tempo der vier Mädchen würden sie das vermutlich bis zum Einbruch der Dunkelheit tun müssen. Aber das geschah ihnen recht. Wir machten kehrt und setzten uns stromaufwärts wieder in Bewegung:

Ich: Das ist doch eigentlich komisch, dass man die vier nicht hört.
Jonas: Vielleicht sind die vom vielen Schreien heiser?
Ich: Oder ertrunken.
Jonas: Die haben doch Schwimmwesten.
Ich: Oder sie haben alle einen Hitzschlag.
Jonas: Dann hätten doch die anderen Hilfe gerufen, wenn jemand einen Hitzschlag bekommen hätte.
Ich: Vielleicht haben sie ja alle gleichzeitig einen bekommen.
Jonas: Quatsch!

Wir schwiegen wieder. Aber in Jonas rumorte es. Er fluchte: «Scheißescheißescheiße! Wieso waren wir nur so bekloppt und sind beide ins selbe Boot gegangen?»

«Die Frage ist eher, warum wir so bekloppt waren, zu zweit mit einer Gruppe von einundzwanzig Schülern in den Spreewald zu fahren.» Mein Kollege hörte gar nicht richtig hin, sondern sprach eher zu sich selbst: «Scheiße! Wenn einem von ihnen etwas passiert, sind wir voll am Arsch. Dann werden wir nie wieder als Lehrer arbeiten können ...» Nach einer kleinen Pause fügte er lauter hinzu: «Das ist 'ne Sauerei, dass man uns auf ein solch gefährliches Abenteuer schickt.»

«Wir sind doch versichert.»

Jonas blickte zu mir nach hinten und schüttelte den Kopf: «Ich habe von Lehrern gehört, die sind mit einer Klasse baden gegangen. Dabei ist ein Junge ertrunken. Die Lehrer wurden verklagt und für immer aus dem Schuldienst ausgeschlossen.»

«Das stimmt nicht. Wir sind gegen solche Unglückssituationen abgesichert», widersprach ich. «Ich hab extra vorher im Schulrecht nachgeschaut. Sonst wäre ich nie mitgekommen.» Ich log. Keineswegs hatte ich im Schulrecht nachgeschaut. Und ich wusste auch nicht, wie die Rechtslage im Fall eines Unfalls aussah. Aber ich konnte in dieser Situation keinen panischen Kollegen gebrauchen. Um noch kompetenter zu erscheinen, schob ich Halbwissen hinterher: «Entscheidend ist, ob man fahrlässig, leichtfertig fahrlässig oder mit Vorsatz gehandelt hat. Eindeutig schuldig ist man nur bei Vorsatz, also wenn wir das Boot der Jugendlichen angesägt und sie damit ins Wasser geschickt hätten. Das haben wir aber nicht getan, obwohl wir bei einigen durchaus berechtigte Gründe hätten, entsprechend zu handeln. Bei uns wäre es allenfalls einfache Fahrlässigkeit, denn unserem Wissen nach sind die Boote ja ganz.»

Jonas schien ein bisschen beruhigt. Ich fuhr fort: «Ich kann mir sowieso nicht vorstellen, dass vom Wandertag immer alle Klassen in voller Schülerzahl zurückkommen. Und es können auch nicht jedes Mal Lehrer ihren Job verlieren. Sonst könnten die Schulen ja gleich alle schließen.» Mein Kollege durfte auf keinen Fall merken, dass auch ich mir Sorgen machte, weshalb ich scherzend hinzufügte: «Ich finde sowieso, dass Referendare ein bestimmtes Kontingent an Verlusten freihaben sollten. Ich sage mal, drei tote Schüler pro Wandertag, das sollte doch jemandem, der noch in der Ausbildung ist, gestattet sein.»

Jonas stieg darauf ein: «Oder man sagt, solange die Hälfte der Leute wieder zurückkommt, ist das in Ordnung.»

Immerhin, ich hatte ihn auf andere Gedanken gebracht.

«Oder wenn man die toten Schüler mit Schülern aus anderen Klassen, die parallel den Spreewald besuchen, auffüllen könnte.»

«Genau. Schüler ist Schüler. Wo ist der Unterschied?»

Über unser Gespräch hatten wir die Anwesenheit von Aileen und Enrico vollkommen vergessen. Sie hatten stoisch weitergepaddelt.

«Übrigens solltet ihr unsere Aussagen nicht ernst nehmen», erklärte ich. «Das nennt man Ironie. Ironie heißt, dass man das, was man sagt, ganz anders meint. Das kommt aber erst in der elften Klasse dran.»

Die beiden nickten nur.

Nach fünfzehn Minuten erreichten wir den Kanadier mit Angelina, Jacqueline, Virginia und Jessica. Sie lagen im Boot und nahmen ein Sonnenbad. Ich pflaumte sie an:

Ich: Ich hoffe, ihr hattet eine schöne Zeit.
Jacqueline: Nein! Angelina hat sich geschnitten, beim Beinerasieren.

Im Zug war sie nicht dazu gekommen, denn da war sie mit dem Nachzeichnen ihres Augenbrauenstreifens und ihrer verlängerten Wimpern beschäftigt gewesen.

Ich: Ach! Dafür hattet ihr Zeit. Darf ich mal gucken, ob schon alle Haare weg sind?
Jacqueline, Angelina, Virginia, Jessica: Hihihi …
Jonas: Wir hatten euch gesagt, dass ihr uns hinterherfahren sollt.
Jessica: Haben wir nicht geschafft. Virginia ist ins Wasser gefallen!
Jonas: Was? Wie denn das?
Virginia: Wegen Schminken. Ich hab Spiegel vergessen. Da wollte ich ins Wasser gucken. Da hat das Boot so gewackelt.

Fluchend banden wir den Kanadier der vier Mädchen an unseren und machten wieder kehrt. Zwanzig Minuten später erreichten wir – mit ob der vielen Schreie der Zicken hinter uns tauben Ohren – den Eingang zum Freiheitskanal III. Das war die Stelle, an der eigentlich fünf Schülerboote auf uns hätten warten sollen. Aber dort warteten nur Jason, Burt und Dennis. Weiter hinten im Kanal erblickten wir den Kanadier von Charleen, Jennifer, Vivien. Zusammen mit den drei Jungs und unseren vier Damen im Schlepptau setzten wir ihnen keuchend nach. Von Charleen, Jennifer, Vivien ging es weiter zu Kevin, André und Ferdinand – und schließlich zum Boot mit Huan, Hai und Nadine. Von denen erfuhren wir, dass Roy, Dimitrij und Igor nicht in den Freiheitskanal abgebogen, sondern den Südumfluter weiter flussabwärts gepaddelt waren. Ich explodierte: «Geht's noch! Was hab ich euch gesagt? An jeder Kurve, an jeder Ecke, an jeder Gabelung sollt ihr warten! An jeder! Ihr wisst doch, was das sind, Kurven, Ecken, Gabelungen!? Kevin, was ist eine Kurve?»

«Wo's so rumgeht?», stammelte Kevin kleinlaut.

«Jennifer, was ist eine Ecke?»

«So was wie eine Kurve?» Sie war überfordert.

«Wir sollten besser die anderen suchen», unterbrach mich Jonas.

«Okay! Aber das hat für alle Beteiligten ein Nachspiel.»

Jetzt rächte sich, dass wir unsere Handys beim Bootsverleih gelassen hatten, damit sie nicht nass wurden. Jonas und ich kamen überein, dass ich mit Dennis den Platz tauschen würde, um mit Jason und Burt nach Roy, Dimitrij und Igor Ausschau zu halten, während mein Kollege die anderen sechs Boote, selbstverständlich zusammengebunden, zurück an den Anlegeplatz eskortieren würde.

Und jetzt trieb ich also mit zwei meiner Schüler durch den Spreewald, auf der Suche nach ihren vermissten Klassenkameraden. Für die beiden war es die perfekte Gelegenheit, um sich an mir zu rächen, für die Strafen, die ich ihnen erteilt hatte, für die Elternbriefe und die Noten. Für Jason kam noch hinzu, dass er wegen mir vermutlich das Jahr wiederholen musste. Doch sie taten es nicht. Sie ertränkten mich nicht. Vielleicht, weil sie sich den Rückweg ohne meine Hilfe nicht zutrauten. Oder weil wir gerade im selben Boot saßen, im wörtlichen wie im übertragenen Sinne. Möglicherweise hatte Jasons Mutter bei ihrem Sohn auch ein gutes Wort für mich eingelegt, weil ich ihr ein Empfehlungsschreiben für die Familienhilfe hatte zukommen lassen, damit sie von dieser Unterstützung in der Erziehung erhielt.

«Wenn wir die drei finden, nehme ich euch eure Tadel weg. Die kriegen dann Roy, Dimitrij und Igor. Also, strengt euch an!», feuerte ich meine beiden Schüler an.

Im Grunde war unsere Aktion total sinnlos. In diesem Labyrinth aus Kanälen würden wir die drei Flüchtigen sowieso nicht aufstöbern. Es ging mir aber ums Prinzip und vor allem um das gute Gefühl, alles Menschenmögliche unternommen zu haben. Mittlerweile überwog bei mir auch nicht mehr Sorge, sondern Wut. Ich war auf Dimitrij, Roy und Igor richtig zornig.

Es war schwülwarm. Mücken und Libellen schwirrten über der grün-braunen Brühe, direkt unter der Oberfläche tummelten sich Fische. Ich schwitzte, und die nasse Holzbank, auf der ich saß, war ziemlich unbequem. Jasons Nacken hatte die Sonne gerötet. Er war Hauttyp 1 und hatte sich, weil es uncool war, nicht eingecremt.

«Herr Serin, mein Arsch tut weh.»

«Welche Backe?», erkundigte ich mich bei Jason, an dessen Wangen Schweiß hinunterrann.

«Die linke.»

«Wie sieht es bei dir aus, Burt?» Ich drehte mich zu ihm um.

«Mir tut auch die linke weh», antwortete er matt.

«Bei mir ist es die rechte. Lasst uns die Paddelseiten tauschen, dann verlagert sich das Gewicht.» Wir kämpften offenbar mit den gleichen Problemen.

Burt fluchte: «Nur wegen denen müssen wir jetzt noch hier rumfahren.»

«Bloß weil die nicht auf Sie gehört haben», schnaufte Jason. «Ich hasse die!»

«Da siehste mal, mit welchen Gefühlen ich tagein, tagaus als Lehrer konfrontiert bin. Freut mich, dass du diesen Perspektivwechsel hinbekommst», lobte ich mein Sorgenkind und ergänzte: «Wenn die nicht ertrunken sind, dann gibt's Ärger. Dann sind die dran.»

«Genau! Die machen wir fertig. Den' geben wir richtige Strafen», japste Jason aufgeregt, obwohl für Strafen eigentlich nur ich zuständig war. Aber offenbar wuchs er langsam in die Lehrerrolle hinein.

«Ihr könnt gern Vorschläge machen!»

Jason schlug «Verkloppen» vor und Burt: «Unterstucken, bis sie keine Luft mehr kriegen.» Im Unterricht hatten sie sich nie so aktiv beteiligt. Man musste scheinbar nur ein Thema finden, das sie interessierte.

«Beides sehr gute Ideen», würdigte ich ihren Einfallsreichtum. «Vielleicht versenken wir aber auch ihr Boot. Dann müssen sie schwimmen und dabei unser Boot mit einem Seil ziehen.»

«Cool!», keuchten meine beiden Achtklässler.

«Lasst uns zurückfahren!», schlug ich schließlich vor. Wir hatten lange genug gesucht. «Das bringt nichts mehr. Ich glaube, das da vorne ist auch wieder der Freiheitskanal III.»

Wir bogen nach Osten ab. Meine Hände waren mittlerweile von den Paddeln wund gescheuert, meine Zunge trocken wie

Staub. Zu allem Übel hatte ich meine Trinkflasche im anderen Boot gelassen. Jason und Burt hatten, weil sie in der Pubertät waren und darum nie Durst hatten, nichts zu trinken mitgenommen.

Wir schwiegen, um Kraft zu sparen. Aber unsere Atmung war laut genug, um potenziellen Raubtieren unser Kommen beizeiten anzukündigen. Kurz vorm Südumfluter begegnete uns ein Kajak mit zwei Lehrern auf der Suche nach ihren Schülern. Wir konnten uns gegenseitig nicht weiterhelfen. Dafür harmonierten Burt, Jason und ich immer besser, obwohl wir im Unterricht überhaupt nicht zueinanderfanden. Der Deutschland-Achter glitt mit Sicherheit nicht schneller durchs Wasser. Etwa dreihundert Meter vor dem Ziel, wir fuhren gegen die Strömung an, war Burt mit seinen Kräften am Ende: «Ich kann nicht mehr», stöhnte er. Er war der Größte und Kräftigste von allen. Bei ihm hätte ich eine solche Äußerung am wenigsten erwartet. Er begann zu hecheln.

«Hast du Asthma?», fragte ich besorgt.

«Weiß nicht? Glaub nicht. Nee», presste er mühsam hervor. Er schien nach Luft zu ringen.

Vielleicht hatte er bisher noch kein Asthma gehabt, aber er konnte jeden Moment seinen ersten Anfall bekommen. So rief ich ihm zu: «Hör auf zu paddeln. Stütze deine Arme auf den Oberschenkeln ab, sodass du freier atmen kannst. Wir lassen dich nicht im Stich. Wir sind gleich da.» Jason und ich beschleunigten noch einmal.

Völlig ausgepowert legten wir um 15.45 Uhr schließlich am Steg an – zu spät, um den geplanten Zug nach Berlin noch zu bekommen. Aber wenigstens atmete Burt nun wieder normal. Mit tauben Beinen entstiegen wir drei dem Kanadier. Dimitrij, Roy und Igor lehnten entspannt, augenscheinlich frei von jeglichem schlechten Gewissen, am Bungalow des Bootsverleihs und lutschten ein Eis. Drohungen und Verfluchungen gegen sie aussprechend, schälten

Burt, Jason und ich uns aus unseren Schwimmwesten. Anders als meine beiden Leidensgenossen musste ich beim Drohen und Verfluchen natürlich ein gewisses sprachliches Niveau wahren. Während Burt und Jason auf Wendungen wie *Spast, Tittenfisch, Fickt euch!* und *Wir killen euch* zurückgreifen konnten, klangen meine O-Töne etwas zivilisierter: *Na wartet! Das hat ein Nachspiel.* Ich verkniff mir allerdings ein: *Ihr Lümmel!* Dimitrij, Roy und Igor nahmen sowieso keine Notiz von uns. Dafür wurde ich von Angelina begrüßt: «Iiieh! Herr Serin, Sie schwitzen voll doll.» Ich hätte kein rotes T-Shirt anziehen sollen. Doch zu meiner Verwunderung sprang mir Jason bei: «Und du hast 'n Haar am Bein.» Unsere Exkursion schien uns wirklich zusammengeschweißt zu haben.

Mai 2011, Rathenau-Sekundarschule, große Hofpause, Aufsicht
Drei Mädchen der siebten Klasse nähern sich schüchtern.
Schülerin: Herr Serin?
Ich: Ja!
Schülerin: Sie haben doch bei Jason aus der 8 a ...
Ich: Er bei mir.
Schülerin: Können Sie ihm den Brief geben?
Ich: Ja. Soll ich ihn vorher noch mal Korrektur lesen?
Schülerin: Nee.
Schülerinnen kichern und entfernen sich.

«KEIN DEMOKATIE LEFOLM KOMMEN»

«Brauchst nicht nervös zu sein, Stephan! Du bekommst das schon hin.» Ich hatte nicht gedacht, dass man mir meine Anspannung anmerken würde. Dabei sollte ich nur Protokoll führen. Aber gut, es handelte sich immerhin um mein Debüt in einer mündlichen Abi-Prüfung. Da wollte ich nicht versagen. Frau Ruppin versuchte, mich weiter zu beruhigen: «Da kannst du gar nicht so viel falsch machen. Das meiste bezieht sich ja eher auf formale Dinge: Beginn, Ende, Teilnehmer.» Sie nahm einen Schluck aus ihrer braunen Kaffeetasse. «Bei den Prüfungsleistungen selber bleib einfach möglichst vage. Notiere ein paar Stichworte, die der Prüfling fallenlässt, und allgemein, ob er beim Thema bleibt, ob er die Aufgaben selbständig löst oder ob ich stark nachhelfen muss. Außerdem besprechen wir im Nachhinein noch einmal alles, bevor wir die Note festlegen. Wirklich, du bekommst das hin.» Immerhin war es gut, zu wissen, dass ich in Frau Ruppin eine verständnisvolle Kollegin als Prüfungsvorsitzende an meiner Seite hatte. Im Referendariat war die Atmosphäre in einer vergleichbaren Situation vollkommen anders gewesen, als ich mal Protokoll in einer Englischnachprüfung geführt hatte, die von Frau Baum abgenommen worden war. Die hatte mir das Gefühl gegeben, eigentlich sei ich derjenige, der geprüft wird.

Der erste Schüler hieß Jiao Ju. Ich kannte ihn nicht, da ich ihn nicht unterrichtete. Daher wusste ich auch nicht, dass Jiao Ju eine Schülerin war. Ein kleines, zierliches Mädchen in einem weißen Hemd und schwarzem, knielangem Rock betrat den

Raum. Sie hätte mit ihrer braven Ponyfrisur ebenso gut dreizehn sein können. Vielleicht war sie es auch und machte schon jetzt Abitur, weil sie als Wunderkind sechs Klassen übersprungen hatte. Der erste Prüfungsteil bezog sich auf die Föderalismusreform. Jiao Ju hatte dazu einen Text von Gunter Hofmann aus der *Zeit* gelesen.

«Hallo, Jiao. Bist du aufgeregt?», erkundigte sich Frau Ruppin ausgesprochen freundlich nach dem Befinden des Mädchens.

«Ja, ein bisschen», antwortete das mögliche Genie.

«Brauchst du nicht. Das schaffst du schon. Also, du sollst dich ja zur Frage äußern, ob die Föderalismusreform notwendig und machbar ist. Fasse die Meinung des Autors zusammen und erkläre, wie diese im Hinblick auf die anderen Positionen zur Föderalismusreform einzuordnen ist.»

Jiao Ju begann mit ihren Ausführungen. Sie sprach sehr leise und sehr undeutlich. Ich erfasste etwa folgenden Inhalt: «... *unta Offmann eibt, jass Födalismus ... Doitsland Kommission, kitisch mit Kitik an Födalismus zu Zeit die Font* **ausbechn** *Konflikt. Ofmann jagt, dass kein Kolnflikt* **kommen**. *Kein Demokatie Lefolm* **kommen**. *Lefolm Sweiz Vollbild sein. Buldestalg Buldesalt lei Plozent. Antizipon Gesetz geben nicht lange, USA, Sweiz, Födalismus Palment* **alten** *Ofmman denken* ...»

Hätte sie gleich Chinesisch gesprochen, ich hätte nicht weniger verstanden. Ich warf Frau Ruppin einen ratsuchenden Blick zu. Meine Kollegin, der ihr schwarzes Kleid erstaunlich gut stand, schien, anders als ich, überhaupt keine Schwierigkeiten zu haben, den Darlegungen von Jiao Ju zu folgen. Mit einem Lächeln im Gesicht nickte sie ihr ermutigend zu und ließ ihrem Mund immer wieder ein bestätigendes «Ja, genau!» entweichen. Hatte sie bereits mehrere ausgedehnte China-Aufenthalte hinter sich, oder verstand man Chinesen, die Deutsch mit starkem Akzent sprachen, wenn man sie nur lange genug unterrichtete?

War Letzteres der Fall, gab es auch für mich Grund zur Hoffnung.

Ich hatte nämlich in der 9c, in der ich Geschichte unterrichtete, mit Meng, einem Schüler, der erst vor drei Jahren aus Shanghai nach Berlin gezogen war, das gleiche Problem. Bei schriftlichen Arbeiten konnte ich wenigstens seine verschlüsselten Botschaften in Ruhe dechiffrieren. Da hatte ich ja genügend Zeit, die mir bei seinen mündlichen Beiträgen jedoch nicht zur Verfügung stand, sodass ich in der Regel nur Bahnhof verstand. Jedes Mal, wenn er sich meldete, fragte ich mich aus diesem Grund: ignorieren oder eine Antwort in einer Sprache erhalten, die ich nicht beherrschte? Anfangs hatte ich noch den Ehrgeiz besessen, keine sprachlichen Barrieren zwischen uns zu dulden. Das zog den einen oder anderen Fauxpas nach sich. So sagte ich, als ich neu vor die Klasse trat: «Bevor ich mit dem Unterricht beginne, möchte ich ein Brainstorming machen. Sagt mir doch mal, was ihr bei Frau Schubert bisher in Geschichte gelernt habt, alles, an das ihr euch noch erinnert.» Ich beabsichtigte, die Schülernennungen in einer Mindmap an der Tafel zu strukturieren. Im Prinzip gab es dabei keine falschen Antworten, denn es ging allein um das, was die Schüler erinnerten. Doch als ich Meng das Wort erteilte, zeigte sich der Schwachpunkt meines Einstiegs:

«Ja, Meng?»

«Eiassenalecht.»

Welchem Strang in dem Diagramm sollte ich *Eiassenalecht* zuordnen? Dem zur Revolution von 1848? Dem zur Gründung des Deutschen Reichs? Dem zum Ersten Weltkrieg? Dem zur Weimarer Republik? Ich wusste es nicht. Und wie schrieb sich überhaupt *Eiassenalecht*? Ich hakte nach: «Tut mir leid, Meng. Aber ich habe dich nicht verstanden. Könntest du wiederholen, was du gesagt hast?»

«Eiassenalecht!»

«David, könntest du bitte das Fenster schließen? Dieser Wind ist so laut, dass man sein eigenes Wort nicht versteht ... So, Meng, noch mal, was hast du gesagt?»

«*Eiassenalecht!*»

«Gut! ... Ich würde sagen, wir beenden hier das Brainstorming mal. Wir müssen ja nicht alles an der Tafel festhalten. Auf jeden Fall bin ich beeindruckt, was ihr schon alles gelernt habt.»

Irgendwann ersparte ich Meng und mir weitere demütigende Dialoge. Ich nahm ihn in der Regel nicht mehr dran. Und wenn doch, verzichtete ich darauf, es zu genau wissen zu wollen: «Wer kann mir sagen, wie viele Reichskanzler es in der Weimarer Republik gab? ... Ja, Meng!»

«*In der Eima Lebublik aat es aalls Eichkanzler jejeben.*»

«Richtig! Genau! ... Ja, Michelle?»

«Wie viele waren das jetzt? Ich hab das nicht verstanden. Können Sie das noch mal wiederholen?»

«Nein, kann ich nicht. Wenn du nicht zuhörst, hast du Pech gehabt.»

Anders war es, wenn Meng eine Frage stellte. Nachdem ich einmal auf eine, ohne zu wissen, worum es ging, mit einem überzeugten «Ja, natürlich!» geantwortet hatte und sich kurz darauf herausstellte, dass er sich danach erkundigt hatte, ob ich schon mal etwas mit einer Schülerin gehabt hätte, vermied ich es fortan, mich klar zu bekennen.

Entweder delegierte ich die Aufgabe weiter: «He Selin, ann sie Tests kolliliet?» – «Eine gute Frage, die ich gern an die Klasse zurückgeben möchte. Wer kann darauf antworten?» Oder ich entgegnete: «Du sprichst einen interessanten Aspekt an. Aber dazu kommen wir noch, später.»

Mündlich hatte ich natürlich keine fundierte Grundlage für eine Benotung seiner Leistungen. Ich konnte mich nur auf Vermutungen stützen. Der durchschnittliche Schüler der 9c – diese

Klasse war erheblich besser als die 8 a – erhielt bei mir im Mündlichen eine Drei. Ostasiatische Schüler, so überlegte ich, waren in der Regel leistungsstärker, da äußerst strebsam. Zu Hause wurden sie nach den drakonischen Erziehungsprinzipien von Amy Chua gedrillt – mit täglich zwölf Stunden Pianounterricht, Verbot von Freunden und jeglichem Spaß im Leben. In solchen Familien glaubte man noch an den sozialen Aufstieg durch Bildung. Also: Wenn ich ihm eine Zwei gab, konnte ich nur richtigliegen.

Doch jetzt, in der mündlichen Abiturprüfung, war die Sache delikater. Dass Jiao Ju die Aufgaben weitgehend selbständig löste, merkte ich daran, dass Frau Ruppin kaum Fragen stellte. Dass sie die Erwartungen zu erfüllen schien, signalisierten Lächeln, Nicken und die wiederkehrenden Genaus und Jas meiner Kollegin. Doch welche Schlüsselwörter der Schülerin sollte ich notieren? Sie referierte gerade darüber, ob die Türkei in die EU aufgenommen werden sollte, zumindest nahm ich das an: «*Kommsion deckt fü Tükei aufnehähm. Aba Fotshitsbelicht eigt Schwäschän gebän. Intergund Übafodeung Eulopa Verlassungsplolem machen Flage nach Demokatlie seien. Asyle Lefolmen müssen seien. Ande Staaten nisch Integlation. Oischland.*»

Ich hatte keine Ahnung, ob Jiao Ju überhaupt Schlüsselwörter verwendete. Da Frau Ruppin aber zufrieden schien, nannte sie wohl alle wesentlichen. Zum Glück wusste ich über die Föderalismusreform wie auch über die Kontroverse über den EU-Beitritt der Türkei sehr gut Bescheid, kannte also sämtliche Begriffe, die von der Schülerin gebracht werden mussten. Im Grunde hätte Jiao Ju die Prüfung gar nicht zu machen brauchen, denn ich hätte das Protokoll auch ohne ihre Hilfe ausfüllen können. Ich notierte, nicht wissend, ob das Mädchen davon etwas erwähnt hatte, zum Thema Föderalismusreform: *Blockade durch Bundesrat; Bedeutungsverlust der Landesparlamente; französischer Zentralismus versus Staatenbund à la Schweiz/USA; Föderalismus – Schutz vor autoritären Bestrebungen; Konsensdemokratie; bundesstaatliche Ordnung im Grundgesetz; über Bundesrat Einbezug der Opposition in die Regierungsgeschäfte*. Was die Frage des Beitritts der Türkei zur EU betraf, hielt ich fest: *Position der Europäischen Kommission; Befürworter unter Mitgliedsländern: GB/Skandinavien, Gegner: Deutschland/Österreich; Mängel im Fortschrittsbericht: Rechtsstaatlichkeit/Menschenrechte/Zypernkonflikt*.

Falls die Schülerin das doch nicht gesagt haben sollte, hatte ich allerdings ein Problem. Da würde ich mich gegenüber Frau Ruppin mit einer unvermittelt und temporär auftretenden, sehr seltenen Ohrkrankheit herausreden müssen. Oder erklären, dass ich manchmal innere Stimmen höre – und diese inneren Stimmen hätten mir die Schlüsselwörter soufliert.

Als Jiao Ju den Raum verlassen hatte, damit wir uns über die Note beraten konnten, griff meine Kollegin nach meinem Protokoll, las, stutzte und murmelte dann: «Oh, so viel! Also – ich ... ich hab kein Wort verstanden. Dabei unterrichte ich die Schülerin schon zwei Jahre. Aber du offenbar schon. Warst du mal längere Zeit in China? Hast du mir gar nicht erzählt ... Jiao Ju hat doch tatsächlich fast alle wichtigen Schlüsselwörter gebracht. Alle Achtung!»

Ich beichtete Frau Ruppin, dass es mir nicht anders gegangen sei als ihr und nur deshalb so viel im Protokoll stand, weil ich ihre Reaktionen gegenüber der Schülerin missinterpretiert hätte. Danach erkundigte ich mich: «Tut mir leid, aber was machen wir denn jetzt mit der Note?» Ihr Vorschlag war ziemlich pragmatisch: «Geben wir ihr einfach eine Zwei. Chinesische Schüler sind meistens besser als der Durchschnitt. Und eine Zwei würde sich auch mit der Note decken, die Jiao Ju sonst immer mündlich von mir erhalten hat. Da verstehe ich nämlich genauso wenig. Ich nehme sie schon kaum noch ran.»

Juni 2011, Rathenau-Sekundarschule, Marzahn, vor dem Sekretariat

Schüler der Mittelstufe: Wieso hab ich denn in Deutsch eine Fünf?
Herr Specht: Möchtest du lieber eine Sechs?
Schüler: Ich hab mich doch voll oft gemeldet.
Herr Specht: Und viel Müll vom Stapel gelassen.
Schüler: Aber Julien hat eine Vier.
Herr Specht: Hör uff zu heulen!

33
MORGENS UM HALB DREI

Melanie: Ja?
Ich: Ich bin's.
Melanie: Stephan?
Ich: Ja ... Ich wollte dir zum Geburtstag gratulieren ...
Melanie: ...
Ich: ... und mich fürs letzte Mal entschuldigen ... Tut mir leid ... Ich glaub, ich hatte ein bisschen viel getrunken.
Melanie: ...
Ich: Sag doch mal was!
Melanie: Ich verzeih dir ... Aber deswegen musst du mich nicht um diese Zeit wecken.
Ich: Ich wollte der Erste sein, der anruft.
Melanie: Biste aber nicht. Boris hat schon angerufen.
Ich: Wie? Ist der nicht bei dir? Ist der etwa auf Arbeit? Das ist ja scheiße von dem. Ich meine, du hast Geburtstag, und der ...
Melanie: Stephan!
Ich: ... nimmt sich nicht mal frei. Also, wenn ich ...
Melanie: Stephan!!
Ich: ... an seiner Stelle wäre, dann würde ich an so einem Tag bei dir sein.
Melanie: Soll er mitten während einer OP gehen? Wir feiern nach.
Ich: Trotzdem. Ich finde, du hast jemanden verdient, der für dich da ist.
Melanie: Du warst im Referendariat oft da und trotzdem nicht anwesend.

Ich: Ja, im Referendariat ... Jetzt ist das anders.
Melanie: Freut mich für deine Neue.
Ich: Welche Neue?
Melanie: Na, diese Lehrerin von deiner Schule.
Ich: Ach so. Nee! Mit der war nichts. Habe ich nur gesagt, um dich eifersüchtig zu machen.
Melanie: Du bist echt bescheuert.
Ich: Und? Warste eifersüchtig?
Melanie: Stephan, bitte!
Ich: Wenigstens ein bisschen?
Melanie: Das ist doch albern.
Ich: Bitte sag!
Melanie: Nein! War ich nicht.
Ich: Wieso denn nicht?
Melanie: Bitte? Wegen einer Lehrerin? Das ist nun wirklich ein Abstieg.
Ich: Tja, es geht für mich statustechnisch steil bergab. Wahrscheinlich ist meine nächste Freundin eine Langzeitarbeitslose.
Melanie: Immerhin kannst du sagen, dass du mal was mit einer Medizinstudentin hattest. Das kann dir keiner nehmen.
Ich: Toll. Es wäre trotzdem schön, wenn du ein bisschen eifersüchtig gewesen wärst. Ich bin schließlich auch eifersüchtig auf Wladimir.
Melanie: Boris.
Ich: Ist doch egal. Ein bisschen?
Melanie: Das bringt doch nichts, Stephan. Das hilft dir nicht weiter. Erzähl lieber, was die Schule macht!
Ich: Bitte, sag!
Melanie: Nein! Ich will, dass du mir sagst, was die Schule macht! Ich habe Geburtstag. Ich darf bestimmen, worüber wir reden.
Ich: Geht so. Bin immer noch in Marzahn. Die Direktorin meint, sie würde versuchen, dass ich übernommen werde.

Melanie: Das ist doch super.
Ich: Ja. Eigentlich schon.
Melanie: Hört sich ja nicht begeistert an. Wegen Marzahn?
Ich: Wegen Sekundarschule.
Melanie: Aber du warst doch immer für so was.
Ich: Ja, im Prinzip schon. Wenn Gymnasien mit dabei wären. Sind sie aber nicht. Und an meiner Schule gibt es Klassen, da bist du froh, wenn du aus der Stunde körperlich unversehrt wieder herauskommst. Ich meine, ich hab studiert, um Lehrer zu werden, und nicht, um als Sozialarbeiter zu arbeiten. Das liegt mir einfach nicht. Außerdem werde ich an dieser Schule nie Französisch unterrichten können, weil die meisten Spanisch belegen.
Melanie: Du könntest dich später an ein Gymnasium versetzen lassen ...
Ich: Dit klappt doch nicht. Du kommst da nur weg, wenn die Schule dich nicht mehr braucht oder du jemand findest, der mit dir tauscht. Bei unserer Burnout-Rate würde ich ewig darauf warten, dass ich nicht mehr gebraucht werde. Und wer sollte freiwillig mit mir tauschen wollen? Wahrscheinlich nur jemand, der gerade an einer Gesamtschule in Kabul tätig ist. Bestimmt nicht diese blöde Kuh von Frau Stahl, die da gemütlich in ihrem Zehlendorfer Wohlfühlgymnasium hockt ...
Melanie: Und wenn du weggehst? Ich weiß, du hängst an Berlin, aber ...
Ich: Fängst du jetzt auch damit an? Meine Mutter schlägt mir das schon ständig vor.
Melanie: Viele junge Leute gehen aus beruflichen Gründen weg.
Ich: Ich bin aber nicht mehr jung.
Melanie: Stimmt! Wie konnte ich das vergessen. Ich korrigiere mich: Viele ältere Leute gehen aus beruflichen Gründen weg.
Ich: Ich finde, dass man von gebürtigen Berlinern nicht verlan-

gen kann, ihre Stadt aus beruflichen Gründen zu verlassen, bloß weil alle hierherkommen. Soll ich nach Darmstadt ziehen oder Bad Tölz? Oder aufs Land mit Haus und Gartenzwergen und einer Frau mit Kittelschürze?

Melanie: Es gibt doch nicht nur Darmstadt und Bad Tölz. Was ist mit Hamburg?

Ich: Hamburg ist auch nicht Berlin. Es gibt hier doch sowieso schon eine immer schlechtere soziale Mischung. Da können die letzten Ureinwohner nicht auch noch gehen.

Melanie: Verstehe. Du kämpfst gegen die Gentrifizierung. Du möchtest in deiner Wohnung bleiben, damit dort niemand einzieht, der mehr Geld hat. Damit die Miete dort nicht steigt. Das finde ich sehr nobel von dir, dass du deine eigene berufliche Verwirklichung zurückstellst, um zu verhindern, dass Berlin zu einer Yuppie-Stadt wird. Dass du lieber arbeitslos bleibst.

Ich: Vielen Dank für den Spott. Ich verzeihe dir, weil du Geburtstag hast. Egal, vielleicht habe ich ja Glück – dieses Jahr sind ja Abgeordnetenhauswahlen. Da werden erfahrungsgemäß immer mehr Menschen eingestellt als sonst.

Melanie: Um sicherzugehen, dass man dich nicht vergisst, würde ich Wowereit aber vorher einen Brief schreiben.

Ich: Hab ich schon gemacht. Ich hab gedroht, CDU zu wählen, wenn ich nicht eingestellt werde.

Melanie: Dann kann ja nichts mehr schiefgehen.

Ich: Spaß beiseite. Jetzt hab ich so viel über mich geredet.

Melanie: Ich kenn das ja von dir.

Ich: Ich kenn das auch von mir. Außerdem hast du darum gebeten. Was gibt's denn bei dir Neues?

Melanie: … Äh … beruflich oder privat?

Ich: Bist du etwa schwanger?

Melanie: … Äh … ja.

Ich: …

Melanie: Du sagst ja gar nichts.
Ich: Was soll ich sagen? Ist es von Vitali?
Melanie: Boris!!!
Ich: Glückwunsch.
Melanie: Ich habe nicht den Eindruck, dass du dich für mich freust.
Ich: Warum sollte ich mich freuen? Mit mir wolltest du nicht. Und kaum ist mit uns Schluss, lässt du dir vom erstbesten Dimitrij den Braten in die Röhre schieben.
Melanie: *Du* wolltest keine Kinder.
Ich: Damals. Du hättest nur zu warten brauchen. Aber ein Lehrer mit schlechtem Abschluss und Klumpfüßen war dir wohl nicht gut genug.
Melanie: Hast du deswegen angerufen? Um mir Vorwürfe zu machen?
Ich: Ich mache keine Vorwürfe. Ich führe nur die Fakten an. Ich bleibe auf der Ebene der sachlichen Beschreibung. Du hingegen machst Vorwürfe, indem du mir unterstellst, dass ich dir Vorwürfe mache.
Melanie: Tut mir leid, Stephan. Aber durch eine solche Eifersuchtsszene werden wir auch nicht wieder zusammenkommen.
Ich: Eifersuchtsszene? Du spinnst doch. Du bist mir völlig egal. Ich mache mir nur um das Kind Sorgen. Zwei Ärzte. Das hört sich nach zerrüttetem Elternhaus an. Und nach Vernachlässigung. Wahrscheinlich muss es sich alleine aufziehen, weil du und Vitali nie zu Hause seid.
Melanie: Kannst ja die Super Nanny vorbeischicken, wenn du dir solche Sorgen machst. Oder du übernimmst das Babysitten gleich selbst, falls du trotz Wahlen keine Stelle bekommen solltest. Es tut unserem Kind bestimmt gut, wenn es auch mal in Kontakt mit Vertretern der Unterschicht kommt.

Ich: Man merkt, dass du keine Argumente hast. Aber deine Emotionalität spricht dafür, dass du noch an mir hängst. Ich würde dich zurücknehmen.
Melanie: Das ist mir zu billig. Ich leg auf.
Ich: Tu das. Dieser Abwehrreflex bestätigt nur meine Theorie, dass du nicht über mich hinweg bist. Auflegen bringt gar nichts. Ich kann auch stalken, wenn du möchtest. Irgendwann wirst du dich deinen Gefühlen stellen müssen …
Verbindung ist unterbrochen.

Juni 2011, Rathenau-Sekundarschule, Marzahn, Klassenraum der 7 d, große Pause

Gina: Herr Serin, Lisa fragt, ob Sie was in ihr Poesiealbum schreiben können?
Ich: Äh, in ihr Poesiealbum?
Gina: Ja.
Ich: Äh, ich? Ist das nicht nur für Freunde?
Gina: Nein. Sie dürfen auch.
Ich: Da muss ich mich aber erst noch informieren, ob das das Schulrecht erlaubt.

CYBORG 2: THE GLASS SHADOW

Wir waren die Ersten. «Herr Serin gegen Herrn Alt», rief Florian, ein Schüler, den ich nicht unterrichtete. Beifall brandete auf in der engbestuhlten Aula, als mein Kollege und ich uns erhoben, durch die Menschenmenge nach vorne marschierten und die drei Stufen zur Bühne hinaufstiegen. Besonders die Sekundarstufe I tobte. Der meiste Jubel galt aber vermutlich nicht mir, sondern meinem Konkurrenten, dem Sportlehrer, der sich wegen seiner bodenständigen Art gerade unter jüngeren Schülern großer Beliebtheit erfreute. Aber gut, sollte er den Applaus ernten. Der würde ihm bei der Beantwortung der Fragen auch nicht weiterhelfen.

Ein bisschen einfallslos war der Abi-Streich schon: in einem Wissensquiz den klügsten Lehrer ermitteln zu lassen. Das hätte mir nun wirklich keine schlaflosen Nächte bereiten müssen. Was hatte ich mir nicht alles ausgemalt? Dass ich rappen oder mich dadurch zum Trottel machen müsste, indem ich im Bananenrock zu den Klängen von «Mambo No. 5» einen Bauchtanz aufs Parkett legte. Oder doch noch in die langsame Runde mit Frau Stumpf gezwungen wurde, der ich auf der Klassenfahrt gerade so entkommen war.

Es hätte mir ebenso passieren können, mit allen Kollegen nur in Unterwäsche auf den Schulhof getrieben zu werden, um dort mit Wasser oder Bier besprizt, mit Torten oder mit verfaulten Eiern beworfen und mit Kreide eingerieben zu werden. Oder wir hätten gegen die Schüler des Sportleistungskurses boxen müssen. Eine Aktivität, die an einer anderen Schule in eine Schläge-

rei zwischen Schulleiter und einem Abiturienten gemündet hatte. Schließlich hatte man den Direktor überwältigt, gefesselt, in einen Kofferraum geworfen und in einem ihm nicht bekannten Wald ausgesetzt. Nicht weniger spektakulär war das Happening, von dem mir ein Freund meiner Eltern berichtete, der in Hamburg Lehrer ist. Vier Dreizehntklässler, in schwarze Trenchcoats gekleidet, stiegen vor der Schule mit gezogenen Maschinenpistolen aus einem Auto. Es handelte sich um eine Nachstellung des Massakers von Littleton. Damit niemand es für einen Scherz hielt, ließen sie im Gebäude Silvesterknaller hochgehen und riefen sogar die Polizei.

Im Vergleich dazu war ein Quiz Entspannung pur. Es war nicht einmal Zwang ausgeübt worden. Kein Lehrer hatte mit in die Aula kommen müssen. Lediglich sechzehn Kollegen hatten freiwillig ihren Unterricht unterbrochen, um den Streich über sich ergehen zu lassen. Und mit Herrn Alt war mir bei diesem Wissenstest der denkbar leichteste Achtelfinalgegner zugelost worden, den man sich vorstellen konnte. Ein Platz unter den klügsten acht war mir sicher.

«Okay!», begann Florian zu erklären, der das Ratespiel im Anzug moderierte. «Mandy» – die Abiturientin trug für diesen Anlass einen langen braunen Rock und eine weiße Bluse – «wird Ihnen gleich eine Frage stellen und vier Antwortmöglichkeiten dazu nennen. Sie dürfen aber erst antworten, wenn alle Antwortmöglichkeiten vorgelesen worden sind. Wenn Sie die Lösung kennen, hauen Sie bitte so schnell wie möglich auf die Klingel vor Ihnen. Wer zuerst richtig antwortet, bekommt einen Punkt. Ist die Antwort falsch, ist der andere dran. Liegt der auch falsch, gibt es gar keinen Punkt. Wer nach drei Fragen die meisten Punkte hat, kommt ins Viertelfinale. Bei einem Unentschieden gibt es eine Bonusfrage. Wenn die keiner beantworten kann, eine Schätzfrage. Haben Sie alles verstanden?»

Dreimal musste Florian für Herrn Alt seine Erläuterung wiederholen, der in seiner Radlerhose und seinem weißen T-Shirt mit Erlanger Triathlon-Aufdruck ziemlich bekloppt aussah. Dann übernahm Mandy die Moderation:

«Seit wann dürfen Homosexuelle in Deutschland den Bund der Ehe eingehen? Seit 1893, seit 1933, seit 2002 oder gar nicht?»

Herr Alt hämmerte auf die Klingel zwischen uns, noch ehe Mandy zu Ende gesprochen hatte.

«Herr Alt, was ist Ihr Vorschlag.»

«Seit 1933.»

«Das ist leider falsch.»

Er fluchte irgendwas wie Bullshit und schüttelte seinen vom vielen Outdoor-Sport gebräunten Kopf. Ich freute mich. So ungebildet konnte man gar nicht sein. Mandy wandte sich an mich: «Herr Serin, wie ist Ihre Lösung?» Ich war mir absolut sicher.

«Seit 2002.»

«Nein, das ist leider auch falsch.»

«Wie bitte? Die dürfen doch heiraten, die Schwulen und Lesben. Das wurde unter der rot-grünen Regierung beschlossen.»

«Nein. Nicht die Ehe, nur das Eintragen der Lebenspartnerschaft wurde erlaubt.»

«Das ist aber wirklich sehr pedantisch», beschwerte ich mich. Augenblicklich fiel mir auf, dass das ein Vorwurf war, den mir normalerweise Schüler machten, wenn sie nicht die volle Punktzahl erhielten, weil sie sich ungenau ausgedrückt hatten. Im Auditorium erblickte ich Marcel und Sandra aus meiner Zwölften, die ob meiner Bemerkung mit gespielter Empörung mit den Augen rollten.

Mandy war wieder an der Reihe: «Zur nächsten Frage: Wie viel CO_2 entsteht bei der Verbrennung von einem Liter Benzin? 2,3 Kilogramm, 0,7 Kilogramm, 1 Kilogramm oder 0,0025 Kilogramm?»

Herr Alt war erneut schneller als ich. Kein Wunder, als Sportlehrer brauchte er gute Reflexe. «0,0025 kg.»

«Nein!»

Er reckte fluchend die Arme zur Deckenbeleuchtung. Ich sah, dass er im Achselbereich schwitzte. Innerlich musste ich auflachen. Er hatte wohl noch nie etwas von Klimaerwärmung gehört. «Natürlich ein Kilo», erklärte ich, als mir Mandy das Wort erteilte.

«Falsch! 2,3 Kilogramm.»

Aus den Reihen der Schüler der Sekundarstufe I brandete Jubel auf. Ich traute meinen Ohren nicht. Das konnte nicht sein. Hatten die überhaupt recherchiert? Ein Liter Benzin wog doch nie im Leben 2,3 Kilo, erst recht nicht als Kohlenstoffdioxid. Verdammt! Wenn jetzt Herr Alt einen Glückstreffer landete, zog er in die nächste Runde ein, obwohl ich die bessere Allgemeinbildung besaß. Ich musste ihm unbedingt zuvorkommen. Mir fiel auf, dass er sich die Beine rasiert hatte. Und dass sein Gemächt in seiner sehr knapp geschnittenen Gummihose ziemlich groß wirkte.

Mandy steckte die oberste Karteikarte ganz nach hinten in ihren Stapel und fuhr fort: «Frage drei – wie hoch ist der Hartz-IV-Regelsatz? 354 Euro, 364 Euro, 1500 Euro oder 1512 Euro?»

Meine Rechte schoss auf die Klingel. Diesmal hatte mein Gegner das Nachsehen. Seine Pranke knallte auf meinen Handrücken. Neben dem damit verbundenen Schmerz war mein Problem, dass ich die Antwort nicht kannte. Ich wusste, dass 1500 und 1512 auf keinen Fall richtig waren. Aber ob 354 oder 364 Euro – da konnte ich nur mutmaßen. Meine Chancen standen 50:50. Vielleicht hätte ich besser Herrn Alt den Vortritt gelassen. Aber okay, jetzt gab es kein Zurück mehr. Ich tippte auf 354 Euro.

«Das ist falsch, Herr Serin.» Wieder Freudengeschrei von den Schülern aus der Mittelstufe, obwohl die meisten von ihnen vermutlich 1512 Euro geraten hätten. Verärgert wollte ich meine

Arme zur Deckenbeleuchtung führen, bekam aber noch rechtzeitig mit, dass auch ich im Achselbereich schwitzte.

«Was? Das ist doch eine Quatschfrage!», regte ich mich auf. «Das ist völlig bekloppt, so was zu fragen. Wo sich der Regelsatz doch ständig ändert. Das muss man doch nicht wissen!»

Florian intervenierte: «Wir haben diese Frage aus einem Ihrer Sozialkundetests in der achten Klasse. Wollen Sie sagen, dass man das nicht fragen sollte?» Die Zuschauer grölten erneut. Jetzt erblickte ich auch Burt und Angelina im Publikum. Sowie weiter hinten, an der Glasfassade zum Schulhof, Jason und Vivien, die Händchen hielten. Sie war sogar ein bisschen größer als er. Das hatte ich eigentlich nicht intendiert, als ich im Förderplan für Jason, der nun doch nicht sitzenblieb, vermerkt hatte, Vivien solle ihm Nachhilfe geben.

«War nur ein Scherz», beschwichtigte ich und ärgerte mich maßlos über das unnötige Risiko, das ich eingegangen war. Warum hatte ich nicht einfach 1500 oder 1512 Euro gesagt? Dann hätte sich Herr Alt zwischen 354 oder 364 Euro entscheiden müssen. Es hätte mithin eine fünfzigprozentige Chance bestanden, dass er falschgelegen hätte und ich dank der Bonusaufgabe doch noch weitergekommen wäre. Aufgrund meiner Vorlage brauchte er den Ball nur noch ins Tor zu schieben.

«Herr Alt. Was ist Ihre Antwort?»

«Ich würde sagen – 1500 Euro. Das andere sind so komische Zahlen.»

Die Schüler trampelten auf den Hallenboden, klatschten und forderten «Zugabe». Mir fiel ein Stein vom Herzen. Gleichzeitig konnte ich es nicht glauben, dass mein Gegner es ebenso versemmelt hatte. Aber egal. Jetzt war wieder alles offen.

«Wir kommen nun zur Bonusfrage.»

«Herr Alt»-Rufe ertönten. Jason und Vivien feuerten mich zu meiner Überraschung mit «Herr Serin» an.

Mandy fuhr mit ruhiger Stimme fort: «Welche der folgenden Sportlerinnen hat die größten Brüste? Ex-Eisschnellläuferin Anni Friesinger, Tennisspielerin Serena Williams, Ex-Eiskunstläuferin Katharina Witt oder die Fußballerin Birgit Prinz?»

Meine Hand schnellte ein weiteres Mal auf die Klingel, denn ich wusste nicht nur, welche Sportlerin den größten Busen hatte, sondern traute mir sogar zu, die Frauen in die richtige Reihenfolge zu bringen. Mein Kollege schrie «Kacke». In diesem Moment wurde mir bewusst, dass es ein schiefes Licht auf mich werfen würde, glänzte ich als Busenfachmann, zumal einige aus dem Publikum ihre Handys auf uns gerichtet hatten und den Film wahrscheinlich ins Internet stellen würden. Außerdem war die elegante Frau Stöcher überraschenderweise anwesend. Es bestand immer noch die Möglichkeit, dass sie die Senatsverwaltung dazu bewegte, meine befristete Anstellung in eine unbefristete umzuwandeln. Da durfte ich ihr Engagement für mich nicht durch eine Brustexpertise in Gefahr bringen. Ich musste mein Wissen unbedingt verbergen, meine richtige Antwort als Zufallstreffer verkaufen:

«Puh! Also, ich finde die Frage ja ein bisschen sexistisch. Am liebsten würde ich gar nicht darauf antworten. Aber gut, weil heute Abi-Streich ist, tue ich es. Bis auf Katharina Witt sagen mir die Namen alle nichts. Ich interessiere mich ja nicht für Sport. Und was die BH-Größe betrifft, da hab ich keinen blassen Schimmer. Ich achte bei Frauen ja nur auf den Charakter. Deswegen finde ich auch nur so schwer eine Freundin.»

Aus dem Plenum kamen Pfiffe und höhnendes Gelächter. Offenbar schien man mir nicht zu glauben. Frau Stöcher beäugte mich argwöhnisch. Jetzt musste ich pokern. Ich würde die falsche Athletin nennen, dann blieben noch drei Möglichkeiten übrig. Wenn Herr Alt auch danebenlag, käme es immerhin zur Schätzfrage:

«Also, ich muss raten ... Wen nehme ich denn? Egal! Ist ja nur ein Spiel. Ich tippe mal auf Birgit Prinz.»

«Das ist leider falsch», verkündete Mandy, nachdem das Publikum zu Ende geraunt hatte. Burt und Jason schüttelten enttäuscht den Kopf. Vivien rümpfte die Nase. Herr Alt klatschte sich mit der Hand gegen die Stirn und spottete: «Mein Gott! Das weiß man doch, dass Birgit Prinz kein Holz vor der Hütte hat!» Gelächter. Dann nannte er Serena Williams. Ich schied aus und nahm bei Jason und seiner neuen Freundin Vivien Platz. «Sie ham mit Absicht falsch gesagt, oder?», fragte Jason. Ich nickte.

Mein Kollege räumte mit seiner Strategie noch die beiden nächsten Gegner aus dem Weg. Mit anderen Worten: Er wusste nichts und lief erst zur Höchstform auf, wenn es um Sex ging. Von den Schülern wurde er dafür gefeiert. Erst im Finale zog er den Kürzeren, weil er nicht sagen konnte, in welchem Film Angelina Jolie das erste Mal unbekleidet zu sehen war. Dabei weiß man das doch, selbst ohne Lösungsvorschläge: *Cyborg 2: The Glass Shadow* von 1993.

Feedbackbogen eines Schülers der 8 a, Rathenau-Sekundarschule, Marzahn, am Ende des Schuljahrs 2010 / 2011
Schreibe auf, was dir am Unterricht gefallen hat und was nicht!
+ Wandertag in Spreewald; Eis essen
− die Tests; das wir Zensuren kriegen

28.06.11

7.50 Uhr, Foyer des Stauffenberg-Gymnasiums
Frau Stöcher konnte oder wollte mir keine Festanstellung anbieten. Nun bleibt mir noch das Stauffenberg-Gymnasium. Beim Vorstellungsgespräch muss ich unbedingt überzeugen. Ich bin der Erste im Foyer. Dabei wäre ich auf dem Weg hierher beinahe umgekehrt. Denn ich leide an der gleichen Symptomatik wie im Referendariat vor den Lehrproben: Da ist der Magen, der sich zusammenzieht; der Zwang, noch einmal die Toilette aufzusuchen; das Bedürfnis, schweißbedingt alle fünf Minuten die Oberbekleidung zu wechseln.

In meinem Hemd und meinem Jackett sehe ich wie immer entstellt aus. Businessdress ist nur etwas für große Menschen. Mein Fidel-Castro-T-Shirt stünde mir deutlich besser. Aber ich weiß von einem Referenten der GEW, dass es sich beim Stauffenberg-Gymnasium um eine sehr konservative Einrichtung handelt und man sich besser nicht mit einem Konterfei des kubanischen Revolutionsführers zum Vorstellungsgespräch begibt.

Ich bin schon jetzt völlig neben mir. Unterwegs hatte ich mir in «Ilses Frittenbude» am S-Bahnhof Wannsee, um mich zu beruhigen, ein Fläschchen Jägermeister gekauft, es dann allerdings nicht getrunken und vor der Schule neben einem Baum abgestellt. Rechtzeitig war mir eingefallen, dass ich mit einer Fahne erst recht keine Chance hätte.

Da ich mir grundsätzlich nicht merken kann, was ich im Bewerbungsgespräch erzählen muss, um einen guten Eindruck zu hinterlassen, hatte ich mir zu Hause zu allen möglichen Fra-

gen Notizen gemacht: beispielsweise zu meinen bisherigen Unterrichtserfahrungen, meinen Stärken als Lehrer, meinem besonderen Profil. Die meisten Sachen musste ich allerdings recherchieren, etwa meine Stärken als Lehrer. Im Referendariat hatte man mir erfolgreich eingeimpft, dass ich keine besitze. Davon habe ich mich auch in den zwei Jahren danach nicht erholt. Und ein vorzeigbares, zur Schule passendes Profil kann ich auch nicht vorweisen. Das Stauffenberg-Gymnasium hat einen altsprachlichen, künstlerischen und musikalischen Schwerpunkt. Meine Biographie würde ich sehr beschönigen müssen. Aber tut das nicht jeder? Aus der Lektüre von Asterix-Heften weiß ich immerhin, dass *alea iacta est – Der Würfel ist geworfen worden* bedeutet, *quod erat demonstrandum – Was zu beweisen war* und *morituri te salutant – Die Todgeweihten grüßen dich*. Als Jugendlicher habe ich auch einmal an einem Wochenend-Theaterworkshop teilgenommen. Meine musikalische Ausbildung liegt zwar noch länger zurück. Aber warum soll ich die vier Stunden Flötenunterricht einfach unter den Tisch fallen lassen, bloß weil ich damals noch in den Kindergarten ging und die Musiklehrerin meiner Mutter kategorisch bescheinigte, dass ich absolut unmusikalisch sei? Die damals erworbenen Kenntnisse lassen sich mit Sicherheit wiederbeleben, falls für das kommende Weihnachtskonzert der Stauffenberg-Schule ein Flötist benötigt werden sollte.

Einige Antworten auf die mögliche Frage, welche Bedeutung meine Fächer für mich hätten, fand ich direkt auf der Seite des Fachbereichs Geschichte der Stauffenberg-Oberschule. Es waren O-Töne von Schülern: *Geschichte stellt für uns Schüler eine Möglichkeit dar, persönlichkeitsformende Einsichten in wesentliche Strukturen gesellschaftlichen und politischen Lebens zu erlangen, die in die Vergangenheit zurückreichen, jedoch unser heutiges gesellschaftliches Dasein entscheidend beeinflussen. Außerdem ermöglicht das Fach, qualifiziert die Arbeit mit geschichtlichen Quellen zu üben und zu erlernen, was auch für andere Fächer unabdingbar ist. Letztlich erhoffe ich mir von Geschichte den Erwerb historischer Narrativität, weil nur dadurch ein reflektiertes Geschichtsbewusstsein möglich ist. Clara, 5. Klasse.*

Es kann nie schaden, sich von Menschen inspirieren zu lassen, die mit den Gegebenheiten vor Ort bestens vertraut sind. Natürlich kann ich Claras Definition nicht einfach übernehmen. Ich musste ein paar Fremdworte einbauen, weil es sich sonst zu primitiv anhören würde. Es handelte sich schließlich um die Aussage einer Fünftklässlerin. Folglich formulierte ich das Ganze ein wenig um: *Geschichte offeriert den Eleven die Okkasion, preziöses Knowhow in den Dimensionen fundamentaler Grundstrukturen sozietärer und politischer Existenz zu gewinnen, die in der Vergangenheit ihre Provenienz haben, jedoch unsere gegenwärtige gesellschaftliche Raison d'être entscheidend prägen. Außerdem ermöglicht das Fach das professionelle Handling historischer Quellen, was interdisziplinär eine Schlüsselrolle, eine key role, einnimmt. Letztlich ist es meine Intention, den Schülern in diesem Fach den Erwerb historischer Narrativität zu ermöglichen, weil nur dadurch ein reflektierter historischer Esprit manifest wird.*

Das Stauffenberg-Gymnasium ist eindeutig eine ganz andere Welt als die Rathenau-Sekundarschule. Auf die Bitte, das Fach Geschichte zu definieren, hätte man dort von den Jugendlichen eher folgendes Zitat erhalten: *Geschichte ist das Fach, wo es um früher geht. Niko, Leistungskurs Geschichte.* Die Homepage der Rathenau präsentiert deshalb ausschließlich Zitate von Lehrern, weil man mit den Schüleräußerungen nicht an die Öffentlichkeit gehen sollte. Sicherlich habe ich allein deshalb schlechte Karten, weil ich seit meinem Referendariat zumeist mit Schülern zu tun hatte, die sich von der typischen Klientel am Stauffenberg-Gymnasium grundlegend unterscheiden.

Zudem fand ich im Internet keine elegante Erklärung dafür, warum ich in der Zweiten Staatsexamensprüfung im Fach Geschichte eine Fünf erhalten hatte. Die Wahrheit – schuld daran waren Frau Stahl und Herr Schubert, mein ehemaliger Hauptseminarleiter – würde sicherlich niemanden am Stauffenberg-Gymnasium interessieren. Aber macht in Geschichte nicht praktisch jeder Referendar einen schlechten Abschluss? Liege ich mit meiner Fünf da nicht eigentlich noch im soliden Mittelfeld? Und komme ich nicht dank Französisch sogar auf einen Schnitt von 3,5? Möglicherweise sind die anderen Bewerber gar nicht alle besser.

8.15 Uhr, Foyer des Stauffenberg-Gymnasiums
1,0, 1,2 und 2,0. Die anderen Bewerber sind doch alle besser. Vom Standpunkt meines Selbstbewusstseins aus betrachtet, war es ein Fehler, meine drei Konkurrenten umgehend, noch bevor ich ihre Begrüßung erwiderte, danach zu fragen, welche Note sie im Zweiten Staatsexamen hatten. Die 1,0 heißt Nadja, hat dunkle Locken, südeuropäische Gesichtszüge und meine Größe. Die 1,2 nennt sich Simone, ist anorektisch und überragt mich mindestens um einen Kopf. Die 2,0 namens Lutz kommt wie ich nicht über einen Meter neunundsechzig hinaus. Lutz hat ebenfalls mit Geheimratsecken zu kämpfen. Anders als bei mir wölbt sich unter seinem grauen Pullunder aber ein gemütlicher Bierbauch. Hat meine Teilnahme überhaupt noch Sinn? Wenn, dann habe ich bestenfalls gegen Lutz eine Chance. Und das nicht einmal im Leistungsbereich, sondern weil ich, bevor er das längliche Foyer betrat, durch die breite Glasfassade beobachten konnte, wie er mein vor der Schule abgestelltes Fläschchen Jägermeister aufhob und in einem Zug leer trank. Ich müsste es der Kommission nur stecken.

9.30 Uhr, Foyer des Stauffenberg-Gymnasiums
Lutz befindet sich gerade im Bewerbungsgespräch. Er ist der Dritte. Da ich die schlechteste Note von allen habe, bin ich der

Letzte in der Reihe. Das Warten mit den anderen Kandidaten erinnert mich ein wenig an *Germany's Next Topmodel*. Wir versichern einander, dass wir jedem von uns die Stelle gönnen, dass wir uns gegenseitig die Daumen drücken. Sobald einer ins Büro des Direktors gerufen wird, ziehen wir anderen jedoch über ihn her. Lustig war eine Bemerkung von Simone. Sie bezeichnete Nadja in deren Abwesenheit als Streberin. Vielleicht ist das auch nur Zickenkrieg, dachte ich, da Nadja besser aussieht und sowohl Lutz als auch ich uns mehr mit ihr unterhalten haben. Jeder, der vom Gespräch mit dem Schulleiter zurückkommt, weist die Favoritenrolle von sich, selbst Nadja, obwohl Herr Doktor Menz ihr versicherte, sie werde sich an der Schule, für den Fall, dass sie den Zuschlag bekomme, mit Sicherheit wohlfühlen. Obwohl er ihr erklärte, zwei Drittel der Stauffenberg-Schüler seien Mädchen und bräuchten jemanden, der sie betuttle,[1] eine Fähigkeit, die er ihr selbstverständlich zutraue. Obwohl er ihr bescheinigte, sie habe schöne Augen. Obwohl er sie am Ende fragte, ob sie einen Freund habe ...

9.40 Uhr, Foyer
Lutz ist immer noch nicht fertig. Längst haben Nadja und Simone gemeinsam die Schule verlassen. Wo sind meine Notizen? Habe ich sie in «Ilses Frittenbude» vergessen? An ein paar Punkte erinnere ich mich noch, leider aber nicht mehr an mein Verständnis der Fächer Geschichte und Französisch. Ich beschließe, einen Schüler zu fragen, der gerade den Schaukasten mit dem Vertretungsplan studiert. Er sieht nach Oberstufe aus. Gegebenenfalls werde ich seine Definitionen im Bewerbungsgespräch etwas vereinfacht wiedergeben müssen.

---

1 Jemanden betutteln = jemanden umsorgen, sich um jemanden kümmern

Ich stelle mich ihm als *FAZ*-Bildungsredakteur vor: «Was ist deiner Meinung nach die Rolle des Fachs Geschichte?»
«Äh, weiß nicht. Geht halt um früher.»
«Fällt dir noch mehr dazu ein.»
«Nee.»
Sein Kommentar zu Französisch ist kaum erhellender: «Französisch? Is was für Mädchen. Ich mach Spanisch.»
Ich kann nur hoffen, dass der Schulleiter nicht so genau wissen will, welche Konzeption ich von meinen beiden Fächern habe. Zusammen mit meiner Abschlussnote und meiner geringen Erfahrung mit bildungsbürgerlicher Schülerklientel sind das nun drei Aspekte, denen Herr Doktor Menz besser keine Bedeutung beimessen sollte.

9.50 Uhr, im Büro von Doktor Menz

An einem sechsseitigen, lichtgrauen Besprechungstisch nehme ich Platz. Zwei Ecken rechts von mir eine unscheinbare, blasse Frau im dunkelgrünen Hemd. Vermutlich vom Personalrat. Eine Ecke weiter Herr Doktor Menz, marinefarbenes Jackett, farblich dazu abgestimmte Krawatte. Am Revers eine mir unbekannte Anstecknadel. Der grauweiße Schnurrbart zwischen Nase und Oberlippe ist an den Rändern nach unten frisiert. Hinter dem Schulleiter sein Schreibtisch mit Computer. An der Wand dahinter ein Foto von Helmut Kohl. Ich überlege, ob ich ihm erzähle, dass ich den ehemaligen Kanzler schon mal im Fernsehen gesehen habe. Aber der ältere, strenge Herr mit der hohen Stirn ist nicht zum Spaßen aufgelegt, nicht mal gewillt, mir durch eine einfache Frage – «Sind Sie gut hergekommen?» – beziehungsweise eine Eisbrecherbemerkung – «Sie haben schöne Augen, Herr Serin» – ein wenig von meiner Anspannung zu nehmen.

«Halten wir uns nicht lange mit Ihrem Lebenslauf auf. Sparen wir uns Erläuterungen dazu, was Sie bisher gemacht haben. Ich hab ja Ihre Unterlagen. Formulieren Sie bitte kurz und bündig Ihr Unterrichtscredo.»

Mir schießen sofort diverse Slogans durch den Kopf: «Unterricht mit Gefühl, garantiert stressfrei!» – «Der größte Unterricht der 80er, 90er, 0er Jahre und das Beste von heute!» Oder: «Lehren, Lehren, Lehren und dabei immer an die Schüler denken!» Aber das möchte er sicherlich nicht hören. Mir bleibt nur, seine Vorgabe nach Beschränkung zu ignorieren und weiter auszuholen. Zu meiner eigenen Verwunderung bringe ich sogar die meisten der Schlüsselbegriffe, die ich mir vorher notiert hatte. Aber Doktor Menz interessiert sich nicht dafür. Er hakt nicht nach, tippt während meiner Ausführungen die ganze Zeit ungeduldig mit den Fingern auf den Tisch, um mich schließlich bei Satz fünf zu unterbrechen: «Das reicht! Erklären Sie mir jetzt, warum unsere Schule gerade Sie nehmen sollte? Welchen Gewinn hätten wir, wenn wir uns für Sie entscheiden? Was können Sie, was die anderen Kandidaten nicht können?»

Eine ziemlich bekloppte Frage, da ich die anderen Bewerber nicht kenne. Mir fallen auch nur zwei Dinge ein, die mich möglicherweise unterscheiden. Zum einen verstehe ich etwas von Hip-Hop. Allerdings ist zu bezweifeln, dass diese Jugendkultur beim knapp sechzigjährigen Leiter eines Gymnasiums mit altsprachlichem Profil positive Assoziationen weckt. Dazu müsste ich ihm spontan etwas auf Latein vorrappen. Meine andere Schlüsselqualifikation ist, dass ich sowohl türkische als auch arabische Schimpfwörter kenne. Hat man mit Schülern aus dem Orient zu tun, so erleichtert das die Arbeit ungemein. Allerdings habe ich beim Warten im Foyer keinen einzigen Jugendlichen mit türkisch-arabischem Migrationshintergrund gesehen.

Zu meinem Glück fällt mir ein, was Doktor Menz zu Nadja über den hohen Anteil weiblicher Schüler an seiner Schule sagte. Darum erkläre ich: «Wenn ich eine Sache hervorheben möchte, die mich von anderen Lehrern unterscheidet, dann ist es der Umstand, dass ich gerade zu Schülerinnen ein besonders enges Verhältnis habe. Ich bin so richtig gut im Betutteln. Für die Mädchen bin ich oft eine richtige Mutterfigur.»

Meine Bemerkung lässt Irritation in seinen engstehenden Augen unter den buschigen Brauen aufblitzen, doch er fängt sich augenblicklich wieder und fährt fort mit seinem Verhör, ohne auf meinen Unsinn einzugehen: «Unsere Einrichtung legt auf gute Leistungen sehr viel Wert. Wir waren letztes Jahr die Berliner Schule mit dem besten Abi-Schnitt. Wie aussagekräftig ist Ihrer Meinung nach die Note im Zweiten Staatsexamen? Ich meine, unsere Schüler wollen natürlich nur die besten Lehrer haben.»

Nun habe ich endgültig den Beweis, dass für ihn allein der Abschluss zählt. Dass ich eigentlich gar nicht zum Gespräch hätte erscheinen müssen, weil schon vorher feststand, dass ich mit meiner 3,5 keine Chance hatte. Eigentlich ist es im Grunde jetzt egal, was ich antworte – ich bin sowieso ausgeschieden. Diese Gewissheit wirkt befreiend. Eine Last fällt von mir: «Ach, wissen Sie, Herr Doktor Menz!», erkläre ich: «Noten! Hören Sie mir bloß damit auf! Wir als Pädagogen wissen doch selbst am besten, wie willkürlich die zustande kommen und wie wenig sie das wahre Leistungsvermögen des Benoteten zum Ausdruck bringen. Ich sage darum meinen Schülern von Anfang an, dass meine Zensuren relativ sind. Dass ich allein nach Sympathie bewerte. Mit dieser Transparenz bin ich immer gut gefahren.»

Der Frau vom Personalrat fällt die Kinnlade herunter, ihre erste mimische Regung seit der Begrüßung. Bisher hatte sie nur als erstarrtes Maskottchen fungiert. Herr Doktor Menz lässt seinen Kiefer mahlen. Er scheint sich beherrschen zu müssen, denn die Noblesse seines Gymnasiums gestattet keinen emotionalen Ausbruch. Es gelingt ihm: «Gut, Herr Serin! Ich habe jetzt ein differenziertes Bild von Ihnen. Haben Sie noch Fragen?» Noch ehe ich antworten kann, erhebt er sich, um mich zur Tür zu geleiten.

«Selbstverständlich habe ich noch eine Frage.» Ich zwinge ihn, kurz innezuhalten. «Wie sind hier an der Schule eigentlich meine Aufstiegschancen? Die Stelle als Französisch- und Geschichtslehrer sehe ich nur als Übergangslösung an. Eigentlich möchte ich gern Direktor werden.»

Er hat das erste Mal große Mühe, die Contenance zu wahren: «Darüber können wir reden, falls Sie die Stelle bekommen.»

«Sobald ich die Stelle bekomme», korrigiere ich ihn. «Machen Sie sich keine Sorgen, Herr Doktor Menz! Ich habe ein verdammt gutes Bauchgefühl. Und eins noch: Melden Sie sich nicht bei mir. Ich melde mich bei Ihnen, wenn ich mich entschieden habe.»

Ich verlasse sein Büro leicht euphorisiert, zumindest habe ich mich nicht angebiedert.

10.30 Uhr, Ilses Frittenbude am S-Bahnhof Wannsee

Das kurze Zwischenhoch ist verflogen. Ich muss mich disziplinieren, um mir nicht noch eine weitere Flasche Jägermeister zu kaufen. Stattdessen nehme ich im Kiosk nebenan die *Bild*-Zeitung. Das passt zu meinem Status als baldiger Arbeitsloser. Ich brauch jetzt irgendwas Primitives. Mal schauen, wie Celia, unser Fußball-WM-Star, lebt, wovon sie träumt und was sie liebt. Und was bleibt mir von diesem Tag? Bei zukünftigen Bewerbungen kann ich in meinem Lebenslauf immerhin unter dem Punkt *Berufliche Entwicklung* vermerken: *Juni 2009 bis Juni 2011: Teilnahme an einem Vorstellungsgespräch.* Aber das ist schon alles. Ich werde auch in den nächsten zwei Jahren keine Stelle in dieser Stadt bekommen. Davon bin ich überzeugt. Mein einziger Trost ist, dass ich interessanter als die anderen Bewerber bin. Nadja, Simone und Lutz mögen vielleicht eine bessere Staatsexamensprüfung gemacht haben, dafür sind sie garantiert Single und kinderlos. Natürlich ist das nur eine ungestützte Vermutung. Mit Sicherheit weiß ich nur von mir, dass ich Single und kinderlos bin. Vielleicht sollte ich es doch in Hamburg versuchen, so wie so viele meiner Kollegen aus dem Referendariat. Trotz meiner Verwurzelung in Berlin. Trotz Melanie. Vielleicht würde sie ja nachkommen, mit Kind, wenn ich an der Elbe erst mal verbeamtet bin.

> **Juni 2011, Rathenau-Sekundarschule, 8 a, am Ende der Geschichtsstunde**
> **Ich:** Mensch, heute hast du aber toll mitgemacht. So habe ich dich ja das ganze Halbjahr nicht erlebt. Wie kommt's?
> **Jason:** Weiß nicht. Keine Ahnung.
> **Ich:** Und? War es schlimm?
> **Jason:** Nee!
> **Ich:** Was ist denn besser? Womit fühlst du dich besser? Wenn du aufpasst und dich beteiligst? Oder wenn du nicht aufpasst und störst?
> **Jason:** Mitmachen und aufpassen. Geht auch schneller vorbei.
> **Ich:** Geht dann auch für mich schneller vorbei. Leider kommt dein Einsatz ein bisschen zu spät. Du weißt, dass die Noten schon fest sind.
> **Jason:** Für nächstes Jahr.
> **Ich:** Werde es meinem Nachfolger ausrichten. Und dir wünsche ich alles Gute.
> **Jason:** Wie? Gehen Sie weg?
> **Ich:** Willste mitkommen?
> **Jason:** Ja. Wo gehen Sie denn?
> **Ich:** Erst mal zum Jobcenter.

GLOSSAR

Bürger, der gemeine: Weiß, dass Lehrer das ganze Jahr in den Ferien sind, Däumchen drehen, von Tuten und Blasen keine Ahnung haben und trotzdem unkündbar sind. Würde, wenn er noch mal jung wäre, auch Lehrer werden.

Burnout: Zustand ausgesprochener emotionaler Erschöpfung mit stark verminderter Leistungsfähigkeit, der sich großer Verbreitung unter Lehrern erfreut. Synonyme: «Ich kann nicht mehr!» – «Mir macht das einfach keinen Spaß mehr.» – «Oh, nee! Nicht schon wieder die 8e!» – «Ich hab keinen Bock mehr.»

Eltern: Mögen keine Lehrer, weil diese das Genie ihrer Kinder systematisch verkennen. Möchten, dass ihre Kinder aufs *Gymnasium* gehen, damit diese nicht mit den Mädchen und Jungen zusammen Unterricht haben, die Murat, Chantal oder Kevin heißen und von Hartz IV leben.

Erziehungsmaßnahmen: Einem Schüler kommunizieren, dass er sich danebenbenommen hat, beziehungsweise aufzeigen, wie er sich verbessern kann: über Lob («So, wie du heute mitgearbeitet hast, so möchte ich dich häufiger sehen»), Gespräche («Justin, wir müssen reden»), mündliche Tadel («Ich gebe dir einen mündlichen Tadel»), Eintragung ins Klassenbuch («Ich trage deinen mündlichen Tadel jetzt ins Klassenbuch ein»), Wiedergutmachung («Du hast David krankenhausreif geschlagen, das musst du wiedergutmachen – zur Strafe stellst du im Klassenraum heute alle Stühle hoch») oder die vorübergehende Einziehung eines störenden Gegenstands («Du gibst mir jetzt dein Handy – deine Eltern können es morgen im Sekretariat wieder abholen!»). Klappt oft alles nicht, dann sind *Ordnungsmaßnahmen* erforderlich.

Ethik: Neues Schulfach in Berlin, in dem den Schülern von der siebten bis zur zehnten Klasse beigebracht werden soll, wie man friedlich zusammenlebt und wie man den anderen und dessen Werte respektiert. Da noch keiner so richtig weiß, wie das geht, kann Ethik im Prinzip jeder Lehrer unterrichten.

Fremdsprachenassistent: Jemand, der für sieben bis zehn Monate an einer Schule im Ausland (zum Beispiel Frankreich) seine Muttersprache (Deutsch) unterrichten soll, weil die einheimischen Deutschlehrer bei ihren Schülern so wenig Erfolg haben. Da dieser Unterricht selten überprüft wird, ist es aber eigentlich egal, ob der Fremdsprachenassistent dies tut oder sich stattdessen nicht von den einheimischen Schülern ihre Sprache (zum Beispiel Französisch) beibringen lässt, was allen Beteiligten in der Regel sowieso lieber ist.

Gentrifizierung: Liegt vor, wenn viele Leute mit Geld in die Innenstadt ziehen und die dort Wohnenden, die über weniger Geld verfügen, in die Randbezirke vertreiben.

Gesamtkonferenz: Findet statt, wenn alle Schüler schon zu Hause und die Lehrer mal unter sich sein wollen. Angesetzt für die Zeit zwischen 16 Uhr und 18 Uhr, findet sie in der Realität zwischen 16.05 Uhr und 22 Uhr statt. Es wird auf ihr über viele Dinge entschieden, was die Schule betrifft. Die Beteiligten der Konferenz sind aber nicht immer im Bilde, weil sie nebenbei Klausuren korrigieren müssen. Entscheidungen fallen oft einstimmig, weil so, das ist die Hoffnung, die Gesamtkonferenz schneller vorbei ist.

Gesamtschule: Siehe sozialdemokratische Parteiprogramme der siebziger Jahre.

Gymnasium: Schule für Kinder, die sich, weil ihre *Eltern* studiert haben, einen eigenen Anwalt leisten können, um gegen ungerechte Behandlung durch ihre Lehrer vorgehen zu können.

Hamburg: Partnerstadt von Berlin in der Lehrerausbildung. Berlin bildet aus (Referendariat), und Hamburg stellt danach ein (Verbeamtung).

Integrationsschüler: Schüler, die sich von «normalen» Schülern durch ihre attestierte Lernbehinderung (Lern-, Sprach-, oft auch sozial-emotionale Störung) abheben, wobei es in der Praxis nicht immer einfach ist, zwischen Angehörigen der beiden Gruppen einen Unterschied festzustellen. Werden mit den «normalen» Schülern gemeinsam unterrichtet. Sollen außerdem gesondert gefördert werden, sobald Berlin genug Geld hat, um das dafür benötigte Personal einzustellen.

Integrierte Sekundarschule: Berliner Gemeinschaftsschule, die die Haupt-, Real- und *Gesamtschule* ersetzt, gedacht für schwache, mittelstarke und starke Schüler. Jeder darf dort einen Abschluss nach seiner Fasson machen (Berufsbildungsreife, Mittlerer Schulabschluss, Abitur). Unterricht erfolgt leistungsdifferenziert über Kurse auf verschiedenen Leistungsniveaus oder durch Differenzierung innerhalb einer Klasse. Da Eltern mit Hochschulabschluss aber dank CDU und FDP wissen, «dass

schwache Schüler die guten Schüler nur vom Lernen abhalten»,
schicken sie ihre Kinder doch lieber aufs *Gymnasium*.

Kastanienallee: Straße in Berlin (Prenzlauer Berg) mit vielen
Boutiquen und Cafés für Leute, die sich gern öffentlichkeitswirksam präsentieren. Die *Gentrifizierung* zeigt sich hier sehr
anschaulich. Synonym: Castingallee.

Kevin: Schüler, der kein Abitur machen wird. Synonyme: Justin,
Murat, Chantal, Jacqueline.

Lehrer am Gymnasium: Können sich auf den Unterricht konzentrieren. Synonym: Glückspilz.

Lehrer an (Integrierter) Sekundarschule: Sozialarbeiter.
Haben oft *Burnout*.

Lehrer an Privatschule: Haben oft nur eine Notenskala von
eins bis drei zur Verfügung beziehungsweise müssen vor der
Notenvergabe die Zustimmung der Eltern einholen.

Lehrprobe: Pflichtveranstaltung für jeden Referendar, die darin
besteht, den Ausbildern eine Unterrichtsstunde vorzuführen, um
sich anschließend attestieren zu lassen, dass man für den Beruf
ungeeignet ist.

Mindmap: Beschriftetes Baumdiagramm zur visuellen Darstellung eines Themengebiets. Ist in der Theorie so aufgebaut, dass
von einem zentralen Begriff, der sich in einem Kreis in der Mitte
eines Blattes befindet, Äste ausgehen, die zu verschiedenen Aspekten des Themengebiets führen. Von diesen Ästen (Teilaspekten)
gabeln sich wiederum Zweige ab, die Teilaspekte der Aspekte

darstellen. Ist in der schulischen Praxis oft so aufgebaut, dass der zentrale Begriff in der Mitte steht und davon ganz viele gleich lange Striche abgehen, an denen wiederum Wörter stehen, deren Zusammenhang nicht erkennbar ist. Sieht dann aus wie ein Igel.

Ordnungsmaßnahmen: Einem Schüler, sofern *Erziehungsmaßnahmen* nicht fruchten, sanktionierend kommunizieren, dass er sich danebenbenommen hat. Geschehen kann dies in Form von Briefen an die Eltern, Ausschluss vom Unterricht und anderen schulischen Veranstaltungen bis zu zehn Tagen, Umsetzung in eine Parallelklasse, Überweisung an eine andere Schule oder Entlassung aus der Schule, wenn die Schulpflicht erfüllt ist. Der Ausschluss vom Unterricht wird allerdings nicht von allen Schülern als Sanktion empfunden, besonders von denjenigen nicht, die sowieso regelmäßig fehlen. Für sie wäre das ein entschuldigtes Schwänzen.

Privatschule: Schule, in der der zahlende Kunde König ist.

PW (Politikwissenschaft): Schulfach in der gymnasialen Oberstufe, in dem historische, politologische, geographische und wirtschaftliche Aspekte behandelt werden, um die politische Bildung der Schüler zu fördern. Wird als Leistungskurs gerne von Schülern gewählt, die sich alle anderen Fächer nicht zutrauen, die aber annehmen, dass sie zu aktuellen Fragen schon irgendwie eine Meinung haben. Die Ernüchterung erfolgt spätestens dann, wenn diese Schüler das erste Mal einen Text lesen sollen, der nicht nur von einem Politikwissenschaftler geschrieben, sondern obendrein auch länger ist als die Artikel in der *Bild*-Zeitung.

Schulrecht: Alle rechtlichen Normen vom Europäischen Recht bis hin zu Beschlüssen in schulischen Konferenzen, die den Beteiligten innerhalb einer Schule sagen, was sie zu tun (Noten müssen begründet werden) und was sie zu lassen haben (Lehrer dürfen vor der Vergabe von Noten nicht die *Eltern* der betroffenen Schüler konsultieren). Meistens reicht dem Lehrer aber auch seine Intuition, da die Schüler oft nicht um die Existenz des Schulrechts wissen und man sich sowieso nicht alles merken kann.

Sekundarschule (Integrierte): Siehe *Integrierte Sekundarschule*.

Senatsverwaltung für Bildung, Wissenschaft und Forschung: Oberste Berliner Behörde für Lehrer und Schule, vergleichbar mit den Bildungsministerien in den Flächenstaaten. Damit sich in den Arbeitsalltag von Pädagogen nicht zu viel Routine einschleift, erlässt sie immer wieder gern neue Verwaltungsvorschriften, die die Betroffenen überfordern oder zumindest dazu nötigen, noch mal alles zu überdenken. Bemerkt häufig einige Tage nach Schuljahresbeginn, dass sie zu wenig Lehrer eingestellt hat und dass die nicht eingestellten leider schon nach *Hamburg* gegangen sind. Hat wenig Freunde auf ihrer Facebook-Seite, wahrscheinlich nur die, die dazu gezwungen werden, weil sie dort arbeiten.

Sozialstation: Raum an manchen Schulen, in die man Schüler schickt, die einen geordneten Unterricht unmöglich machen, damit sie dort unter Aufsicht von Sozialpädagogen Aufgaben lösen, ihre Fehler reflektieren beziehungsweise schriftlich Besserung geloben oder sich austoben. Das Problem: Es gibt an jeder Einrichtung höchstens einen Trainingsraum, aber sehr viele Schüler, die sich austoben wollen. Synonyme: Trainingsraum, Abstellkammer.

Verbeamtung: Ist an Berliner Schulen nicht nötig, denn um in der Stadt bleiben zu können, arbeitet man gern auch umsonst oder als *Vertretungslehrer*.

Vertretungslehrer: Lehrer, die in Berlin (oder anderswo) an öffentlichen Schulen erkrankte Kollegen vertreten. Vertretungslehrerstellen werden der Schaffung von regulären Lehrerstellen vorgezogen, da man Vertretungslehrer rechtzeitig zu den Sommerferien immer wieder kündigen kann. Außerdem kann man auch bereits Studenten oder Menschen anstellen, die gar keine Lehrer sind. Beides spart Geld. Da vor allem die Festangestellten länger ausfallen, die mit ihren Schülern nicht mehr klarkommen, erhalten Vertretungslehrer vorrangig solche Klassen, die schon viele Pädagogen in den *Burnout* getrieben haben. Synonym: Prekariat.

Whiteboard: Tafel aus Kunststoff oder weißem Metallblech, auf die mit Filzstift geschrieben werden kann. Verdrängt die altehrwürdige Schiefertafel, weil es die schon so lange gibt und endlich mal etwas Neues hermuss.

Das für dieses Buch verwendete FSC®-zertifizierte Papier *Classic* liefert Stora Enso, Finnland.